JN234033

新しい食学をめざして
―調理学からのアプローチ―

吉田集而・川端晶子 編著

茂木美智子・村山篤子・大羽和子・木村利昭
勝田啓子・久保　修・大越ひろ・的場輝佳
共　著（執筆順）

建帛社
KENPAKUSHA

Toward a New Science of Eating

Approach from Cookery Science

Edited by
Shuji Yoshida / Akiko Kawabata

© S. Yoshida, A. Kawabata, 2000 Printed in Japan.

Published by
KENPAKUSHA Co., Ltd.
2-15, Sengoku 4-chome, Bunkyoku Tokyo, Japan 112-0011

はしがき

　本書は，調理学の新たな発展あるいは新たな統合を考えて企画されたものである。ひとつには調理学における細分化に対する危機感からであり，今ひとつは従来の調理学に欠けている分野の研究の促進を考えてのことである。その概要は，終説の川端による「調理学研究の将来」に書かれている。まずはこの章をお読みになることをお勧めする。そして，そのより詳しい内容は『21世紀の調理学 全7巻』（建帛社）を参照していただきたい。調理学の専門外である吉田は，川端に請われて編集にかかわり，序説を執筆した。外側から調理学を見ての考え方を提示したものである。吉田の書いたものに対しては，調理学専門の方々で，なかには不快感をもたれる場合があるかもしれないが，それは調理学が学問として発展することを願ってのことであるとお考えいただいて，どうかご容赦願いたい。吉田が強調したかったのは，調理学の主流としての調理科学だけでは不十分で，科学的ではないが学問として重要な分野が調理学にはあるのではないかということである。

　本書の構成は，先に述べた序説としての「調理学がめざすもの」に始まり，第1編「新しい調理学を考える」，第2編「理化学的調理学からのアプローチ」，第3編「調理学の未来的適応」，そして終説の「調理学研究の将来」という5つの部分からなっている。

　第1編は，茂木美智子氏の「調理学の知の整序」，川端の「新しい美味学の構築」，村山篤子氏の「料理と献立から」の3つの論攷からなる。いずれも科学的研究ではない論攷であるが，その重要性はこれらの論攷を読まれることによって明瞭であろう。ただし，このなかには，今後含まれるべき多くの分野がある。食文化にかかわるような分野がその典型であるが，いずれ調理学の専門家のなかからそうした分野の論攷が輩出してくることであう。

　第2編「理化学的調理学からのアプローチ」は，いわゆる科学的調理学（調理科学）の最近の発展を述べたものである。この分野は，調理学の中心をなす分野であり，その研究の精度は非常に高まっている。大羽和子氏の「食べ物の成分からのアプローチ」，茂木美智子氏の「味覚の計量をめぐる領域の再編」，

木村利昭氏の「食品組織学からのアプローチ」，勝田啓子氏の「食品物性学からのアプローチ」の4つの論攷からなっている。調理学における理化学的な研究は今後ますます発展するであろう。しかし，この方面だけへの特化は調理学を科学的にはするが，調理学全体としてはむしろやせ細らせる可能性があるのではないか。科学的でない研究が望まれる。

　第3編は「調理学の未来的適応」で，久保修氏の「調理工学の現在と未来」，大越ひろ氏の「健康科学と調理科学の接点」，的場輝佳氏の「調理科学から環境問題へ」の3つの論攷からなっている。これらはいずれも最近になって重要性を持ち始めた分野である。そして，調理学はさらに多くの社会的な要請にこたえなければならないと思われる。社会の変化や科学的技術の発展に対応して，新たな分野を開拓していかなければならない。それらは調理学独自の分野というわけにはいかないであろうが，現在の学的状況はボーダレス化の方向にある。境界を越えることをおそれず，調理学の枠さえ越えて，さらにこの分野の研究が発展することを願うものである。

　2000年11月

吉　田　集　而
川　端　晶　子

目次

序説　調理学がめざすもの　〔吉田集而〕

1. 学問というもの …………………………………… *2*
2. 家庭外の調理学 …………………………………… *5*
3. 調理学の目的 ……………………………………… *7*
4. 調理学における科学 ……………………………… *9*
5. 調理学の研究範囲 ………………………………… *11*

第1編　新しい調理学を考える

1. 調理学の知の整序　〔茂木美智子〕
   1. 集積された知の整序を ………………………… *18*
   2. 既刊の通史類からたどれること ……………… *21*
   3. 調理学の萌芽期に立ち返って ………………… *22*

2. 新しい美味学の構築　〔川端晶子〕
   はじめに ……………………………………………… *31*
   1. 食のアメニティと美味学 ……………………… *32*
   2. おいしさを求め続けた歴史とその思想 ……… *34*
   3. 美味礼讃と無味礼讃 …………………………… *37*
   4. 美味学の誕生 …………………………………… *45*
   5. 新しい美味学の構築 …………………………… *46*
   おわりに ……………………………………………… *56*

3. 料理と献立から 〔村山篤子〕
   1. 料理の構成要素 ……………………………………… *61*
   2. 献立の構成要素 ……………………………………… *67*
   3. 事例―研究報告から ………………………………… *73*
   おわりに ……………………………………………………… *76*

第2編　理化学的調理学からのアプローチ

4. 食べ物の成分からのアプローチ 〔大羽和子〕
   はじめに ……………………………………………………… *80*
   1. 新しい研究方法を取り入れた食品機能
      の評価と解析 ………………………………………… *81*
   2. 食べ物のおいしさと栄養の科学 …………………… *83*
   3. 食品の生体調節機能から食べ物の生体
      調節機能へ …………………………………………… *90*
   4. 食べ物の安全性の科学 ……………………………… *97*
   おわりに ……………………………………………………… *99*

5. 味覚の計量をめぐる領域の再編 〔茂木美智子〕
   1. 感覚の数量化の歩み ………………………………… *102*
   2. 心理量の測定と尺度 ………………………………… *104*
   3. 味の客観的伝達と官能評価 ………………………… *107*
   4. 味覚の評価の新たな構築に向けて ………………… *115*

6. 食品組織学からのアプローチ 〔木村利昭〕
   はじめに ……………………………………………………… *120*
   1. 調理学と組織学 ……………………………………… *121*

2．観察方法の選択肢 ……………………………… *123*
3．食品に利用されてきた電子顕微鏡観察法
　　と将来像 ……………………………………… *125*
4．ニュー・マイクロスコープ …………………… *141*
おわりに ……………………………………………… *145*

7．食品物性学からのアプローチ　　　　〔勝田 啓子〕
1．食品の物性研究の意義―なぜ調理科学で
　　物性研究が求められるのか― …………………… *148*
2．物性研究のはじめに ……………………………… *149*
3．分子レベルでみた物質の状態 …………………… *151*
4．レオロジー的にみた物質の状態 ………………… *154*
5．力学的ゲル化点 …………………………………… *159*
6．周波数分散同時測定と非線形性 ………………… *163*
7．粘弾性における非線形性 ………………………… *166*
おわりに ……………………………………………… *168*

第3編　調理学の未来的適応

8．調理工学の現在と未来　　　　　　　〔久保　修〕
はじめに ……………………………………………… *174*
1．調理操作ならびに調理機器最新事例考察 ……… *174*
2．調理操作における新しい調理方式について …… *181*
3．衛生管理 …………………………………………… *184*
4．厨房システム最新事例 …………………………… *189*
5．調理工学の将来像について ……………………… *193*

9. 健康科学と調理科学の接点　　　　　　〔大越ひろ〕
　　はじめに……………………………………………… 195
　　1. 生活習慣病の予防と調理科学…………………… 196
　　2. 第一次予防と調理科学…………………………… 196
　　3. 第二次予防と調理科学 ………………………… 201
　　4. 第三次予防と調理科学…………………………… 207
　　5. 安全性と調理科学………………………………… 210
　　6. 食養と調理科学 ………………………………… 211
　　おわりに……………………………………………… 211

10. 調理科学から環境問題へ　　　　　　　〔的場輝佳〕
　　はじめに……………………………………………… 215
　　1. 家庭におけるエネルギー事情…………………… 215
　　2. 台所と生活廃棄物………………………………… 220
　　3. 環境ホルモンとダイオキシン…………………… 225
　　4. 食料の自給と米食文化…………………………… 230
　　5. 調理のすすめ……………………………………… 232

終説　調理学研究の将来　　　〔川端晶子〕

　　はじめに……………………………………………… 238
　　1. 調理学境界領域の分野からの提言…………… 238
　　2. 21世紀の調理学を指向する …………………… 241
　　3. 食哲学の構築……………………………………… 245

序説

調理学がめざすもの

1．学問というもの

　調理学という学問を，私は専攻しているわけではない。その私が，調理学を考えるということは，この学問の外側から調理学という学問を考えてみるということである。門外漢であるゆえに，多くの間違いを犯すかもしれないが，それはご容赦願いたい。むしろ，外から見ての意見に採用することがあれば，採用していただければ幸いであると考えている。

　さて，学問の興亡は，大河の河口の状況に似ている。大河の河口付近では三角州が形成され，いくつもの川に分岐している。それらの川の一つひとつがそれぞれの学問というわけである。そのなかには大きな太い川もあろう。細々とした川もある。大増水や大渇水が起こると，河口の状況は大きく変化する。これまでになかった川が形成されたり，かつては大きかった川も流れが変わり，小さな川になることもある。また，いくつかの細い川が一つの川になることもあるであろう。大きな川の流れが変わり，干上がる川もでてくるであろう。さらには，水が少ししか流れ込まなくて湖や沼になるものもある。ある学問が，どのような状態の川であるかを了解しておくことは大切なことである。大増水や渇水は，社会的な状況であったり，学問全体の状況である。そして，それはそれぞれの学問分野に大きな影響を与えている。特にその学問に近い隣接の学問の状況は直接的に影響をもたらすであろう。そして，その変化にある程度即応していかなければならない。さもなければ，干上がってしまう。

　ところで，学問というものはいったんでき上がると，容易になくなるものではない。慣性によるものである。すなわち，それを専門にする人々がおり，それが制度のなかに取り込まれているためである。実のところ，その学問としての要請はすでになくなっている場合が少なくない。それでも，その学問の名称は生き続け，その学問に従事する人々がいる。しかし，その場合には，学問内容が大きく変わってしまっていることはむしろ普通のことである。

　学問の変化には二つの要因がある。一つは内的要因である。その学問が発達するに従って，細分化するというのは最もよくみられることである。たとえば，かつて博物学という学問があった。時代を経るに従い，動物学，植物学，

鉱物学といった学問に分化していった。さらに，植物学ならば，植物分類学，植物生理学などのようにさらに分化を起こす。このなかから，遺伝学，さらには分子生物学，DNA生物学といった分野が成立していった。これは自然科学が持つ一種の宿命のようなものである。すなわち，分析のレベルを下げることによって，より物事の本質に迫れるという還元主義によっているからである。この方向は今後も続くであろう。しかし，一方で，統合の動きも出てきている。それも新しい学問として成立するであろう。

　実のところ，還元主義による統合というのは，あまりうまくいってないことが多い。それは，それぞれのレベルごとに異なった現象がみられるからである。あるレベルの分析だけではその上位のレベルの現象を十分に理解することができない。それぞれのレベルごとに特異な現象を持ち，それらを下位のレベルの統合だけではうまく解釈できないのである。たとえば，ヒトをさまざまな組織や臓器というレベルで分析しても，それを統合してヒトが理解できるかというと，ヒトという個体レベルの現象のすべてを理解することはできない。あるいは，個体としてのヒトの行動を分析しても集団としてのヒトの行動のすべてを理解することはできない。それぞれのレベルは，下位のレベルの規制を受けつつ，それぞれのレベルに特異な現象がみられるのである。それゆえ，統合のためには，それぞれのレベルでの丸ごとの観察や実験を必要としている。下位のレベルの成果を用いて上位のレベルの現象を理解するには常にある制限がある。還元主義は下位のレベルの分析だけで理解しようとしたことにその失敗があった。しかし，下位のレベルから上位のレベルに統合する一般的方法はないのである。もともとは上位のレベルを理解するために下位のレベルに降りて分析したはずであるが，それだけでは不十分だったのである。そして，実は上位のレベルの研究がまだまだ未開拓の分野として残っているのである。それゆえ，そうした上位のレベルの研究は新しい分野の学問となる可能性が高い。

　さて，内的要因というのは，こうした細分化の例にとどまるものではない。その学問が本来持っていた研究対象が失われてしまうことがある。たとえば，人文地理学という学問がある。現在でも多くの大学にこの名を冠した講座がある。しかし，人文地理学のもともとの学問内容はすでにない。この学問におけ

る固有の問題は失われている。ところが，新しい分野と結合することや他の領域に踏み込むことによって命脈を保っている。歴史地理学とか，数理地理学とか，環境地理学とか，別の用語を付した地理学が存在することになる。すなわち，人文地理学は分野を拡大することによって生き残っているのである。

　私がかかわっている文化人類学においても，同様のことが起こっている。この学問の進展によって，その中心的概念であった文化や民族の概念が揺らぎ始めた。伝統的文化という固有の永続的な文化はなく，現在私たちがみている文化は多くの場合西洋との接触によってつくり出されたものであり，現在においてもなお変化しつつあるものである。このような文化をどのようにとらえるのか。文化を比較するということは，どのような意味を持つのか。問題はそれだけではない。民族という概念自体にも揺るぎがみられる。民族自体もさまざまな政治経済的な状況によってつくられた概念であり，永続的な概念であるかどうかも怪しくなってきた。現在においても新しい民族がつくり出されつつあるし，かつての民族が解体しつつもある。そして，これまで客観的として扱われてきた記録としての民族誌にも疑義が挟まれた。民族誌は，客観という装いのもとに書かれた，主観に満ちた文学作品ではないかという疑義である。参与観察といいながら，人類学者がその村に入ることによってすでにその村は変化している。そして，あたかも外の文化と隔絶した文化を取り上げようとしてきた。外からの影響と思われる要素を排除してきた。独自の固有の文化を研究するためである。そして，何より問題なのは，その人類学者の主観によって，自分に都合のよい資料だけを集め，それをもとにその文化を再構成してきたのではないかという疑問である。民族誌が当該の文化の客観的な観察資料であるという保証はほとんどない。それにもかかわらず，それを客観的資料として論を進めてきたというわけである。実際，多くの有名な民族誌はきわめて文学的な要素を多く含んできた。書くことによって，人を感動させてきた。それらは学問的記述というよりも文学作品というにふさわしいものが少なくない。

　また，これまで主として「未開」の民族を主な研究対象とし，人類が持つ文化の多様性を追求してきた。しかし，現在では今まで以上に異なった文化が見つけられる可能性はきわめて低くなってきた。その一方で，文化理解としては

大きな民族集団の文化こそが大切であり，少数民族を対象にしているだけでは世界の文化理解としては大きな意味を持たなくなってきた。大集団の文化を理解するためには，たとえば漢族の文化を理解するためには，歴史的な研究を必要とし，膨大な文献を相手にしなければならなくなる。しかも，広大な地域に住み，巨大な人口を持つ漢族を一つの文化として取り扱えるかどうかも問題である。

文化人類学は，その方法論において，また文化や民族という基本的概念に疑念が持たれるようになった。その結果，文化人類学は大きく変化しようとしている。文化人類学という学問の名称はなおなお残るであろうが，その内容は大きく変化しようとしている。

ところで，今一つは外的要因である。社会の変化に対応できているかどうかである。社会的要請といってもよい。社会の急速な変化にその学問が対応できず，人も資金も集まらなくなるということが起こり得る。文化人類学においても，ことは深刻で，現代的な問題群を研究対象にしようとしているのはその一つの現れである。人口移動の人類学や医療人類学，観光人類学，開発人類学などなど，さまざまな新しい人類学が現れてきた。

現代における学問のあり方はなかなかにむずかしい。内的要因，外的要因ともども多くの分野で重くのしかかっている。それほどに学問の進展ははやく，社会の変化は激しい。特に現代的な問題群に対処しようとすると，既存のディシプリンでは対応できず，境界領域に踏み込むことになる。そのため，学問の世界ではボーダレス化が進行している。場合によっては，学問の再編成という状況も生まれつつある。それぞれの学問はどのような形で安定するのか，よくわからない時代に入っている。現代は学問の不定の時代である。

2．家庭外の調理学

調理学も変革を求められているのではないか。内的要因については門外漢の私にはよくわからぬことであるが，変革の外的要因なら少しは理解できる。

現在進行中のいくつかの社会変動は恐らく調理学に大きな影響を与えるであろう。何よりもまず，女性の社会的位置が変わってきた。1986年に制定された

男女雇用機会均等法や1999年に施行された男女共同参画社会基本法のような法律は女性の社会的位置の変化を如実に物語るものである。少子化社会に対応して女性を重要な労働力とみなしての法律であることは明らかであるが，一方で女性も働くということによって経済力をつけつつあるということは事実である。実際，女性の経済活動はきわめて活発になってきている。主婦においても働く人は1982年には50％を超えたという[1]。「妻は家庭を守る」という考え方に縛られている女性がなお多く，その就業形態はパートやアルバイトといった形が中心であるが，それでも働くことが普通という社会になってきた。もちろんすべての女性が働いているわけではない。妻が働くことをいやがる夫もいる。身体的に虚弱で働けない人もいるであろう。しかし，働かない女性の一般的な像は，経済的に豊かな階層に属す女性であると考えられている。

現在では家庭で調理するのはだれか。そして，今後調理を引き受けるのだれであるのか。

現在では核家族が普通である。こうした核家族では，妻が働くということは共働きの家庭ということになる。その家庭では，妻か夫のどちらかが調理をするしかない。これまでの慣性から妻が調理に携わるほうが現在では多いであろう。夫は後片づけに手を貸すくらいのことはしているであろう。あるいは進んで調理をしているかもしれない。そして，今後は，よりいっそう夫による調理が増え続けるであろう。家庭で調理するのは女性だけではない。男性も女性と同等に調理することになるであろう。

共働きの忙しい家庭にあっては，調理にゆっくりとは時間をかけていられない。そのことを反映して中食（なかしょく）や外食が増加してきた。この逆ではない。実際，中食や外食産業は盛んになる一方である。そして，家庭では冷凍庫あるいはチルドの冷蔵庫と電子レンジが必需品となっている。家庭ではできる限り労力をかけない調理に変わってきている。家庭で調理に専念できるのは，裕福な家庭にいる専業主婦くらいのものである。

今一つ特徴的な社会現象は，単身者世帯の増加である[2]。結婚前の若い世代においても，また妻あるいは夫を亡くした老いた世代においても確実に増加の一方をたどっている。自分一人のための調理は，いいかげんになりやすく，中

食や外食に頼ることが多くなってきている。特に単身高齢者の家庭で，体力の弱った人はお弁当の配給を受けるほどになっている。ここでは家庭での調理の比重はきわめて低い。

　こうした状況のなかで，中食や外食産業の隆盛は必然である。調理は，家庭から外に出始めている。かつて，さまざまな家庭の作業が家庭外に出ていったように，調理も家庭外に出ていく状況にある。現在の状況をみる限りでは，すべてが家庭外に出るということではない。実際，簡素化された日常食はかなり後まで残るであろう。また，客を迎えての食事の，もてなしのための調理もなおなお残る可能性がある。しかし，全体としては，調理は家庭からなくなっていく。それに比例して，家庭外の調理産業である中食や外食産業が盛んになるということである。家庭内の客の接待ですら外注がすでに始まっている。ただし，趣味としての調理はいつまでも残るに違いない。楽しみのための調理である。特に，楽しみとしての調理は，接客のための調理がその中心となるであろう。この場合，台所の設備，用具，食器類はいよいよ趣味的になり，高価なものとなっていくであろう。調理そのものもプロの料理に近づく可能性がある。

　もし，調理学が家庭での調理を目的とした従来の科目であるなら，近未来においてはそれは豊かな家庭の専業主婦のための科目であり，遠未来においては趣味のための基礎科目でしかない。

　一方で，家庭外の調理はますます必要の度合いが高まる。調理学は，この方向への寄与を必要としているのではないか。家庭外の調理は，それはこれまでの範疇でいえば「食品加工」の範疇である。調理学はこの分野に進出しなければならないと思われる。

3．調理学の目的

　調理学は，素材を加工することによって，安全な食物，健康を保持する食物，そしておいしい食物を提供することを目的としているという[3]。安全性は，衛生という問題にかかわっている。また，素材である原材料の農薬などの汚染にもかかわることであろう。しかし，後者は普通は調理学の範囲を逸脱していると考えられている。もし安全性というのなら，素材についても発言しな

ければならないであろう。健康については，特に栄養素が重要である。基本エネルギー，タンパク質，脂質，必須アミノ酸，ビタミン類，カルシウムやマグネシウムなどの無機塩類を過不足なくとることが重要である。食品の組み合わせを考えたり，消化・吸収をよくするための調理法を考えることになる。そして，最後においしさの追求である。このおいしさはきわめてやっかいな問題である。それは単に食品のみに限定されず，さまざまな要素がかかわっており，特に人の価値観と深く結びついているからである。おいしさの追求は科学的方法では十分ではないと思われる。

　調理学はこうした目的を持っているとして，実際の生活の仕方を思い出してみよう。まず第1に，人はなんのために生きているのかという命題に突きあたる。おいしいものを食べたいと思って生きているのか。健康でありたいと思って生きているのか。そう思う人もいるであろう。しかし，そう思わない人もいる。何らかの活動をするために生きていると思う人は少なくない。仕事のためなら寝食さえいとわぬ人はいくらでもいる。そこまでいかなくても，何事かをするために生きている人は多いであろう。その人にとっては，何事かが中心であって，食べることなどは瑣末なことである。こういう人にとっての調理学とはどのような意味を持つのであろうか。

　あるいは，禁欲主義と享楽主義という考え方がある。食の享楽主義ならおいしいものを欲するであろう。しかし，禁欲主義にあっては，おいしいものはむしろ悪である。さまざまな欲を断つことによって精神の高みに達しようとする禁欲主義者にとって，調理学とは何なのか。

　実のところ，調理学を専門にする人々にとっては，これらのことは自明のことかもしれない。しかし，これは意外に重要なことなのである。人を律しているのは思想である。意識されているかされていないかにかかわらず，ある種の価値観によって人は生きている。その価値観はかなりの程度異なるものである。安全で健康によく，おいしい食物の提供というのは，ひょっとすると研究者の側の論理ではないのか。もちろん，これらの目的は教科書にみられる建前としての目的であるかもしれないが，そこには実際に食べている人の論理はほとんど考慮されていないと私には思われる。この論理は上からの論理といって

もよい。国民の健康のためというような論理である。いろいろな人はいるけれど大多数の人は安全で健康によい，おいしいものを欲していると考えているかもしれない。しかし，先に述べたように，時間をかけない簡単な調理を望んでいるかもしれない。あるいは，昔からしているように，単にそのようにしているだけかもしれない。調理し食べることは，調理学が成立するはるか以前から行われてきたことであり，それは働くために食べてきたのではなかったか。

実際にどのように調理され，どのように食べられているか，どのような価値観で調理され食べられているかを，今一度，調理し食べる側の人々の実際を知ることから始めなければならないように思われる。こうした分野は食生活学と呼ばれるのかもしれないが，それによって調理学の内容が大きく変わる可能性がある。

4．調理学における科学

調理学は，これまでに行われてきた調理技術を科学的に究明する目的で始められた。それゆえ，調理科学と呼ばれる[4]。

煮るや揚げるというような操作を行うことによって，素材は物理化学的に変化する。その過程を科学的に明らかにしようとした学問が調理科学である。家政学における科学の導入ということである。科学は学問として最も認められやすいものである。調理学は科学を導入することによって成立したと考えてよい。他の分野で開発された方法を調理という「場」に持ち込んだ。そして，多くの発見があった。しかし，その多くはこれまでに行われてきたことに科学的説明をつけたということではなかったか。逆に，科学的な研究によって従来の調理技術を根本的に変えるような発見や発明があったのであろうか。調理科学のうさんくささはここにある。

それはひとまず置いておいて，科学は進歩し，その方法論もいよいよ精緻になる。そのために，調理科学はいよいよ細分化していく。一方で，台所用具の研究や献立，盛りつけ，食卓の構成といった分野にその研究範囲を拡大していく。さらには，社会学や文化人類学といった人文社会系の領域をも取り込みつつある。それらはいずれも科学的に研究することがむずかしい分野である。す

なわち，非科学的な研究であるということになる。調理学の中核を占める調理科学を行ってきた研究者からみれば，怪しげな研究とみえたことであろう。

一時期，人文社会系においても科学主義が幅を利かせたことがあった。そのため，わざわざ社会「科学」や人文「科学」と称したことがあった。しかし，科学が適応できる範囲がきわめて限られていることに気づかれるようになった。科学的に研究できる分野は，人とかかわらない分野であることがわかってきた。人とかかわる分野では分析的な生物学の分野はまだしも可能であるが，それが人のレベルとして統合しようとすると容易ではないことがわかってきた。医学は，生理学のレベルでは十分に科学的であるが，医療として人の治療にあたると科学だけでは十分でないのはその例である。

ヒトは他の生物と異なった性質を持っている。ヒトは単に生得的な存在ではなく，学習するという存在である。そのため，個々人は非常に異なった存在となる。価値観が異なり，行動様式もさまざまである。集団としては文化を形成することになり，ヨーロッパでの観察がそのまま日本や他の地域ではあてはまらないことがいくらでもある。さらに，ヒトは意志を持っている。この意志の持ちようによって，同じような状況によっても全く異なった行動をとることも起こる。またヒトは思考する。そのため，ヒトは刻々と変わっていく可能性を持っている。ヒトは同種であるヒトを研究する。同種であるために起こるさまざまな面倒な問題が発生する。このような存在であるヒトは，他の生物と同様に一律には取り扱えないのである。その生物さえ，単純な物質に還元できない要素を持っており，科学的に扱うのがむずかしい存在である。

科学的でない研究は学問でないというわけではない。たとえば歴史学は非科学的ではあるが，れっきとした学問であろう。過去に起こったことを扱うために再現性などもとより求めるべき学問ではない。考古学的遺物や文書を用いて過去を再現する。こうした行為は人類の知の拡大に寄与していることは間違いない。考えてみれば，自然科学で今やだれも疑わない進化論にしても実験的に確かめられた説ではない。観察や化石などから導き出された推論でしかない。

科学的研究は世の役に立つが，非科学的研究は役に立たないという意見もないわけではない。しかし，自然科学のほとんどは，役に立つために始まったも

のではない。むしろ，知的好奇心から始まったもののほうが多い。そして，それが結果として技術の発展ということに結びついただけである。科学および技術のあまりにもめざましい発展のために，科学的であることが価値を持ち続けたことは事実であるが，一方で現在の深刻な問題群を生み出したのも科学であることを思えば，科学の有用性ももっと割り引いて考えなければならないであろう。

　もとより学問という営為は役に立つことだけを目的に発展してきたものではない。人類の知の拡大が最も大きな要因であっただろう。役に立つかどうかは二の次である。そういうわけで，社会科学は社会学でよいし，人文科学は人文学でよいということになってきた。もちろん，科学的方法の有効性を考えないわけではない。それも取り込むが，それだけでは十分でなく，むしろ科学的でない方法のほうがより重要であると考えられるようになっただけである。調理学という分野においても，役に立ちそうもない研究を行うことが大切であると思われる。非科学的な研究分野として切られがちな分野こそ，人とより深くかかわった現象を扱うことになり，よりいっそう人の食に迫れることになるからである。

5．調理学の研究範囲

　調理学は役に立つ学問，すなわち応用学として発展してきたが，非応用の学としての発展は弱いようである。それは研究のはじめが家庭で行われている調理という行為を科学的に解明しようとしたことと深くかかわっている。そのため，調理という研究の「場」を設定し，そこに他の分野で開発された科学的方法を持ち込むということから始まった。それゆえ，独自の研究方法というものを持たなかった。そして，その状況は調理科学においては現在でも変わっていないのではないか。

　食物という分野に関していえば，栄養学は独自の方法を持つ学問体系にまで発展したと思われる。しかし，栄養学は実用の学としてはほとんどその要請を満たしている。残る大きな役割は栄養学の普及であるが，それもほどほどに満たされているように思われる。栄養学は新たな展開をはからない限り，すでに

その学問的要請をなくした学問であると思われる。

　それはさておき，調理学の発展は人為的なものである。先に述べたように，調理学はどうも研究者の論理で始まった研究と思われるからである。家庭で実際に調理している人のほとんどが望んでいないような研究から始まったのである。学問としてはやや異常な発達の仕方である。むしろ，知的好奇心から，役に立たない学問として発展するほうが自然であり，わかりやすい。今にして役に立たない学問として調理学を考えることは意外に重要なことだと思われる。

　しかし，調理科学が調理学の中心として発展してきたことは意味のないことではない。ただターゲットが違っていただけである。調理科学の成果あるいは今後の研究は，家庭内の調理の学としてではなく，家庭外の調理の学としてその重要性はよりいっそう高まるであろう。先に，家庭の調理は簡単にならざるを得ないといった。また，昔からやってきたことをくり返しているともいった。それは，家庭という場の調理は消費でしかないからである。家庭ではそれほど正確な調理を必要としていない。失敗しても，まあいいのである。その程度のものである。そして，調理科学はその程度の調理をターゲットにし，その調理の後追いの説明を行おうとしていた。それは実際面においてあまり有用でない研究であった。しかし，家庭外の調理では全く様相は異なる。正確な栄養や物性の知識も求められる。それに基づいた調理技術が求められる。そして効率が求められる。家庭内では単なる消費であったものが，家庭外では生産となるのである。ここでは，これまで調理科学が行ってきた研究は生産のための研究としてきわめて有用な学となる。失敗は許されない。いいかげんさは許されない。そのため，調理科学はこの分野でよりいっそう重要となるであろう。

　一方で，調理学は応用を考えない研究分野もあるのではないか。たとえば，食文化というのはその一例である。

　調理学は，その実用を考えてきたため，ほとんど日本の調理しか考えてこなかった。実用をはずせば，世界の調理も研究の対象となるのは自明の理である。その求めるところは，人類にとっての調理である。人類にとっては調理とは何であったのか，何になろうとしているのか。そのためには，人類としての調理の歴史を考えなければならない。また，世界における調理の多様性もその研究

対象となるであろう。考えればいくらでもトピックは思い浮かぶ。たとえば，世界の調理技術や調理道具，調理のシステム，調理される素材との相関関係などはすぐにでも思い浮かぶトピックであろう。そして，それらの成果をもとに世界的分布図を描くこともできるであろうし，異なった調理体系の比較といった研究も可能になる。もちろん，文献による研究も重要であるが，むしろフィールド・ワークが中心となるであろう。しかし，こうした研究はほとんど役には立たないであろう。それでよいのである。人類の知識を増大させることには明らかに寄与している。ただし，まったく役に立たないというわけではない。見方を変えることによって，役に立ちそうもない研究もさまざまに利用可能である。

フィールドに出て，実際に調理をみるならば，興味は恐らく調理だけにとどまらないであろう。食事にかかわることすべてをみることになるであろう。それを体系化していけば，調理学からは逸脱するが，調理を中心とした食事文化学という学問体系にいたるのではないか。これは文化人類学との境界領域であり，独自の研究分野として成立することが可能な分野である。

今一つ，独立できるような分野がある。それは食の芸術である。食の美学である。もちろん，これも科学的に行うことはむずかしい。しかし，食における美の問題は，おいしさにかかわる重要な問題である。味や舌ざわりあるいはのどごし，香り，視覚的美しさ，料理の組み合わせといった芸術にかかわる分野である。これはプロの料理人の世界につながるものであり，私はプロの料理人の仕事もこのなかに含ませたほうがよいと考えている。いや，プロの料理人の仕事をそのターゲットとするのも一つの研究方法であろう。

プロとアマチュアの違いは，まずその素材にある。いいものを使えば，アマチュアでもかなりのものができる。次いで，その調理技術である。切り方や味つけ，用いる道具類の違いということもあるが，その技術は修練を要するものである。そして，素材を生かす料理のデザイン力，用いる器，盛りつけ，装飾，店の構成といったものから成っている。そのどれもが研究対象となり得るのではないか。ただし，その作品を味わうことを含めた鑑賞が中心となるのではない。その技術なりを体系だって研究することである。この研究によって，

改めて食の芸術とは何かを問うことができるし，派生的には飛躍的においしい料理に出会える可能性が増加する．また，いろいろの専門家を輩出する可能性もあるであろうし，来るべき趣味としての調理への寄与も大きいと思われる．また，調理師あるいは料理人へ教育にも役に立つ可能性がある．とはいえ，この研究にははじめからむずかしい問題がある．プロの料理人の協力が得られるかどうかの問題である．また，このような研究にはかなりの費用を必要とすると思われるが，その財源が得られるかどうかも問題である．

　さて，食事文化学や食の芸術学を述べたが，これらは外的要因による変化というわけではないであろう．よりいっそう明確な形での社会的要請による分野拡大ということが考えられる．たとえば，医学との境界領域である分野である．たとえば，高齢化社会における高齢者の食事の問題である．高齢者にあっては，歯をなくさないようにすることが重要であるが，それは調理学の分野ではないであろう．結果的に歯をなくした高齢者にも食べやすい食事のための調理の研究ということは，社会的要請である．また，すでになされていることではあるが，特定の病気に対する食事の研究も大切である．もちろん，食事だけでことが済むわけではないが，食事の占める位置は大きい．病気にはいろいろあり，この分野の研究者はかなりの数が必要であろう．この系列に含まれる研究としては，いろいろの病気予防のための食事や乳幼児の食事の研究があるであろう．核家族化した家庭のなかでの育児はむずかしい問題をはらんでおり，乳幼児の食事はその問題の一つである．また，単身者世帯における人々のための食事も重要な研究対象となるであろう．

　こうした研究活動は，何よりも普及させることが重要である．具体的な料理本として，あるいはマスコミやインターネットでの情報発信にかかわることが大切である．実際，すでに多くの本やマスコミへの参画がみられるが，それをさらに推し進める必要がある．これらも研究者の重要な仕事である．そして，今後いろいろの社会的要請が起こってくるであろう．それらに対応して，次々に具体的な本をつくることは調理学の一つの使命ではないであろうか．環境問題に対処する調理の方法といった本もその一つの例である．ここしばらくは家庭内の環境問題を中心としてもよいが，今後は家庭外の調理における環境問題

を扱ったほうがよいであろう。

　機能性食品の開発も進むであろう。これは薬学との境界領域に入る分野であるが，商業としては意味のあることである。しかし，人類にとってということになると，やや疑わしいところがある。売るためには格好の話題ではあるが，ほとんどの食物は何らかの機能性の物質を持っていると想像される。それゆえ，何らかの成分が見つかる可能性がある。ただ，どんな物質がどんな機能を持つのかを発見することがむずかしい。そして，それが見つかったとしても，その物質はいろいろのものに含まれている可能性が高く，健康補助剤と同様，さして重要な研究とはならないであろうと思われる。

　ところで，分野としてはさらにいろいろの分野が開拓されていくであろうが，一つ気になることがある。それは調理学における研究者の女性への偏りである。他の多くの分野では，女性の研究者が少なく，そのことが問題となっている。研究者の割合として，どの分野においてももっと女性の研究者の増加することが望ましいと考えられるが，調理学ではそれが反転していて，女性の研究者の割合のほうがずっと大きい。私は，この分野においても男女が同数とはいかなくても，そこそこの割合で男性が研究に参加しているほうがよいと考えている。女性が能力が低いとか，保守的であるといっているのではない。それは男女とも同じである。そうではなくて，一般の仕事においても男女が同じくらい参加するほうが健全なる社会であると考えているからである。ほとんどの研究者の社会が男性によって成り立っている現状を考えるとき，女子大学や家政学科の分野で女性の研究者が多いということは意味のあることであるが，他の研究者の社会への女性の参画が進むとき，この分野への男性の参画も大切なことと思われる。

〔吉田集而〕

〔文献〕
1）杉山明子（岩男寿美子・杉山明子編）：日本における働く母親の実態，働く母親の時代，pp.1～19，日本放送出版協会，1984

2）米山俊直：同時代の人類学,日本放送出版協会,1981
3）川端晶子・畑　明美編：調理学,建帛社,1990など
4）杉田浩一：通史,日本調理科学会誌,**30**（創立30周年記念増刊号）,4～8,1997

第1編

新しい調理学を考える

1 調理学の知の整序

1．集積された知の整序を
1.1．文明のサブシステムとしての調理
　梅棹忠夫氏の還暦記念シンポジウム（1980年）「文明学の構築のために」における梅棹氏の基調講演「生態系から文明系へ」[1]に次のような一節がある。

　「われわれは，さまざまな道具類にとりかこまれ，複雑な機械を運転しております。巨大な建築物，道路等の施設群をもっております。そのような目にみえるもののほかに，精密にくみたてられたさまざまな制度をもっております。これらの，人間をとりまく有形無形の人工物のすべてを一括して，人間の生活をなりたたせている装置群と考えることができます。そうすると，人間の現実的なあり方というのは，人間と装置とで形成する一つの系，システムであるということができます。この人間・装置系のことをわたしは文明という言葉でよびたいのでございます。」この言葉を借りるならば，調理は，長い人間の歴史のなかで，1日に複数回という現実の営みの集積によって形成された，まぎれもない文明システムの一部をなすサブシステムであるということができる。

　後述のように，日本においては今世紀に入ってから栄養研究の一部に萌芽的に調理学研究がみられるようになり，時を経て，学会の設立にいたる質量の充実をみて30年以上を経過した。この世界も専門化の傾向が著しく，日ごとに複雑さを増している。来世紀に向けて，感性の科学が強調されるなどその複雑さがますます拡大するであろう。ある分野を科学することが分化・複雑化するということは，知の集積を混沌に流し込む[2]恐れがあり，研究者が自分の所在を見失うことも懸念される。栄養素数の合計で食品が描写できないことと同じように，食研究の部分を無機的に加算しても食研究の全体は見えてこない。新しい知の創造のためには，"個々の部分がお互いに関係しあいながら全体を構成する"有機的なつながりを視野に置き，その関係を明らかにする方向性が必要

である。ギリシャ語を語源とするシステムという言葉は，あまりに広く用いられているためその文脈によって意味が異なるが，「文明のシステム工学」という論考[3]において杉田繁治氏は，次の4条件を満たすものをシステムと定義している。1. 2つ以上の要素を含む 2. 要素と要素の間に関係がある 3. 目的をもっている 4. 時間とともに変化する部分がある。私たちの分野，調理という技術をめぐる人間行動は杉田氏のいうシステム論になじむものであると思えるが，そうであるなら調理学の分野における研究は，他のサブシステムとの異なりをさらに明瞭に描き，このサブシステムに潜む価値を引き出す研究に特化される必要を感じる。特に3.の，調理学の目的という点では食生活研究など，周辺領域との目的合理性のある境界線が引けていないが，これは研究の量から質への変換点がいずれ近い兆しを感じる。研究者がともすると自己の研究所在を失いがちな現在，サブシステム論の導入は一つの整理方法として有効であるように思える。4.に関しては調理というサブシステムが，他のサブシステムとの関係において現在大きく変化しているなか，平成11（1999）年度の学会大会でも「調理と環境」というタイトルでワークショップが組まれた。このような活動がさらに増え，変化をとらえるための社会調査やフィールドワークの方法論を用いた論考の増加が待たれる。

1.2. 食料消費の最終ステージにおける知の責務

平成11（1999）年7月16日に法律106号として『食料・農業・農村基本法』が制定された。昭和36年制定の旧『農業基本法』は，当時の社会経済の動向を踏まえてわが国の農業の向かうべき道を示した基本法であったが，その後の日本および国際社会の大きな変動のなかで，生産現場から食料の流通・消費までそのシステムに大きな変化が生じた。新たなシステムづくり[4]，すなわち政策の再構築のために数年の準備期間を経てこの新基本法が21世紀に向けての基本指針として制定された。

ここには，食料，農業および農村に関する施策とその理念実現のための為政者の責務が述べられているが，同時にこれを，研究者として自己の研究目的がこのような理念とどう整合するか，研究者の社会的な責任として読んでみる。

第1章総則の第12条「消費者は，食料，農業及び農村に関する理解を深め，食料の消費生活の向上に積極的な役割を果たすものとする。」では消費者の社会的な役割が示されている。第16条「国は，食料の安全性の確保及び品質の改善を図るとともに，消費者の合理的な選択に資するため，食品の衛生管理及び品質管理の高度化，食品の表示の適正化その他必要な施策を講ずるものとする。2．国は，食料消費の改善および農業資源の有効利用に資するため，健全な食生活に関する指針の策定，食料の消費に関する知識の普及及び情報の提供その他必要な施策を講ずるものとする。」とあり，食料の安定供給の確保を視座に据えた食料消費と，その施策の充実がうたわれている。

　第29条には「国は，農業並びに食品の加工及び流通に関する技術の研究開発及び普及の効果的な推進を図るため，これらの技術の研究開発の目標の明確化，国及び都道府県の試験研究機関，大学，民間等の連携の強化，地域の特性に応じた農業に関する技術の普及事業の推進その他必要な施策を講ずるものとする」とあり，ここから研究者の責務が発生することおよび方向性が読める。

　国の施策だから受け入れるということではなく，今これだけの課題が食の健全な育成のために問われており，消費段階の社会的責任の所在と研究の責務の確認ができる。以上の内容から，調理学研究の認知度の低さを嘆くよりも，また学的体系の整わない歴史の浅い分野だからという前に，私たちの取り組む課題が社会のどの位置に埋め込まれるのかを明らかにすること，応用科学としてどう民生に寄与できるか，議論の欲しい時期であることを感じる。

1.3. 個・社会・文化の領域性

　農漁業生産を川上，流通を川中，消費を川下とみなせば，私たちが研究対象とする調理の置かれるステージは，川下も川下，海に注ぐ直前の河口にあり，川上からの恩恵も矛盾もすべて受けとめる消費の最終ステージにあるという認識を強めることも必要になる。また，別のとらえ方に立ち，食という営みを人間の知恵を集めたシステムと考えたとき，調理はサブシステムの一つであり，他のサブシステムと有機的に連関を保ちながら機能しているという所在を強く示すことが必要になる。

食の営みは，太古の昔からきわめて社会性の強い行為であったと思うが，その利用法にたけるに従い嗜好性にスポットライトがあてられ，個人の幸せや自己実現といった，個の関心事としての領域も拡大してきた。歴史上，社会性のウエイトの大きい時期もあり，文化領域に置く食が強調される現在のような時期もあった。食の軌跡は特にこの1世紀でかつてないほど遠くまで描かれたが，その軌跡は螺旋を描いており，平面に投影すると同じ位相に立つこともある。研究の所在をこの三つの領域のどこに置き，どう描こうとしているのか，自己の研究の軸として，さらには時代の研究の軸としてとらえることが必要である。

2．既刊の通史類からたどれること

2．1．日本調理科学会誌から

　下田吉人氏は，昭和初期から大阪市立衛生研究所を通じて近畿地区の栄養改善に尽力される一方，調理科学の研究を提唱し，日本女子大学で昭和25（1950）年から調理科学を講義された。大学の講義名称として調理科学という言葉が公的に残る最初のものである。氏はその後大阪女子学園短期大学に移られ，昭和35（1960）年に大阪で調理科学懇談会を誕生させた。調理科学における，アカデミックソサエティ第1号の誕生であり，これが関東の学界での活動と結びついたことが，後の調理科学会につながる。学会設立の経緯とその後30年間の足跡は，調理科学会設立30周年を記念する第30巻増刊号（1997年）に100ページを超える詳細な記録として残されている。この号は，通史，関連学会からの祝辞，草創期・創立当初・発展期にそれぞれ重責を担った先輩達の回顧談，支部活動の記録，29年間963件の記事・論文の現状分析と展望，学会外の識者からの期待・要請の檄文，会員の考える調理学などから構成されている。100ページ余が一里塚を示す貴重な記事で埋め尽くされており，行間からは汗のにおいすら感じられる。ここで改めて言葉を変えて記述することもないが，丹念に読み込んでいくと研究の意味や，未開拓分野の所在などさまざまな情報がここから引き出せ，次の一里塚への途も見えてくる。

2.2. 日本家政学会誌から

　日本調理科学会が昭和43（1968）年に発足した際，春は5月の栄養・食糧学会にあわせ，秋は日本家政学会のそれぞれ総会にあわせた年2回の特別講演のみで活動を開始し，いわば親戚学会の庇（ひさし）を借りて活動を開始したということである。

　親学会である日本家政学会への掲載論文における調理学の状況は，昭和63（1988）年の第39巻第5号の家政学会設立40周年記念記事に「食物学」として杉田氏が，平成10（1998）年の第49巻第5号の50周年記念記事に「食物学」として川端氏が，各前10年間の内容分析と考察を行っている。

　設立40年目に杉田氏は次のように展望している。「調理学は家政学における食物研究を特徴づけるものとされているが，前記のような加工調理食品や調理ずみ食品（惣菜）の発達は，やがて食品加工と調理の境界をなくして，両者は一元化の途をたどりつつあるとみることもできる。この10年間の学会掲載論文中もっとも多くみられた炊飯や各種の食品の調理性に関する研究成果は，かつてのように厨房内に役立つだけでなく，食品産業の工場内でも求められるものとなりつつある。」50年目に川端氏は次のように展望している。「食物学は，普遍的論理を持つサイエンスとしての側面と，多面的な価値観も許容する文化の学としての性格も持っている。人間学をバックボーンとした新しい食物学の研究発展こそ，家政学の基幹研究でもある。21世紀が期待している複雑系の科学としての家政学，食物学研究の発展を祈る」と。

　この段階における家政誌投稿論文の傾向は，調理科学会誌の傾向と大きな差はなく，あたかも入籠の関係にあるようにみえる。先述のサブシステム的発想からみても，その傾向には独自の特徴があってしかるべきであるし，親との彼我を分かつ学体系のアイデンティティの確立が，次の10年の課題となるように思う。

3. 調理学の萌芽期に立ち返って

　料理に関する文献や料理本を掘り起こす研究は徐々に開拓されているが，調理学の系譜をたどる学史はまだ手つかずの感がある。この節では，将来におけ

る学史領域の必要性をささやかに提案してみる。「農」や「食」領域の学術雑誌が刊行され始めた大正末期から大戦あたりまでの時期と，調理学のテキスト類が数多く出版され始めた戦後から学会設立前までの二つの時期に大まかに区分して，照度不十分ではあるがスポットライトをあて，これら萌芽期の問題意識に触れてみる。

『營養研究所報告』が出版された大正末期には，日本農芸化学会誌（大正13（1924）年），日本畜産学会報（大正13年），家事と衛生（大正14年～昭和19年）などの発刊をみており，日本における食の学術研究が一定の水準に達したことが示される。『營養研究所報告』と『栄養学雑誌』にみる限り，調理学研究は少なくとも現在のように，よりおいしいもの，より品質のよいものをという目的の設定にあったわけではなく，栄養学の臨床的側面の問題解決に関与せざるを得ない，接近方法の一つとしてその重要性が認識され始めたように思う。

3.1. 『營養研究所報告』にたどる

大正14年（1925）1月に第1巻第1号の発行された『營養研究所報告』は，発行年と巻数が一致しない偏則的な刊行が行われており，昭和15（1940）年の10巻あたりから紙質の落ちがめだち，同じ年の11巻1号をもって絶えている。戦後昭和22，23，24年度は事業報告が主で，昭和25（1950）年度から国立栄養研究所の研究報告として1年に1冊発行されている。雑誌が存在した11年間，現在の調理科学につながったと考えられる論文のタイトルは次のようである。

大正14（1925）年第1巻第1号2号：米の調理法とその消化吸収率との関係，昭和3（1928）年第2巻第1号2号合冊：米の搗精に関する研究，蕎麦蛋白質及び其の栄養試験に就いて，日本産食品中のビタミン調査，昭和6（1931）年第3巻第2号：一切の火食を廃して生活せる1被験者に就いて行ひたるそば粉・玄米粉・小麦粉の生食消化吸収試験，白米飯の腐敗に関する二，三の試験（ここでは淘洗の意義や櫃に移す操作の衛生学的検討がなされている），昭和9（1934）年3月第5巻第2号：主食品の生食火食と其の消化吸収率との関係，同年同月第6巻第2号：米の淘洗による抗脚気性ビタミンBの損失について，昭和11（1936）年第9巻第1号：各種調理の食品成分の上に及ぼす影響。第9巻第

1号の緒言には，所長佐伯矩がこの号のテーマについて次のように記している。「營養的・美味的・經濟的・道徳的食を調製するの根拠を確立せしむることは最必要に属す。本研究は，部分的にはその一部完成と共に，昭和九年日本醫學會第十三分化營養學會発表以来相次で學界に報告するところあり，その調理総数實に一千四百九十四に達す。中略。調理を營養との聯繫に就いて留意せしむることの一層緊要なる所以」また，報文の研究目的には，食品が調理により種々の物理的，化学的変化を受けること，一般家庭で行われている調理法に沿った実験条件の設定が記されている。モデル実験という視点はなく，魚介類や野菜など現在よりも多彩な品目が列挙されており目を見張る。

昭和15（1940）年第10巻第2号：米のビタミンB_1に関する研究其の二新米及古米のビタミンB_1含有量について，食油に関する研究，味噌に関する研究。このあたりは時局を反映してか，稗飯，稗粥，稗餅，大根入稗飯，稗団子，稗おこは，同様に玉蜀黍，黍などを混ぜた主食のような代用食，調理方法を異ならせた条件下における消化吸収率の試験報告が多い。

3.2.『栄養学雑誌』にたどる

栄養学雑誌は，もうすでに戦時体制下にあった昭和16（1941）年に発刊された。創刊の記事には，厚生科学研究所国民栄養部のなかにあった国民栄養研究會の「栄養学文献抄」すなわち抄録を引き継いだとあり，そのウエイトが重いが原著・総説・調査・資料などの記事ジャンルが設けられ，体裁の整った学術雑誌となっている。昭和16年〜25年までの調理関連の記事を拾ってみる。

昭和16（1941）年第1巻：米のビタミンB_1に関する研究，無淘洗米の消化吸収試験，昭和17（1942）年第2巻：巻頭言　食の傳統と科學，外米の物理的性状に就て，米の淘洗による成分損失率，調理油脂と食品材料との関係，昭和18（1943）年第3巻：穀類のビタミンB_1含有量，昭和19（1944）年第4巻：本邦食品のビタミン含量綜覽，昭和21年〜22年第5巻：柿の葉のビタミンCの利用について，製パンに依るビタミンB_1の変化，味噌に関する研究，昭和23（1948）年第6巻：熱飯中の細菌に就て，海水を用いた漬物試作という論文では，当時食塩の生理的必要量は1日15gと推定されるのに，食塩・味噌・醬油の分を合

計しても1日必要量を満たすにたりない，とある．またこの6巻5・6号には国立栄養研究所開所式の記事が掲載されている．**昭和24（1949）年第7巻**：家庭における製パンの温度変化，茄子の鹽漬について，**昭和25（1950）年第8巻**：郷土食に關するもの，學童の嗜好調査，家庭食物調査．

第1巻第1号，すなわち創刊号の巻頭言には「この重大時局下に国民資質向上と生活安定の上に最喫緊事たる栄養問題の研究並びに其の応用実践に指針を與え」とあり，ビタミンを含め調理のプロセスに相当の栄養ロスが生じているという指摘がみられ，栄養の接点としての調理がこの巻頭言に集約される．

この時代の主張を現在に読み変えると，環境と資源問題に配慮した調理をということになるのだろう．栄養の問題は数値に置き換えることが簡単であるので，常に政策になじみやすいが，しかし調理学は様式や文化であるので，政策との整合には高度の解釈が必要となる．清澄な味を引き出すためのだしのとり方や砂糖のあく引きなどの，歩留まりの悪い引き算型の日本の調理技術は，一方で副産物の再利用といった技術と本来バランスしていた．副産物の再利用の視点が欠落した現在のシステムに対して資源のむだづかいという指摘があるが，安易なエコクッキングの発想ではなく，様式全体の見直しも考えなくてはならないだろう．学の出番はこのような全体整合を見通せる場になくてはならない．時代の要請する政策への理解を第1節で述べたが，研究者のスタンス，倫理，自己責任がいっそう問われる時代になるだろう．

また，この雑誌で充実している抄録は，60点ほどの邦文誌，20点ほどの欧文誌に典拠しており，現在をしのぐ充実ぶりが伺える．

その一部をあげると，

> 同仁會醫學雜誌，北海道醫學雜誌，海軍軍医會雜誌，京都府立医科大学雜誌，京城医學専門学校紀要，營養研究所報告，人口問題研究，厚生科学，労働科学，理化学研究所集報，実験醫學雜誌，醸造学雜誌，工業化学雜誌，日本衛生化学会誌，日本化学会誌，日本農芸化学会誌，日本内科学会雜誌，水産講習所報告，畜産試験場集報，福岡県立農事試験場業務報告，台湾総督府工業研究所報告，旅順工科大学紀要，上海自然科学研究所集報，旭化学工業奨励會研究報告，健康保険相談所資料，奈良女子高等師範学校紀要，宮崎高等農林学校学術報告

など多方面にわたる．

先述の，調理学史といった領域が今後ひらかれるとすれば，その源流さがしは，このような範囲を含め広く網をかけなくてはならないように思う。

3.3. 草創期のテキストの軌跡

　学の源流をたどる学史に本格的な取り組みの必要を感じることは先にも述べたが，おそらく調理学の言葉が最も古く用いられたのは，明治18（1885）年，小鹿島果（おがしまみのる）の『日本食誌』[5]の附記第1食物調理論であろうかと思う。成分分析値も添えられていて食品科学各論の体裁を成すが，これに加え，栄養，保存法，消費，文化，歴史にも言及しており，食物調理論の部分ではニューヨークから取り寄せた情報による加熱温度（同書では熱度）表もあり，調理学書とも読める。

　大正期に入り，沢村真著『栄養と食物』[6]，南拝山著『化学的食物研究百話』[7]，沢村真『食物化学』[8]，伊藤尚賢『衛生滋養経済美味理想食物』[9]などの流れをたどる。

　昭和4（1929）年，東佐與子の『嫁入叢書―料理篇』[10]のなかに「新しい調理學」という章がある。昭和初期の家政学系の高等教育機関では，「割烹」や「料理」という専門科目が置かれているのみで，「調理学」という体系化された専門分野が確立されていない時代において，「調理」の学としての哲学と理論体系の構築を期待している一文がある。これが，調理に学をつけて『調理学』という新しい学問分野の旗揚げをした，わが国最初の貴重な文献である。

　第二次世界大戦がこの流れをせき止め，学的な普及啓蒙を企図したテキストや叢書の刊行数が増加するのは昭和39（1964）年ごろからであり，このころ以降のものは現在なお版を重ねているものも多い。したがってそれ以前，昭和20年代～39年を草創期とみなし，今日改めて全体を読み直すと，それは一様に学的な範囲や体系づくりを模索した苦心の軌跡であり，序文からは調理学の目標が，目次だてからは体系の試案が読みとれる。

　この時期の代表的なテキストの序文の一部を引用しながら，調理学開拓時代のスピリットに触れ，食を丸ごととらえようとするシステム構築の勢いを感じて，調理学をやせ細らせることなく継承するためのエネルギーとしたい。

昭和26（1951）年　原　実：調理の理論[11]　序文

　「調理に科學性をもたせこれを研究するのが調理科學である。中略。かくして調理科學の水準も他の文化面と同様向上して行けば，吾々の目的とする一般人の營養の強化も自然に達せられる結果となる次第である」献立，食品選定，調理，配膳その他，嗜好や色・香り，用語まで網羅され大きく網がかけられているが，体系はみられない。

昭和27（1952）年　有本邦太郎：調理科学[12]　序文

　「食糧消費の合理化，食味と栄養の二つを両立させることの必要，これを解決するのが調理科学である」と述べたあとの改稿版（昭和39年）で，「このことはその後ますますその重要性を増している。現に食糧農業機構（FAO）も世界的な食糧増加を目的として消費の合理化を強調している。中略。栄養の充足と同時に食味の満足がえられなければならず，それが食文化の向上であるとおもう。」調理を食料消費の最終段階に位置づけたこと，味という価値の付加が栄養との異なりであるとの定義がみられる。

昭和29（1954）年　元山　正：調理の疑問[13]　序文

　「調理科学の進歩によって，日常遭遇する調理上のいろいろな疑問も追い追いと解明せられてきておりますが，まだなかなか沢山の未解決なところがあり，興味のあるところも多いようです。」昭和25（1950）年から厚生省公衆衛生局内国民栄養協会機関誌『食生活』に連載した記事項目のまとめであるが，記事分類からみても，実験で解明できる部分にも未着手箇所の多かったことがわかる。

昭和29（1954）年　日本女子大學食物學教室：調理科學綜典[14]

　家庭の意義や家政學における調理の意義が精神論として序文で述べられている。調理科学は概論として下田吉人氏の執筆になるが，概論のほかに栄養学など周辺領域の概説が述べられ，最後に現在の調理実習の項目となる。体系は未確立でやや抽象的，カバーする範囲に大きく網をかけた点が特徴である。

昭和31（1956）年　高木和男・児玉定子：調理学上下巻[15]　序文

　「人は食べ物を栄養素の形でとるのでもなく，また，なまのままで食べ

るわけでもない。調理は人の栄養のために除くことのできない過程である。調理についての学問は，それにもかかわらず，最もおくれている。また部分的に行われていて，調理の全般に亙ってのとりまとめはほとんど行われておらない。この欠陥を補うものが調理学である。」体系化の試案は他の研究者に多くの影響を与えたことが，他書の推薦の言葉と合致する。

昭和34（1959）年　松元文子：調理実験[16]　はしがき

「個々の食品のこれらの性質の解明は今日まだかなりふじゅうぶんであるので，食品の性格を出発点として調理実験を進めていくことはむずかしく，調理に見られるいろいろの現象を捕らえて，これらを実験に移してみると，それによって食品の性格が少しずつわかってくるというような順序をとることが多い。」と述べており，調理技術に焦点をあてた科学的接近方法について明快なスタンスが発言されており，わかりやすい。

昭和36（1961）年　望月英男：食品の調理科学[17]　序文

「隣接諸科学の多くの業績をとりいれ，さらにその上に調理学的な研究が加えられなければならない。すなわち調理を知っていることは勿論であるが，物理・化学・生物を網羅する一つの大きな応用科学であるということができる。」著者は『臨床栄養』誌上に2か年にわたって連載した記事に加筆するにあたって，他の学会誌に散逸している調理学の業績を丹念に収集している。食品の調理科学というタイトルに体系化への指向がみられ，食品をコロイドとしてとらえようとする提案も新しいものであった。

昭和37（1962）年　下田吉人編：調理科学講座1～5[18]

調理に隣接する諸科学に関し，調理との接点となる理化学的性質の基礎理論と実験法が広範囲に5巻の叢書としてまとめられている。食欲の心理と官能テスト（吉川誠次）などは調理学でははじめての項目であろう。膨大な周辺知識をあつめた叢書ではあるが，体系化されたものにはいたっていない。

昭和39（1964）年にはほぼ現在の骨格に近い多くのテキストが出版された。

高井・諏訪・吉川・金谷氏の『調理学－その理論と実際－』[19]には，操作や技術にひそむコツの客観化と学問としての体系化が指向されている。

後藤たへ氏の『調理科学とその実験法』[20]では，調理学とは実践的栄養・食品学であり，食物として最高の価値を与えることが目的であるとされている。また同書は，調理実験において食品組織学の重要性を具体的に示した意義が大きい。またこの年，『ロウの調理実験[21]（Experimental Cookery）[22]』が福場・鐙本・吉松・竹林・山崎・島田・荒川・松元・木原氏により翻訳されている。ここでも調理の現象を食品の性状，ことにコロイドとしてみることの有用性が説かれており，その後に影響を及ぼしている。

昭和39（1964）年　杉田浩一：調理の科学[23]　序文

「食物摂取の目的である栄養とその動機である嗜好との調和をはかるのは，調理科学の大きな使命であると考え，本書ではとくに調理の嗜好的側面の記述に力をそそいだ。総論では調理操作全般にわたる総合的な調理を追求し，各論では個々の食品群の調理面からみた特色を明らかにしようと努めた。調理科学には実験データの集積も大切であるが，まず体系化と方法論の確立が急務である。」総論と各論というスケルトンを提案し，内容の構造化を試みた最初のテキストである。特に調理の意義，食品・食物・調理など用語概念の整理，食物の要件，食品加工と調理の相違，食生活文化の特徴，調理学研究のあり方などに対し，定義された言葉で著者の考えや問題提起が語られている。

これ以降のテキストからこの骨格細部における知識の肉づけが進み，昭和40年代以降新たな学的体系の試案の発表が盛んとなり，今日にいたっている。

（茂木美智子）

〔文献〕
1）梅棹忠夫：生態系から文明系へ，文明学の構築のために，p.4，中央公論社，1981
2）岸根卓郎：システム農学，p.2，ミネルヴァ書房，1990
3）杉田繁治：文明のシステム工学，文明学の構築のために，pp.89～107，中央公論社，1981
4）高橋正郎：「食」と「食品産業」と「農」をつなぐ論理，フードシステム研

究，5，2，8～17，筑波書房，1998
5）小鹿島果：日本食志　一名日本食品滋養及沿革説，小鹿島果，1885（明治18）
6）沢村　真：栄養と食物，成美堂，1925（大正14）
7）南　拝山：化学的食物研究百話，泰山房，1917（大正6）
8）沢村　真：食物化学，成美堂，1917（大正6）
9）伊藤尚賢：衛生滋養経済美味理想食物，一誠社，1918（大正7）
10）東　佐與子：嫁入叢書―料理篇，pp.1～6，実業之日本社，1929
11）原　実：「栄養と食糧」叢書4　調理の理論，第一出版，1951
12）有本邦太郎：改稿調理科学，光生館，1952
13）元山　正：調理の疑問，第一出版，1954
14）日本女子大學食物學教室：調理科學綜典，朝倉書店，1954
15）高木和男・児玉定子：調理学上下巻，柴田書店，1959
16）松元文子：調理実験，柴田書店，1959
17）望月英男：食品の調理科学，医歯薬出版，1961
18）下田吉人：調理科学講座　第1巻基礎調理学Ⅰ，第2巻基礎調理学Ⅱ，第3巻基礎調理学Ⅲ，第4巻応用調理学，第5巻調理実験法，朝倉書店，1962
19）高井富美子・諏訪節子・吉川周子・金谷昭子：調理学―その理論と実際―，医歯薬出版，1964
20）後藤たへ：系統的調理科学とその実験法，光生館，1964
21）木原芳次郎・松元文子：ロウの調理実験，柴田書店，1964
22）Belle Lowe：*Experimental Cookery, from the Chemical and Physical Standpoint*，John Wiley & Sons, Inc.，New York，1955
23）杉田浩一：調理の科学，医歯薬出版，1964

2 新しい美味学の構築

はじめに

　「美味」とは言い換えれば「おいしい味」のことである。おいしいという言葉について辞典（大辞林）をみると，「味がよいという意味の女房詞"いしい"に接頭語の"お"がついた語」であると書かれている。

　人間は火の発見によって食品を加熱して食べることのできる唯一の動物となり，味覚の喜びを体験したのである。人間は生命を維持し，活動するために食べ物を摂取するが，食べ物も生命あるもの，あるいは生命あるものから産み出されたものである。人間は食べ物を食べるとき，快い感覚や感情，すなわちおいしさを感じる。こうして世界各地において，各人各様の食べ方を工夫し今日にいたっているが，ブリア＝サヴァランが「新しいご馳走の発見は人類の幸福にとって天体の発見以上のものである」[1,2]といっているように，おいしく食べることに努力を求め続けている。おいしく食べるということは，最も人間らしい文化現象の一つである。

　人間が食べることの意義には生理的意義と精神的意義がある。すなわち，動物は外界から食べ物を摂取して自らの生命に役立てているが，人間も例外ではなく，生きるために食べているのである。食物摂取によって健康を再生産し，健康で活力に満ちた豊かな人生を送るとともに，健全な子孫を残して民族が繁栄することをこい願っている。一方，人間は食べることに対してさまざまな精神的エネルギーを投入し，食料の生産，保存加工，流通，技術の開発など，多くの恩恵を人々に与えてきた。

　さらに，食べること，すなわち，食事を通して人の心を育て，ときには心を癒し，憩いの場ともなる。家族団らんや，友人やさまざまなグループでの親睦をはじめ，社交，政治，外交などのコミュニケーションの媒体ともなる。

　食の営みは生理的意義をもつ縦糸と精神的意義をもつ横糸の織りなす人間学

の原点でもある。人間生活にとって重要な衣・食・住のなかでも，特に食べ物は，そのもの自体が口から取り込まれて人間の体に同化してしまうという，人間生活にとって最もかかわりの深い物質である。また，人間は食べる楽しみとともに，おいしさを追求する努力を重ねてきた。これらは，動物ではみることのできない人間にのみ与えられた特権であり，食べることの文化面である。

日本は東西文化をみごとに融合させて新しい生活文化をつくり出してきたが，食の世界も同様であり，東西食文化を融合させた食文化を創造している。

本稿では，新しい食学をめざして，美味学からのアプローチを考えたい。

1．食のアメニティと美味学

1．1．アメニティとは

アメニティ（amenity）とは〈快適性〉とか，〈快適環境〉〈魅力ある環境〉などと訳されているが，「安らぎ」という意味や「愛する」「愛らしい」「愛し合うべきこと」「愛すべきもの」という意味もある。特にその場所，その人についていう。その場所とは，一息ついて安らぐことのできる場所であり，人はアメニティのあるところに集い，心の安らぎを覚える。単なる快適性というよりも，もっと深い意味を持つ〈いのちの安らぎ〉ともいうべきくつろぎの意味を持っている。生命と愛の交錯するところにアメニティが生まれる。

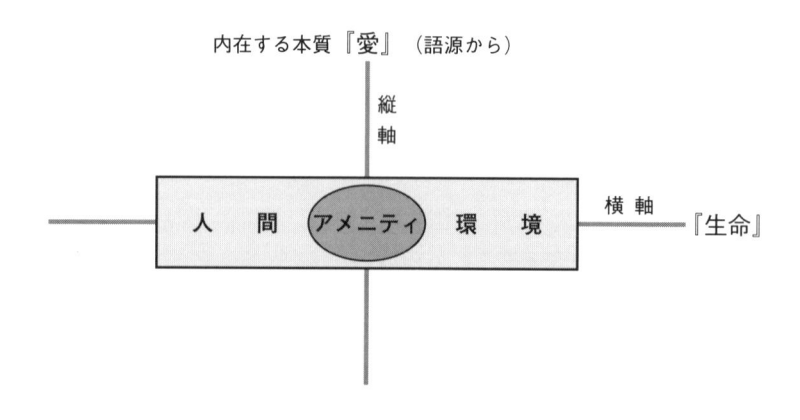

図 2.1　アメニティの本質

アメニティの思想が形成されたのは19世紀後半であり，イギリスの都市計画者ウィリアム・ホルフォードは「アメニティとは，単に一つの特質をいうのではなく複数な情報である。それは芸術家が目にし，建築家がデザインする美，歴史が生み出した快い親しみのある風景を含み，ある状況のもとでの効用，すなわち，しかるべきものが，しかるべき場所にあること，全体として快適な状態をいう」と定義している。イギリスをはじめとする西欧社会では，このアメニティの思想が歴史の過程のなかで形成され，感覚的な快適性の追求のみでなく，根源的に厳しい哲学的価値観に支えられているともいえる。人間の食の営みは，外部環境から与えられる物質としての食べ物を媒体とし，内部環境としての精巧な生体機能，すなわち，命および精神を持った人間の尊厳な生の営みそのものである。

1.2. 食のアメニティと人間学

科学としての人間学を〈physical anthropology：人類学〉と呼んでいるが，哲学的な人間学を〈phylosophical anthropology〉と呼び，人間性の本質，人間における地位などについての論究を含んでいる。人間の身体論と精神論を合わせて人間学と呼んだこともあるが，このような人間学の考え方は，科学的人類学が高度に発達した今日でも，固有の意義を失ってはいない。フランス革命期の思想家であるメーヌ・ド・ビランは『人間学新論』[3]~[5]を著し，人間の生を動物的生，人間的生，精神的生の3段階に分けている。動物的生とは生理学の対象となる生である。人間的生とは能動的私が経験を構築していく生，心理学の対象となる生である。そして，精神的生とは人間が自らの能動生を捨て，能動性の権能のそとにある神の恵みを恩寵として謙虚に受け入れ，そこに至福を見いだすことであり，精神的生は人間の生の究極の段階であるとしている。

メーヌ・ド・ビランが活躍した18世紀後半から19世紀初期にかけて美食の思想が発達し，『味覚の生理学』（日本語訳：美味礼讃）[1],[2]を著したブリア＝サヴァランがいる。美味学あるいは食のアメニティ（アメニティというキーワードはなかったにしろ）の思想の背景にあるこうした人間学を無視することはできない。

1.3. 食のアメニティと美味学

　生命体の内部では，常に物質的消耗が生じているが，身体の要求に体力が応じきれなくなったとき，食べたいというサインが送られてくる。そして食欲は同時に，欲求にふさわしい食べ物を脳裏に呼び起こし，新しい味，かつて味覚を楽しませてくれた喜びを期待しながら，体内の各器官が受け入れ態勢を整えるのである。これは習慣論の思想でもある。また，精神作用は食事の雰囲気も含めて胸膨らませ，幸福感の盛り上がりに寄与するのである。身体と食べ物と雰囲気（環境）の三位一体の最高の状態こそ，アメニティの真髄である「いのちの安らぎ」を醸し出すひとときであろう。食の営みにおけるアメニティとは，美味学の基本的理念である。

2. おいしさを求め続けた歴史とその思想

　おいしく食べるということは，文化現象の一つであり，どういう食べ方をするかはそれぞれの地域，民族，宗教などによって異なっている。日本，中国および西欧を代表する食の思想について概略を表2.1に示した。

2.1. 日本の食の思想

　日本の食の思想を考えてみるといくつかの特徴がある。稲作農耕文化に育まれていた日本の土壌には，古代から数多くの神々を祭り豊穣を祈る習慣が守られている。日本特有の直会（なおらい）は，これらの神々と共に食べ物を分かち合う儀式である。ここからハレの日の行事食が生まれた。仏教の伝来とともに，日本人の食の思想を規制した歴史的な事件として肉食禁止令（675年）があり，明治初年までの約1,200年間にわたり，獣肉を食べない思想を守り続けた。鎌倉時代は武家中心の社会で食生活も簡素で形式にとらわれず，実質的・合理的なものであった。禅宗などの仏教の普及とともに寺院に精進料理が発達し，民間にも広まった。食べ物の聖典ともいうべき道元の『典座教訓（てんぞきょうくん）・赴粥飯法（ふしゅくはんぽう）』[6]がある。典座教訓は，禅僧のために書かれた本ではあるが，おいしさの追求とともに食の思想が述べられている。一方，奢侈を排した実質的生活を誇りにしていた武家生活では，「武士は食わねど高楊枝」という考え方が尊重され，武士はたと

え貧しくても清貧に安んじ，気位を保たねばならないと考えていた。日本人の近世における健康思想の根幹をなすものとして，貝原益軒の『養生訓』[7] をあげることができる。江戸時代には現代の日本料理が集大成された。明治以降の食生活の近代化には目を見張るものがあり，明治以後の欧米化，さらに20世紀後半にいたってはアメリカおよび中国をはじめ世界さまざまな国の食べ方を受容し，新しい食文化を築きつつあるようにみえる。

大正末期に出版された木下謙次郎の『美味求真』[8] には，「食品調理，食膳に関するいっさいを論じ，調味の真髄を究明し，その原理を把握して実際の応用し，合わせて料理を一つの芸術，また学問として取り扱おうと試みたものであ

表 2.1 食の思想の比較

日 本	中 国	西 洋
稲作農耕文化→豊饒を祈る風習	儒教・道教	旧 約 聖 書
日本の特有の〈直会(なおらい)〉は，神々と共に食べ物を分かち合う儀式である。これからハレの行事食が生まれる。	儒教は敬天思想と"仁"を基調としている。「王者は民を天ほど大事なものとし，民は食を天ほど大事なものとする」(史記) 道教は大衆に密着した思考の根源であり，「不老長寿」の思想が基本姿勢である。	「地のすべての獣，空のすべての鳥，地に這うすべてのもの，魚は恐れおののいて，あなた方の支配に服し，すべて生きて動くものはあなたの物となるであろう」
武士は食わねど高楊枝→栄養思想	医食同源の思想	ガストロノミーの思想
仏教と肉食禁止の思想（明治初年まで約1200年） 道元（1200～1253） 『典座教訓・赴粥飯法』 貝原益軒（1630～1714） 『養生訓』 木下謙次郎（1869～1947） 『美味求真』 北大路魯山人（1883～1959） 『魯山人味道』 東佐與子（1892～1973） 『世界人は如何に食べつつあるか』	孔子（ＢＣ551～ＢＣ479） 『論語』 蕭吉撰(しょうきつせん)（530年代～614頃） 『五行大義』 賈思勰撰(かしきょうせん)（530～550） 『斉民要術(せいみんようじゅつ)』 李時珍(りじちん)（1518～1593） 『本草綱目』 袁枚(えんばい)（1716～1796） 『随園食単(ずいえんしょくたん)』 中国人民共和国編 （1961～1965） 『中国名菜譜』	アルケストラート （ＢＣ4世紀頃）『美食術』 アピキウス（1世紀前後） 『古代ローマの料理書』 ブリア＝サヴァラン （1755～1826） 『味覚の生理学』 グリモ・ド・ラ・レニエール （1758～1837）『食通年鑑』 オーギュスト・エスコフィエ （1846～1935）『古典料理』

（川端晶子（林　淳三編著）：食生活学への道, p.88, 建帛社, 1999）

る」と緒言に述べられているが，日本の近代における貴重な文献の一つである。また，東佐與子の『世界人は如何に食べつつあるか』[9]にも美味論に関する名言が書かれている。現在は，おいしさを求める一方で，健康志向も高まり，栄養思想には敏感である。

2.2. 中国の食の思想

中国の食の思想の根底には，儒教と道教の宗教的土壌がある。儒教は"敬天思想"と"仁"を基調としているが，孔子の『論語』のなかにも数々の食に関する心構えが記されている。自然界の諸現象の観察から導き出した『五行大儀』[10),11]があるが，医食同源や薬食一如の思想にまで発展した。また，道教は大衆に密着した思考の根源であり，不老長寿の思想が基本姿勢である。賈思勰(かしきょう)撰の『斉民要術(せいみんようじゅつ)』[12]は農家備要の書であるが，農業技術・加工調理技術について書かれている。本書は東アジア乾燥地畑作地域における食文化の原型を記した最古の料理書であり，実用科学的価値の高い書と評価されている。明の医学者李時珍の『本草綱目』は1,898種に及ぶ薬用となる植物，動物，鉱物の知識を集大成したものである。袁枚の『随園食単(ずいえんしょくたん)』[13]のなかの34項の「須知単(しゅちたん)」と「戒単(かいたん)」は飲食に対する精神を集約したものである。

1962〜1965年にかけて古今の名菜譜とその秘伝を官民合作で第11輯[14]に編集して公開したことは食を尊重する精神を表しているものであり，注目すべき事業である。

2.3. 西洋の食の思想

古代の食べ物と料理は，神話的な儀式によって構成されていた。たとえば，ギリシャ神話では，コムスは料理の神であり，バッカスはワインの神，また，ポセイドンは海の神である。アルケストラート（紀元前4世紀）の詩『美食術』[15]や『アピキウス古代ローマの料理書』[16]のなかで，そのころの調理法をうかがい知ることができるが，このころの基本的なテクニックとしては，火であぶる，ゆでる，煮込むの三つの方法があり，象徴的な階層があって，それぞれの方法は人類の置かれたすなわち，あぶることから，ゆでることにいたる順

序は時間的であるとともに，文化的な意味を持っていた。これは，未熟から成熟にいたる人間の進歩の順序づけでもある。

旧約聖書に「地のすべての獣，空のすべての鳥，地に這うすべてのもの，魚は恐れおののいてあなた方の支配に服し，すべて生きて動くものはあなた方の食べ物となるであろう」と書かれているが，今日，人間が生物全体の食物連鎖の王者として君臨していることと無関係ではない。

西洋料理の主流はイタリアからフランスへと発展したが，16世紀，フランスの王子（後の国王アンリ二世）とイタリアのメディチ家のカトリーナとの結婚によって，イタリアの食文化がフランスに紹介された。フランスの18～19世紀にかけては，古典料理の基礎が確立し，美食の黄金時代となった。この時代はパリが料理創造の中心であったが，20世紀前半は観光旅行と美食が結びついた時代であった。20世紀後半は「貴族料理」と「民衆料理」の二つの矛盾する傾向の再統合による料理創造の新たな歩みであるヌーヴェル・キュイジーヌ[17]の時代となった。

3．美味礼讃と無味礼讃

おいしさを追求する思想に「美味礼讃」と「無味礼讃」という言葉がある。おいしさに対する前者は西洋的価値観，後者はその対極にある東洋的価値観が示されているように思われる。美食の思想が発達したフランスの18世紀から19世紀にかけての会話を楽しむ哲学者の食卓と，沈黙と無言が重要な意味を持つ禅僧の食卓，すなわち，動と静の食卓の特徴を描写しながら，その背景にある食の思想を考察する。

3．1．フランス哲学者の食卓
（1）食卓と会話

フランス人は，彼らが「ガリア人」と呼ばれていた昔から，孤独を嫌って集合を好み，おしゃべりをしたり議論することの好きな国民である。こうした種族的な傾向が，17世紀にサロンをつくり出す素地となった。美しく機知に富み優雅で上品な婦人を中心に，言葉を磨き趣味を養い，芸術，宗教，文学を論じ

た。さらに，時事問題が取り上げられたり，また時の政治に影響を与えることもあった。

　フランス語の特色である明晰性も，フランス文学の特徴といわれる社交性や会話の精神も，サロンの婦人たちを通じて維持されたといえよう。また，時代精神のなかにみられる諸要素，たとえば，17世紀における科学革命とバロック精神，18世紀における啓蒙主義とロココ趣味などを融合し，その接点となったのもサロンやさまざまなパーティーであった。これらは，概して啓蒙思想家や哲学者たちの集会場の観を呈し，新思想の温床となり，政治・宗教の批判や科学上の新発見などが話題の中心となった。ルイ王朝時代のパリの繁栄は，数々の宮廷料理や貴族料理を生み出し，美食を競い合った。宮廷料理として開花したフランス料理も，1789年の大革命とともに宮廷を出て，広く市民に公開されることとなった。当時のパリには，豊富な食材，腕利きのシェフ，美食を求める人々の3条件がそろい，レストランの黄金時代を迎え，食卓の喜びをいっそう高めていった。彼らは時間をかけてご馳走を楽しむと同時に会話を楽しんだのであった。

（2）18～19世紀のフランス哲学者の食卓

1）ヴォルテールとルソーの食事観　　文化人類学者は「人間は共食する動物である」と特徴づけ，フランス人は「食卓は，食べる事とおしゃべりの場である」と考えている。ここで，10名の登場人物[18]を中心にフランス人の食の思想を考えてみよう。まず，啓蒙思想家であり，作家であるヴォルテールは，パリ生まれでイエズス会士の教育を受け法律を学んで，その後著述業に転向した。彼の仕事は文学，歴史，哲学などきわめて多岐にわたっているが，彼の思想はフランス革命へとつながる知的思潮に重要な影響を与えている。また，文明化された田園のホスト役として，美食の有害性とともにその有益性をも認めていた。彼はさまざまな友人と交わした書簡のなかで，食べ物や食事に関する話題に触れ，パリの知的階級の集まりにも積極的に参加していた。裕福になると盛大に来客をもてなすようになるが，交友のなかにはグリモ・ド・ラ・レニエール（後述）の祖父ガスパールもいた。

　この時代における，ジャン＝ジャック・ルソーもあげることができよう。彼

は"自由，平等，博愛"のスローガンを掲げてフランス革命の思想に多大な影響を与えた人であり，食べ物を大切にした。それは，生命を維持する唯一の手段としてであった。ルソーは食の教育にも深い関心をよせ，教育に関する主著『エミール』[19]のなかでも，子どもに対する食教育について述べている。ルソーは各地で採れた新鮮な材料を評価し，主に野菜を使ったあり合わせでつくれる食事を好んだ。同時代に活躍した哲学者コンディヤックは『感覚論』[20]を著している。感覚とは運動能力をもつ主体が，からだの諸刺激を弁別的に受容する際に生じるものである。彼はいっさいの認識は感覚に由来すること，人間の諸能力は生得ではなく感覚の変容に伴って生成すること，人間の認識の発展は言語の発展に依存していることを主張している。食べ物に対する具体的な感覚論は展開していないが，美食時代にふさわしい感覚についての論考である。

2）美味の擁護と顕揚　政治家，外交官であったタレーランは偉大な美食家の一人にも数えられている。宮廷人であったころのタレーランの食卓の華麗さと食事の豪華さは有名であったが，それは純粋に美食上の満足のためだけで

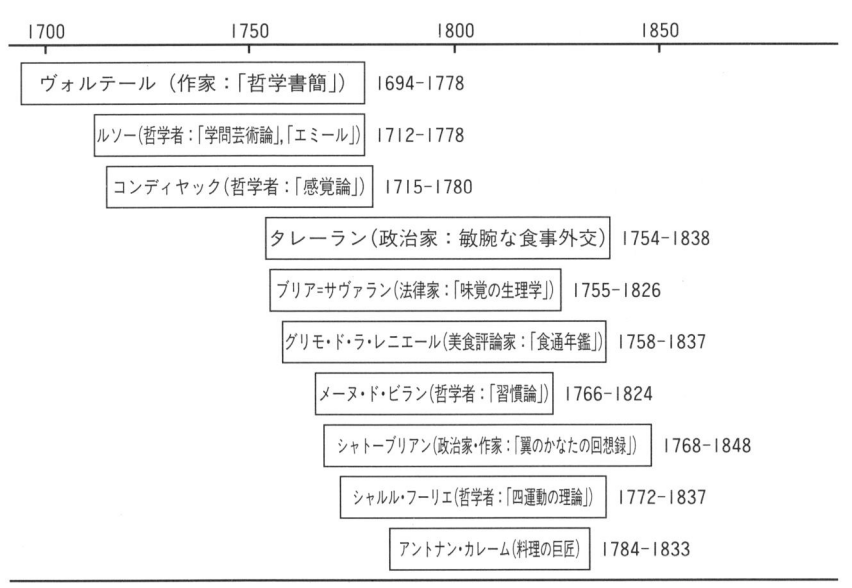

ヴォルテール（作家：「哲学書簡」）	1694-1778
ルソー（哲学者：「学問芸術論」，「エミール」）	1712-1778
コンディヤック（哲学者：「感覚論」）	1715-1780
タレーラン（政治家：敏腕な食事外交）	1754-1838
ブリア=サヴァラン（法律家：「味覚の生理学」）	1755-1826
グリモ・ド・ラ・レニエール（美食評論家：「食通年鑑」）	1758-1837
メーヌ・ド・ビラン（哲学者：「習慣論」）	1766-1824
シャトーブリアン（政治家・作家：「翼のかなたの回想録」）	1768-1848
シャルル・フーリエ（哲学者：「四運動の理論」）	1772-1837
アントナン・カレーム（料理の巨匠）	1784-1833

図2.2　「18～19世紀のフランス哲学者の食卓」に登場する人々
（川端晶子：VESTA, 34, 28～33, 1999）

なく，レセプションの食事の賓客に与える喜びは，外交交渉や駆け引きにおける成功への重要な要素であると考えていた。次にあるブリア＝サヴァランの登場によって食を対象とした作家の時代が開かれた。彼は快楽がいかに優れているかを絶えず説き続け，その理論，詩情をつくり出した。彼の著書『味覚の生理学』は哲学的，感覚的，文学的書であると評価されているが世界的成功を収め，今日でも広く愛読されている。特に，格言がしばしば引用され，人間らしい「食」の問題を振り返るよすがとなっている。美食に関する記録の基礎を築いたグリモ・ド・ラ・レニエールは弁護士であったが，ジャーナリストとしても活躍した。『食通年鑑』を発行し新しい文学スタイルの美食評論が生まれた。当時の哲学者のパーティーの出席者には，ブリア＝サヴァランやグリモ・ド・ラ・レニエールなども同席していた。

フランス唯心論の祖といわれる哲学者，メーヌ・ド・ビランは，生来きわめて内省的な繊細な心の持ち主であり，内的感覚，内的反省が彼の哲学の方法となっている。『習慣論』[3),21] では，習慣の分析とその生理的基礎を考察し，感覚の受動性と知覚の能動性を対比させている。食べ物の嗜好性の形成には習慣論的論考の必要性が痛感される。政治家，作家であったシャトーブリアンは文人として不動の地位を持っていたが，美食家でもあり，「シャトーブリアン」と名づけた牛のフィレ肉の厚切りのビフテックは，彼の料理人モンミレイユによって考案されたものである。

社会理論家シャルル・フーリエは『四運動の理論』を出版しているが，その後『産業的・共同社会的新世界』といった著作で彼の思想を発展させている。ブリア＝サヴァランの義兄弟でもあるフーリエは，彼の思想を美食のなかに取り込もうとした。幼児期からの教育的原則である美食は，また成人たちにとって普遍化された組織の重要な一部である。共同社会的体制における食は，知と理性との共同社会的合意の源泉であり，同時にもろもろに情熱を均衡させる主要な言動力であるという。料理の巨匠といわれたアントナン・カレームは，タレーランのお抱えの料理人でもあった。特に大規模なビュッフェを取り仕切ることに長けていた。彼の食卓では，料理が見事な調和と平衡を保ちながら，建築のあらゆるモチーフを使って仕上げられていた。

3.2. 禅僧の食卓
(1) 禅の思想

　鎌倉時代，宋（中国）で禅を学んだ道元は，帰国後，受容から創造に転じ，新しい禅の世界を構築した。道元は宗教家，思想家，また教育家であるとともに多くの著作を残した文人でもあった。日本語で書かれた最高の哲学書ともいわれる『正法眼蔵』[22),23)]をはじめ，座禅を正しい仏法として広く一般に勧めた『普勧坐禅儀』，弟子に対して修行の心構えを説いた『学道用心集』，禅院での日常の修行生活を律する『永平清規』などがある。道元の思想には，日本民族の域を超える国際性があり，禅の思想は日本の哲学を経て今日の西欧思想に影響を与えている。

　禅とは「只管打座」（ただひたすら座ること）であるといわれているが，禅は悟りを得るための手段ではなく，それ自身が目的である。すなわち，日常の行いのすべてが修行であるが，禅の修行に徹することにより，自己がすでに本来備えている悟りが顕現すると考えられている。道元は悟りについて，自己の有限な今ここにおいて，全時間，全空間，全存在を把握することであるとしている。『弁道法』のなかにある「単に一人一時の座禅であろうとも，諸時間と完全に一つになるが故に，無限の真実世界の中で永遠不変に仏の働きをなす。そのとき全存在が同時に悟るのである」という言葉が，前記のことを端的に表している。道元は，この有限者における無限なる全体の把握について追求する過程で，哲学的吟味においても十分に耐え得る独自の言語論，存在論，時間論を展開している。道元の思想は，750年を経て，表層の揺れ動いている今日でも，なお厳然として根底を流れている「人の生きる道しるべ」の大動脈の一つであろう。

　禅の思想と西洋哲学によって日本的といえる哲学を大成したのは，京都学派の創始者の西田幾多郎[24)]である。古今の西洋哲学を意欲的に吸収し，仏教をはじめとする東洋的思惟の伝統のうえで，それを生かそうと努めた。西田哲学の思想は，その出発点をなす『善の研究』における「純粋経験」の立場から「自覚」の立場，さらに「場所」の立場へと展開し，その動的連関そのものが，西田哲学の基礎となっている。西洋の哲学では問題にならなかった東洋の事柄，

たとえば,「形なき形をみる」こと,「我なし」という自覚など,無の論理を展開している。こうした背景には禅思想家鈴木大拙[25)]との持続的な深い思想交流がある。

(2) 食卓の教典

禅僧の食卓(食事)について二つの教典,『典座教訓・赴粥飯法』[6)]があるが,他に類をみない貴重な文献であり,現在でも禅寺でこの思想が実践されていることは意義深い。典座とは禅の修行道場で食事を司るわけであるが,修行を積んだ高僧がその職につくのが習わしであり,典座職には最高の地位と権限が与えられている。道元の食事観には「食べ物は,人間内在の仏性に捧げる供え物である」という思想が貫かれ,食事は人生において最も厳粛な行事であるとして取り扱われている。

1) 禅僧の食事と『典座教訓』

典座職は古く日本の禅門にもあり,その骨子は中国宋で叢林が独立するころ,『百丈清規』および「禅苑清規」としてつくられていたが,道元は中国留学の体験をもとに,これを卓越した識見でまとめ,調理そのものを高く評価し,調理道にまで高められたのがこの教えである。道元が中国から帰国後37歳のとき(1237年),宇治興聖寺で著された書である。すなわち『典座教訓』には食事をつくる人の心得が書かれている教訓である。まず典座の一日の勤めについて,材料の調達,食品の保存,献立作成などに関して,実に微に入り細にわたって心得が述べられているが,そのなかに座禅三昧,調理三昧の心境が脈打っている。「草木如何でか真如仏性ならざらん」,すなわち,菜っ葉一枚,米一粒,水一滴の中にも仏の命が宿っているのであると説かれている。また,調理の目的として「六味精ならず,三徳給わらざるは,典座の衆に奉する所以にあらず」と示されているように,でき上がった食べ物は,苦,酸,甘,辛,鹹,淡の六つの味が過不足なく整えられるとともに,軽柔,浄潔,如作法の三つの徳が備わっていなければならない。食べ物は,栄養摂取のみが目的ではなく,また,美味に執着しこれをむさぼることは慎まなければならないが,各食品が持っている本性と最善の味を出すように調理を心がけなければならないと,これが,道元の美味論でもある。中国における「無」の思想を学んで,新しく禅の世界に展開した道元の「無の思想」,そ

れは先に述べた西田哲学の「無の論理」とも相通じるものであり，東洋の無味礼讃の思想の根元でもある。

2）**禅僧の食事と『赴粥飯法』**　　『赴粥飯法』は『典座教訓』の姉妹編ともいうべきもので，禅僧の食事作法と食べる心得が書かれている。粥とは朝飯，飯とは昼飯のことであり，これに伴う作法，すなわち食事のための僧堂への入り方，食器の扱い方，給仕の仕方，食べ方などと人とのかかわり方について述べられている。禅門では，朝食と昼食が主で，夕食は軽く薬石と呼び，温めた石を腹部にあてて飢えをしのいでいたことからこの名が残っている。わが国の茶道や懐石料理は禅の食事作法が根幹をなして発達したものである。私たちの日常生活にも生かされるべき，多くの教えが説かれている。「もし食事を正しく行なうならば，すべての生活もまた正しい」と説かれ，食事をつくることも食べることも，仏道修行そのものである。言い換えれば，食事は人間の心身を磨き育てる最高の媒体であるともいえる。最近，少年犯罪が多発したり，情緒不安定な子どもが増加していることも食事と少なからず関連があるのではないかと考えられているが，食事が栄養問題だけに偏りすぎるのも問題であろう。

一同が僧堂に入り槌砧の合図によって応量器（食器）を並べて受食の準備をする。「三輪空寂」の思想は禅門の食事の根幹をなすものである。すなわち，食べ物を与える人，受ける人，食べ物の三者が無我の境地になって，感謝の念をもっていただくようにということである。食前に一同で唱える「五観の偈（げ）」は食事を受ける人の五つの反省と感謝と自分自身の評価を内観することである。

次に「七粒米の供養」がある。これは自分だけ，人間だけが食を十分にいただくのではなく，生きとし生きるすべてのものに食が与えられますようにと，飢餓に苦しんでいる人々を慮り，その他の生き物に対して，せめてもの供養をしてからいただきますという意味である。飽食の時代である今日こそ，このような慈悲深い心構えと態度が必要である。「洗鉢水の偈」を唱えながら，応量器を湯で洗い，一部を飲み，一部は折水器にあけ，もとのように整えて食事を終えるのである。

『赴粥飯法』に示されている起居動作は，一見ぎこちなく面倒な挙動を強要するかのように感じられるが，実際の禅堂での修行僧たちの食事の動きは感嘆

すべき，豊かなリズムと美に満ちている．厳しい躾もそれが洗練されると格調高い美が創造されるのである．赴粥飯法の禅哲学に裏打ちされた品格のある生活美学に感動と賛辞の拍手を送りたい．

　食生活には，調理人の豊かな芸術的センスと科学的技術のうえにそれを受けるのにふさわしい受食者のエスプリがなければならない．禅寺の無言の食卓，この「無」の思想は，人々を感覚界の果てへと導き，それを超えたものを実感させる．食の営みは，人間修行にとっての最高・最適の場であるといえよう．

　3）無味礼讃の思想　　フランソワ・ジュリアンの『無味礼讃』[26]がある．彼は，中国の哲学・美学が専攻でパリ大学教授であるが，本書は中国的な「無味」の思想と美学を論じた書である．「無味を価値的な存在として論述の対象にすることは，少なくとも西洋世界では常識を逆なですることになる」と述べているが，東洋と西洋の相対的な価値観を表した言葉である．このなかに「無味―恬淡(てんたん)」という章があり，「無味のモチーフはさまざまな価値の全面転倒に端を発する」と述べられ，「あらゆる味は，食欲をそそりはするが，期待を裏切る．それは通りすがりの人を立ち止まらせるだけであり，招き寄せはしても満足させはしない．それは刹那的・瞬間的な刺激にすぎない．このような外面的な刺激の対極に位置する，絶えずひろがりゆくものの尽きることのない源泉へとさかのぼるのである．そのようなひろがりゆくものは，決して具体的な姿をとって顕現するのではない」という．中国では無味であるものの極致として，しばしば「水」があげられるが，水はいかなる味にも変化するものであり，水にはあらゆる味の可能性が含まれている．すべての味の中心に位置しているのである．水の属性が「無味」の比喩においてきわめて重要な役割をもっている．

　典座教訓にもある「淡」という言葉は無味に通じ，食材の味を生かした味のことである．食べ物の味は直接的・感覚的な接触を超えたところで，はじめて本当の味が明らかになるという．味を超えた味わいを重んじる考えは唐時代に生まれているが，それが宋の時代になるといっそう大きな流れとなって引き継がれ，道元もこうした深い味わいを尊重する風潮を身につけたと考えられる．

4．美味学の誕生

4．1．美味学の起源

　美味学（ガストロノミー）という言葉について，ブリア=サヴァランはギリシャ語から復活させた，と述べているが，アルケストラートの『美食術』[16]には，ガストロロジー，あるいはガストロノミアとも呼ばれたと記されている。ブリア=サヴァランに最も近い文献では，ジョゼフ・ベルジューが1801年に発表した詩集の題名『ガストロノミー』がある。ブリア=サヴァランの『味覚の生理学』が出版されたのは，その後25年経ってからである。

　ブリア=サヴァランは本書のなかで，当時のフランスの食生活について次のように述べている。「飲食業者の数も日増しに増え，物理学も化学も調理学の進歩のために貢献した。有名な学者たちも人類の第一の欲望のために労力を提供するとしてもその品位を落とすものとは思わなかった。そして，単なるポトフーからジュレ・アスピックにいたるまで，洗練されたものにしようと努めた…」と。こうして，宮廷も巷も美味の発見に熱中していた。サヴァランは本書の出版についてためらっていたが，友人の強い勧めによって世に問うことを決心した。初版は匿名で出版されていることは興味深い。

　また，ブリア=サヴァランは美味学の起源について，次のように述べている。「美味学はあらゆる学問がそうであるように，時代の申し子として徐々に形成されるものである。最初は経験的な諸方法の集積により，後にはそれらの方法から導き出される諸原理の発見によって学問として形を整えていくのである。」そして，彼は自信に満ちた言葉で続けている。「いよいよ美味学が出現した。すると，隣接領域のあらゆる学問は相寄って美味学のための広場をつくってくれた。美味学は揺りかごから墓場にいたるまで，われわれを支えてくれる学問である。恋愛の喜びや友情を深める学問，憎悪をなくし，取り引きを容易にし，われわれの短い一生の間，他のあらゆる享楽の疲れも癒してくれ，しかも疲労を感じさせない唯一の享楽を提供してくれる学問である」と。

4.2．ブリア=サヴァランの美味学

『味覚の生理学』はわが国のみならず，多くの国々で翻訳され愛読されているが，おいしさを求め続ける人類の本能的欲求をよくとらえ，名文であるうえに，人間らしい「食」のあり方に多くの示唆を与えてくれる書である。

本文の構成は第1部，第2部，およびヴァリエテ（余禄）からなっているが，生理学という書名のとおり，一般論としての「感覚」から「死」にいたるまでのそれぞれの項目について瞑想し考察を重ねている。すなわち，美味学の誕生，グルマンディーズ，グルマン，感覚，味覚，食欲，渇き，消化，肥満，瘦せ，睡眠，夢，食卓の喜び，哲学的料理史と美しい筆致で読者の心を誘い込みながら，人間ならではの「食の営み」の妙味に案内してくれるのである。

5．新しい美味学の構築
5.1．美味の成立

美味学とは，おいしさを創造し，演出する技術の裏づけとなる理論体系である。美味を求める技術および学問的研究は人類の切なる願いであり，ブリア=サヴァランの美味学の提唱以来，その追求に数多くのエネルギーが費やされてきている。

身近な日々の食生活のなかで食事を快適においしくいただくためには，食べ物（客体）と食べる側（主体）のかかわり方を最高の好ましい状態に整えることが必要であり，それは愛と安らぎと喜びの雰囲気を醸し出すことである。

増成[27]は美味について，次のように述べている。

（1）美味の次元

食べ物のおいしさは，生理的・感覚的なものを不可欠な媒体とするが，しかし単に生理的・感覚的な次元に成立するものではなく，そこを基盤としながらも，そこを超えて，知的・文化的な次元に成立するものであるということ，そしてまた，美味はそこにあらかじめ存在するものだけではなく，人がつくり出すものでもある。

美味は，一面で客体（食べ物）の物質としてのあり方によって成立しながらも，多面で主体（食べる人）のかかわり方によって成立する。後者には生理

的・感覚的な次元と知的・文化的な次元とがあり，知的・文化的な次元では，知と文化の本質から，個人としての次元だけではなく，その時代やその文化圏の知的・文化的な次元もある。

おいしさ（美味）を味わうことは，一種の美の体験である。おいしさを産み出すことが調理の重要な任務の一つであり，美を産み出すということが芸術の重要な任務の一つであるから，料理が一つの芸術としてとらえられてきたのも理由のあることである。フランスでは「料理は第九の芸術」とされている。

(2) 複合・連動によって生まれる美味

快感によっての美味における諸感覚の複合性・連動性においては，美味を味わう主体の側での事柄と，食べ物の側，すなわち客体の側での複合性・連動性がある。

また，料理は単体的なものから複合的なものまで多様であり，音楽の独奏曲・合奏曲・協奏曲・管弦楽曲・交響曲などに相当する独奏的な美味，合奏的な美味，協奏曲的な美味，管弦楽的な美味，交響曲的な美味があろう。

そして，複合・連動は，食べ物自体の内部での複合・連動としてのみならず，食べ物とその外部，たとえば食器，食卓，雰囲気，環境などとの複合・連動であり，そこに文化的次元が加わってくる。

(3) 美味と感覚

古くより「料理は五感で食べる」といわれているように，食べ物のおいしさは視覚，聴覚，嗅覚，触覚，味覚の五感と呼ばれる末梢の感覚器でとらえ，その情報を脳のそれぞれの部位でさばき，最終的には前頭連合野で総合的な判断がなされる。五感はそれぞれ独立した機能を持っているが，相互に調和を保ちながら自己調整をはかり，コミュニケーションをとっている。

図2.3にサイバーセンスの模式図を示した。図の上部は視覚，聴覚，嗅覚，触覚，味覚の五感がいつも扉を開放して，無意識のうちにおびただしい数の情報を受け取っていることを示している。すなわち，視覚は日常的な活動風景や自然の風景，食べ物の外観をとらえ続けている。聴覚は音の洪水に侵され，嗅覚は絶えず周囲のにおいを嗅ぎ，触覚は一瞬一瞬，外界の温度や皮膚の接触感を知覚するが，味覚が喚起されるのは生理上の必要が生じたときである。これ

らに対して，図の下部は意識してとらえる場合で，客観的にとらえるとともに，主観的に好き・嫌いを決めている。これらの評価には各自の教育，環境，感性などの学習体験が要因となっている。

　図2.4には美味に関与する大脳皮質機能の模式図を示したが，感覚野には視覚野，聴覚野，嗅覚野，触覚野（体性感覚野），味覚野があり，末梢の感覚器から送られてくる感覚情報の処理を行い，連合野で知覚される。もしも知覚の正確な計測や評価が可能であれば，料理の結果も正確に再現できるであろうが，味の嗜好性は主観的であり，食べる個人によって異なっている。近年特に，脳・神経科学の進歩は著しく，人間の心の問題にも迫りつつあるが，脳の活動から味のおいしさを測定しようとする試みもすでに始まっている。

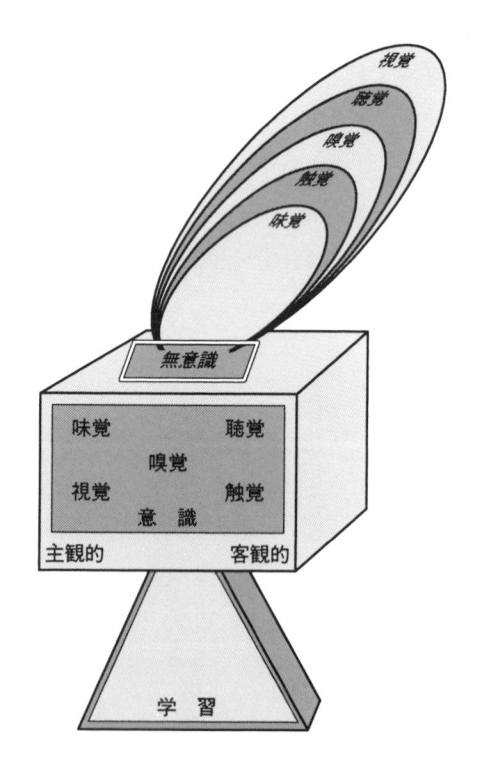

図2.3　サイバーセンスの模式図
(Antoine Schaefers : *Les sens du goût*, Centre Culturel de Gastronomie Française au Japon, p.41, 1997)

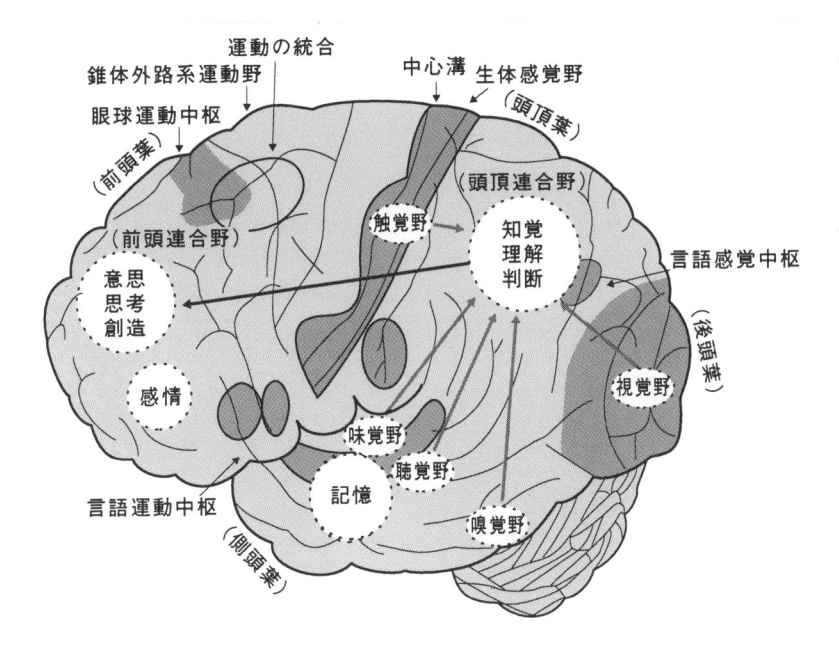

図 2.4 おいしさに関与する大脳皮質機能の模式図
(川端晶子(日本咀嚼学会監修,川端晶子・斎藤 滋責任編集):
サイコレオロジーと咀嚼, p.33, 建帛社, 1995)

(4) 美味と感性

　人間は五感を総動員して食事を楽しむ。感覚は外界の物理的,化学的特性に対して,身体のセンサーが感じる程度やその内容を対象にしているが,食べ物がおいしいという評価は,味に関係した要因のみでなく,食卓上の色彩や食器,盛りつけなど,さらに人々の人生観,ライフスタイルも大きく関与する総合的なものである。おいしさの創造,賞味にあたっても感性を磨くことが大切である。感性科学についての第一線の研究者たちのアンケート調査[28]による「感性」の定義は次のようである。

① 人の気持ち,食べ物の味,色やイメージといった曖昧なものを直感的・洞察的にとらえる認知・情緒的能力特性である。
② 人間の感覚,知的特性に関連し,情緒的判断を伴うものである。
③ 物や事に対する感受性。とりわけ,対象の内包する多義的で曖昧な情報に対する直感的な能力で,よいセンスとかセンスがないなどという。

感性に対立するものとしては,「知性(頭脳の知的な働き)」,「理性(概念的思考能)」があるが,感性は人間が持つ感覚・知覚の機能や特性であり,それによって「情」が呼び起こされる。食に対する感性とは,食の場を構成する総合的な成果と,それを評価する人間の内的基準のレベルとの対応なのである。すなわち,感性とは感覚器官・感覚,さらに感情の働きを総合的にとらえたものである。

5.2. 味覚生理学

美味に関する感覚のなかでは,味覚が最も古くより研究対象にされてきたが,今日,五感に関心が高まり,おいしさを総合的にとらえる考え方も出ていることから,将来に向けては,味覚生理学というよりも感覚生理学といったほうが適当であろう。食べる行動は食欲から始まるが,母乳を求める乳児の行動にみられるように,食欲は生まれてから死ぬまで,生きる欲望のある限り持ち続ける個体保存のための重要な欲求である。しかし,成長に伴い,人間の食欲現象は多様性を示し,食欲が満たされれば快感や落ち着き,満腹感などを得,食欲が満たされない場合には不快感や悲しみ,いらだちなどの精神状態を招く。食欲の内容は,学習や体験によって流動変化するものであり,意志によって変革することもできるものであるから,食習慣によって正しい食欲をコントロールすることが,健康な食生活を営むうえで必要である。

長寿社会を迎えるにあたり,加齢と嗜好の変化,咀嚼機能・嚥下機能の低下など,高齢者の生理機能の変化による食べ物の摂取機能についての研究は急務となっている。特に今まで,味覚中心の生理学であったため,咀嚼・嚥下困難者用食品の開発などにも,生理的機能に対応する食べ物の物性を本格的に研究しなければならない。

一方,大脳生理学の大島清は「食脳学」[29]を提案しながら,人の脳の進化と咀嚼の役割を明確に示し,現代のレトルト食品やファストフードの氾濫が脳の退化への道をたどっていることに警鐘を鳴らしている。また,鳥居邦夫の「食行動における脳の働き」[29]に関する研究でも栄養と嗜好の問題が追求されていて,明日への新しい研究方向を示している。

5.3. 食心理学

　食べ物によって喚起される感情にはさまざまなものがある。その最も代表的なものが,「おいしそう」あるいは「おいしい」という感情である。また, その対極として「まずそう」あるいは「まずい」という感情がある。先にも, おいしさの感覚は食べ物（客体）と食べる側（主体）とのかかわり方によって成立するということを述べたが, おいしさは食べ物の感覚属性の一つであり, また, 摂取した人間の快反応でもある。食指が動くのは, 食欲からスタートするが, 食べ物のおいしさは喜怒哀楽の感情や精神の緊張度によって左右され, 心理状態は食べた後の消化・吸収にも影響を与える。明るく平和で心豊かな整った受容性のある心理状態のもとで食べる行為を持ったとき, 食べ物としての最高価値が現れる。

　飲食障害は心理状態とも深い関係を持つといわれているが, 例として, 肥満と痩せについて考えてみたい。肥満とは, 体内の貯蔵脂肪が基準値以上に増加している状態であり, 痩せとは, 体内の貯蔵脂肪が基準値以下に減少している状態である。特に単純肥満についてみると, その成因は基本的には摂取エネルギーが消費エネルギーを上まわることであり, 遺伝要因, 身体要因, 環境要因, 生活要因などもあるが, ストレス, 葛藤, 不安などの心理要因も見逃すことはできない。A・W・ローグは『食の心理学』[30]で, 神経性大食症によって肥満, 神経性食欲不振症によって痩せの症状が現れるが, これらは食の心理学の研究対象であると述べている。

5.4. 感覚計量心理学

　感覚と知覚の心理学的研究は, 心理学が19世紀後半に独立を獲得する以前からさまざまな領域の人々によってなされてきたが, 感覚の心理学は19世紀の生理学者に負うところが大であった。おいしさの評価は, 人間の感覚に頼る官能評価が不可欠である。近年, 味覚のメカニズムの解明は末梢から中枢にいたるまで, 急速に進みつつあるが, 人間が人間らしく食べるためには, 人間の感覚を大切にしなければならない。感覚に関する研究において, 生理学でも哲学の感覚論においても味わいに関する分野, 特に味覚については最も関心の薄い分

野というよりも,複雑で手のつけようのない分野であったが,今日,『おいしさの科学』[31],『脳と味覚』[32],『味覚の科学』[33],『味覚の生理学』[34],『味覚センサー』[35]などの最近の研究成果をまとめた成書があり,食文化的考察に関するものでは,『味覚の歴史』[36],『感覚の博物誌』[37]なども楽しい文献である。

味覚計量心理学よりも対象の広い感覚計量心理学について,今後の研究に期待したい。食べ物のおいしさは人間の感覚を通して評価されるもので,主観的

表 2.2　食品物性研究の流れ

年　代	レオロジー		食品のレオロジー		食品のテクスチャー
★17世紀	弾性				
	フックの法則				
	粘性				
	ニュートンの法則				
★19世紀	粘弾性				
	緩和現象の概念				
	クリープの概念				
★20世紀	レオロジーの発展	☆		☆	
	コロイド物質及び	1930年代	食品のレオロジーの研究始まる	1930年代	食品のサイコレオロジーの研究始まる
	高分子物質の力学的性質	1953年	スコットブレヤー著『Foodstuffs Their Plasticity Fludity and Consistency』	1953年	スコットブレヤー（英）"サイコレオロジー"のキーワードを用いる
1929年	レオロジー学会設立（米）				
1973年	日本レオロジー学会設立				
		1956年	上記　日本訳『新食品学―レオロジーについて』	1960年代	"テクスチャー"の研究始まる　ツェスニアク（米）　シャーマン（英）
		1974年	第1回「食品の物性に関するシンポジウム」開催		
		1994年	「高齢者用特別用途食品の規格基準」に物性値採用（厚生省）	1970年	『Journal of Texture Studies』発刊（英）ボーン（米）

（川端晶子：日本味と匂学会誌，4，19～24，1997）

要素を主体とするが，少しでも客観的に科学的な手段で評価しようとする研究が進められ，心理学や統計学を利用した味覚の数量化を目的とした学問分野である。

5.5. サイコレオロジー

　サイコレオロジーとは，食べ物のレオロジー的性質と人間の生理的感覚および心理判断である物理的感覚とを実験心理学の観点から解析しようとする学問分野であり，レオロジーと心理学の境界領域の学問である。すなわち，サイコレオロジーは，食べ物の物性の官能評価による主観的評価と機器測定による客観的評価との対比から，口腔生理学，計量心理学，精神物理学とを関係づけて研究しようとするものである。食品物性研究の流れを表2.2に示した。

　食品のレオロジー研究の先駆者であるスコットブレヤーはチーズづくりの職人が品質を判定するのに手でつかむことに着目し，食品の力学的性質を人間が硬さとして知覚する際の精神物理学的要因を明らかにしたいという動機から研究に取り組み，この分野にサイコレオロジーという名を与えた。今日，食べ物

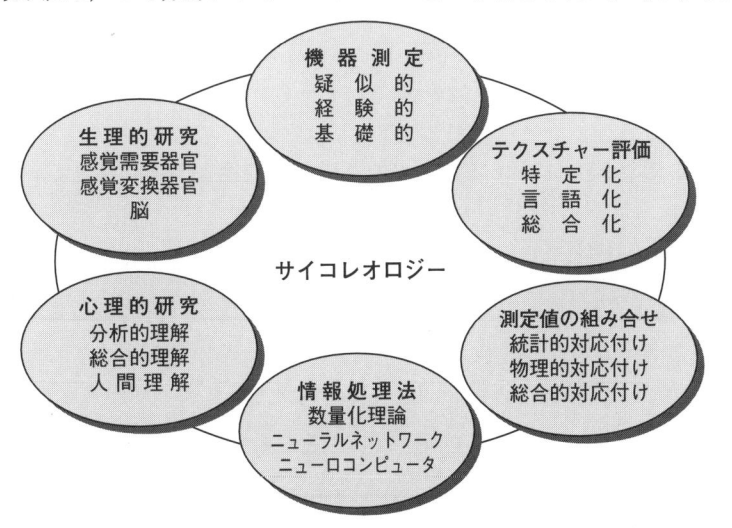

図2.5　サイコレオロジーに関連する研究領域
（井筒　雅（日本食品科学工学会監修，森　友彦・川端晶子編）：
食品のテクスチャー評価の標準化，pp. 163〜186，光琳，1997）

の硬さ、口あたり、歯ごたえ、ねばっこさなどをテクスチャーと呼んでいるが、その研究が始まったのは1960年代である。図2．5にサイコレオロジーに関連する研究領域を示した。1994年、高齢者用特別用途食品の規格基準[38]に物性値が採用されたことは意義深い。物性測定については、最近の測定機器とその技術の進歩があげられる。測定の精度が高まり、その解析法もコンピュータを駆使することで、かなり期待される情報が得られるようになった。

5.6. 味覚センサー論

味覚センサー[39]とは、人間の五感（視覚、聴覚、触覚、嗅覚、味覚）を代行する機能をもった装置をいう。味覚センサーが開発されているが、これは味物質が味覚センサー（脂質・高分子ブレンド膜）に触れると電圧を発生し、各々のチャネルのパターンの違いから味を識別・定量するというメカニズムである。味の世界に客観的なものさしを与えようとする新しい食文化の黎明期が訪れようとしている。もうすでに、食品では、コーヒー、ビール、トマト、りんごジュース、清酒、茶、牛乳、味噌、醤油などの実験例[39]が報告されている。

5.7. 味覚表現学

味覚物質についての研究は実験技術や分析機器の発達によってかなり進んだが、最終的に人間がとらえる段階での評価は官能検査が中心である。古くより、食文化の違いにより多少の差はあるが、言語における味覚語彙、すなわち、味覚表現の言葉を持っている。さまざまな民族の味覚表現法から食文化の比較が可能となり、また言葉による官能評価にも役立てることができる。テクスチャー用語については、食文化と食習慣の違いから、地域によって大きな差がみられる。日米比較では、アメリカ人の78語に対して、日本人は406語の表現用語があげられているが、その理由についてボーン[40]は、日本人の豊富なテクスチャーの語彙は、日本料理のなかに存在する多様性によるものであり、また日本料理のテクスチャーは微妙なニュアンスを感じやすくつくられている。そのうえ、日本語にはたくさんの擬声語・擬態語があり、それらは絵画的であり、食べ物の描写に広く使われていると述べている。

5.8. 食卓美学

　食文化のうち，食卓を中心としたさまざまなしつらいやもてなし，メッセージなどの美を対象とする分野である。美は直感的な感性によって生まれるもので，価値観とも相対するが，食の演出，すなわち食卓の美学，食器の美学，盛りつけの美学，もてなしの美学などから構成される。

　テーブルコーディネートを例として考えてみよう。

（1）快適な食空間の演出

　テーブルコーディネートとは食卓にかかわるすべてのものの色彩・素材・形態などの組み合わせを考え，より楽しく快適な雰囲気で，食事をおいしくいただくためにその企画をし，製作することである。テーブルコーディネートの3要素として，人間，空間，時間をあげることができる。

　1）人間について　　6W，1H（Who, What, With who, Where, Why, When, How）の基本要素を考慮する。

　2）空間について　　食のアメニティを基本理念とし，作業の機能性と食べる人（客）の動線などを考慮して平面計画をたて，室内装飾や雰囲気，食卓上

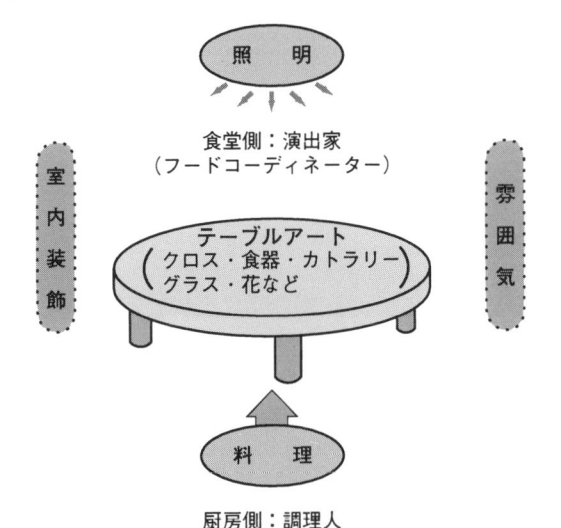

図2.6　テーブルコーディネートの模式図
（川端晶子（日本フードスペシャリスト協会編）：
　フードコーディネート論，p.6，建帛社，1999）

の演出などを考える。

図2.6にテーブルコーディネートの模式図を示したが、食堂を舞台であると考えると、厨房には作家がいて食卓に登場するメニューをつくり、調理人は演奏家のようにおいしい料理を仕上げて舞台に届ける。舞台の中央には、クロス類、食器、カトラリー、ガラス、花などがセットされ、役者でもあり、顧客でもある家族連れや友人同士の客が集う。

3）**時間について**　食事は、能楽や演劇、音楽と同じように時間的芸術である。芸術性の高い料理や食卓の雰囲気もまた時間とともに流れる。たとえば、静かに盛り上がるリズムが、あるところでクライマックスとなり、その後はテンポも速く幕を閉じるというような演出のテクニックが必要である。

（2）**ホスピタリティ**

ブリア＝サヴァランの格言[1),2)]に、「誰かを食事に招くということは、その人がわが家にいる間中の幸福を引き受けるということである」と述べられているが、おいしい食事をいただいたあとは、心身ともに一種独特の幸福感にひたるのが常である。

おわりに

人間の「食」の営みのなかで、美味の問題は個人にとっても、社会生活、また食品産業界にとっても、具象的究明のためのきわめて重要な切り口の一つである。

感覚的な快適さの意味での「美」と、心あたたまるという意味での「美」とは位相を異にする「美」であるが、美味学はそれらを融合し、総括した「美」の創造と体験である。そしてまた、人間学を中心とした科学・芸術・哲学の融合によって花開く、次代に最も注目される学問分野となろう。美味学は脳の科学、生命科学とも関係深く、一人ひとりの今日の幸せに最も密着した複雑系の総合科学でもあるからである。美味学こそ、新しい食学の最も人間らしい食の営みの基本理念であろう。境界領域の科学と技術の発展に伴った新しい美味学の構築が期待されている。

〔川端晶子〕

〔文献〕
1) Brillat=Savarin：*Physiologie de goût. Julliard*, Paris, 1965
2) ブリア＝サヴァラン（関根秀雄・戸部松実訳）：美味礼讃（上）（下），岩波書店，1967
3) 北　明子：メーヌ・ド・ビランの世界　経験する〈私〉の哲学，勁草書房，1997
4) 佐藤博之訳：人間学新論，開明書院，1981
5) 小林道夫・小林康夫・坂部　恵・松永澄夫編：フランス哲学・思想事典，弘文堂，1999
6) 道元（中村璋八・石川力山・中村信幸訳註）：典座教訓・赴粥飯法，講談社，1997
7) 貝原益軒（伊藤友信訳）：養生訓，講談社，1982
8) 木下謙次郎：美味求真，酗燈社，1950
9) 東　佐與子：世界人は如何に食べつつあるか，東京創元社，1954
10) 中村璋八・古藤友子：五行大義　上，明治書院，1998
11) 中村璋八・清水浩子：五行大義　下，明治書院，1998
12) 賈思勰撰（田中静一・小島麗逸・太田泰弘編訳）：斉民要術，雄山閣，1997
13) 袁　枚（中山時子監訳）：随園食単，柴田書店，1975
14) 中山時子訳（中華人民共和国商業部飲食服務管理局編）：中国名菜譜，北方編，東方編，西方編，南方編，柴田書店，1972～1973
15) エドモンド・ネランク，ジャン＝ピエール・プーラン（あべの辻調理師専門学校訳）：よくわかるフランス料理の歴史，同朋社出版，1994
16) ミュラ＝ヨコタ・宣子訳：アピキウス　古代ローマの料理書，三省堂，1987
17) 川端晶子（石毛直道監修・杉田浩一責任編集）：講座 食の文化，第三巻　調理とたべもの，味の素食の文化センター，1999
18) 川端晶子：*VESTA*, 34, 28～33, 1999
19) ジャン＝ジャック・ルソー（樋口謹一訳）：エミール，白水社，1992
20) C. A. コンディヤック（加藤周一・三宅徳嘉訳）：感覚論，創元社，1948
21) Main de Biran：*Influence de l'habitude sur la faculté de penser*, Librairie, Philosophique, J. Vrin, Paris, 1987
22) 道元（石井恭二注訳・現代訳）：正法眼蔵，1，2，3，4，河出書房新社，1996
23) 玉城康四郎：道元 上・下，春秋社，1996
24) 西田幾多郎：西田幾多郎全集全19巻，岩波書店，1987～1989
25) 久松真一ほか編：鈴木大拙全集全32巻，岩波書店，1968～1971
26) フランソワ・ジュリアン（興膳宏・小関武史訳）：無味礼讃 中国とヨーロッ

パの哲学的対話,平凡社,1997
27) 増成隆士（増成隆士・川端晶子編著）：美味学,建帛社,1997
28) 辻　三郎編：感性の科学,サイエンス社,1997
29) 武藤泰敏編：食と健康II,学会センター関西学会出版センター,1996
30) A・W・ローグ（木村　定訳）：食の心理学,青土社,1994
31) 山野善正・山口静子編：おいしさの科学,朝倉書店,1994
32) 山本　隆：脳と味覚,共立出版,1996
33) 佐藤昌康・小川　尚：味覚の科学,朝倉書店,1997
34) 佐藤昌康：味覚の生理学,朝倉書店,1996
35) 都甲　潔：味覚センサー,朝倉書店,1995
36) バーバラ・ウィートン（辻　美樹訳）：味覚の歴史,大修館書店,1991
37) ダイアン・アッカーマン（岩崎　徹・原田大介訳）：感覚の博物誌,河出書房新社,1996
38) 川端晶子（木村修一・川端晶子・種谷真一・大田賛行編集）：長寿食事典,617〜625,1995
39) 都甲　潔：食と感性,光琳,1999
40) Bouene, M. C.：*Food Texture and Viscosity*, p. 3, Academic Press, New York, 1982

3 料理と献立から

　食品に各種の物理・化学的処理を行うなど，食用になる素材に道具を使って手を加え，あるいは加熱し，または調味して姿を変え，すぐ食べられる状態で，素材そのものが持っている以上の味に仕立てる過程が調理で，そのでき上がったもの（料理）をさらにおいしく感じさせるために装いをする，その盛りつけの行為も調理に含めている。

　献立は，食事の内容を構成する料理の種類とその組み合わせ，またその順序を示したものである。言い換えれば，人間はどのような食べ方をしたらよいかにこたえる食事の計画が献立である。人間が食事をすることに，生理的な意義と精神的な意義があるように，献立にもこの二面性が求められている。

　日常食では栄養的な配慮が中心をなし，これに文化的配慮が付加される。健康でありたい，おいしく食べたいという願いが献立の基盤であるといえよう。

　一般には，献立は目的によって次のように分類される（表3.1）。

　豊川は，調理科学が，独立した学問として他の学問分野と同様な理論体系を構築するには，それにふさわしい構成要素を選択しなければならないとして，構成要素論[1]を，また川端は，料理の構成要素を見いだし，この構成要素間の相互関係を明らかにすることが不可欠であると，次のような料理構造を用いて料理の分析を行っている（図3.1）[2]。一方，茂木は"ビブリオメトリックス（計量文献学）と調理科学"[3]で，調理科学会，家政学会のなかから構造分析，要素分析に関係する論文を取り出し整理している。また"料理の変遷に関する実証的研究"[4]では，米料理を例として4要素モデルを設定し料理構造について詳述している。いずれも今後の研究へ多くの示唆を与えている。

　食事（食生活）調査では，料理，献立の分析は不可欠で，構成要素を取り上げて種々の試みが行われているが，多くは栄養面―栄養素摂取に主眼をおいた研究であり，これだけでは食事を多面的にとらえることはむずかしい。また，食素材・調理方法（操作）や主食・副食を要素とする考えは，中食・外食が増

加するなど食生活の急激な変化のなかでは十分な方法とはいえない。多様性を持ち，いっそう複雑化する日常食事の分析に普遍的な手法はみあたらない。

　まず，料理の構成要素とは何か，何を要素としたらよいか，について考えてみたい。

表 3.1　献立の分類

献立の種類	献立の内容	
供応食（料理様式別）	日本料理様式献立	本膳料理／懐石料理／会席料理
	中国料理様式献立	筵席竿／家宴（ホーム・パーティ）／冷餐酒会（立食パーティ）／鶏尾酒会（カクテル・パーティ）
	西洋料理様式献立	正餐（ディナー）／ビュッフェ・パーティ／ティ・パーティ／カクテル・パーティ
	エスニック料理献立	各民族特有の食文化を背景にした献立
	折衷料理献立	異なった料理様式が融合した新しいスタイルの料理
日　常　食	ライフステージ別献立	乳幼児期食／学童期食／青年期食／壮年期食／老年期食
特別栄養食	妊・産・授乳期食／形態別食／病態別食／スポーツ栄養食／労働栄養食	
集 団 給 食	医療給食／学校給食／福祉施設給食／事業所給食	

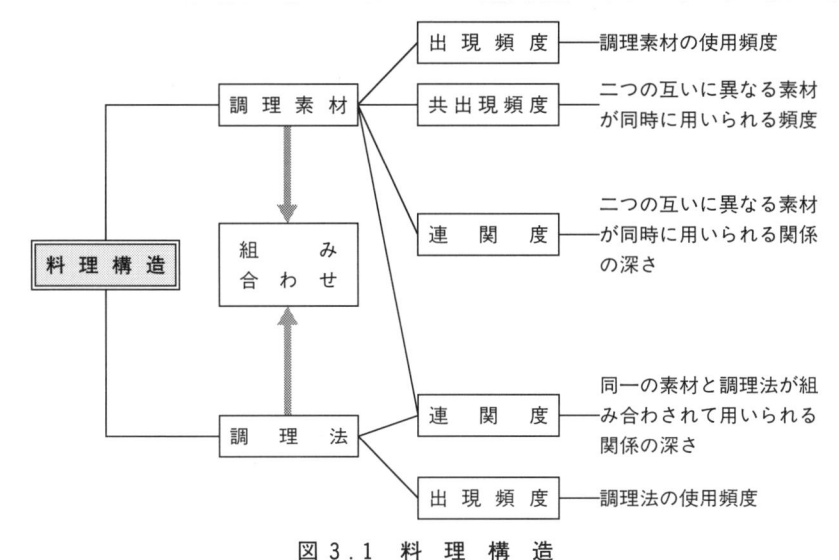

図3.1 料理構造
(川端晶子:調理文化学, p.123, 建帛社, 1999)

1. 料理の構成要素

構成要素としては，調理素材としての食品，調理法，調味の方法，盛りつけの4要素があり，各要素について次のような分類が考えられる。

1.1. 調理素材としての食品の分類

食品の種類は多く，これらを一定の基準で分類して取り扱うのが適当な方法であるが，その分類法はさまざまである。

（1）栄養素を基本とした分類－食品群による

通常一つの食品群は，ある種の栄養素もしくはその同類を豊富に含む食品から構成される。3群，4群，6群，18群などがある。それぞれの食品群からの食品を組み合わせてとることにより広い範囲で栄養素が確保され，より望ましい栄養摂取が可能になる。日常食で一般に広く用いられている。しかしこの分類は，生物学的必要性にのみ準拠している欠点がある。

（2）自然界の起源による分類

① **植物性食品**：穀類，野菜，果物など

② 動物性食品：肉類，魚介類など
③ 鉱物性食品：食塩など

(3) 生産様式による分類
① 産業の種類による分類：農産食品，畜産食品，林産食品，水産食品
② 食品加工・貯蔵法による分類：塩蔵食品，糖蔵食品，冷凍・冷蔵食品，乾燥食品，缶・瓶詰食品，発酵食品

(4) その他の分類[5]

1) 食品を消費の頻度と食物の重要性から分類
① 核食品類（core）：広範に定常的に主食として重要でかつ変わることなく食べられている食品，すなわち，その社会のほとんどの人が食べ，食事の大黒柱となっている。主食となっている種々の穀物，先進国においてはほとんどの食肉，牛乳，いも，パンなどである。
② 副次的食品類（secondary）：普及しているが広範に使われていない。食卓の傍役であったり，食事のなかで違った役割を演じており，したがって，それほど重要視されない。果物，野菜の他，ケーキミックスや缶詰スープなどもこれに属する。この食品類の変更は抵抗なく受け入れられる。
③ 周辺食品類（peripheral）：一般性がなく，まれにしか食べない新しい食品であったり，経済的な必要性だけで食卓にのせる。食べ方は個人によって違い，ほとんど感情的な抵抗感なく簡単に変更が可能な食品をいう。

この食品分類で食事内容を分析するとすぐ食事変更ができる部分，抵抗が出てくる部分がわかる。食品分類の目的は，一つの食品の持つ価値をその社会のなかでいかに位置づけるかを記述することであるということができる。

2) 消費者の食物使用分類による
①高エネルギーのお菓子，②特別食の類，③通常の食，④リフレッシュ食，⑤安くて満腹になる食

この分類は消費者の反応をもとに作成されたもので，生物学的な考え方が少なく，食品の文化的意味や使い方が主となっている。

3) 温と冷による分類
温・冷の基礎概念は，"健康とは体温の状態であって，温・冷2要素間のバ

ランスが維持されなければならない。このバランスが崩れると病気になる"，というものである。古代ギリシャで発生し，アラビア，スペインによって広められ，さまざまな文化圏の民俗療法に定着した。しかしこの分類は，別の文化圏では食物の分類が異なったり，分類法が食物の自然な諸性質に一致しないなどの問題がある。

1.2. 調理方法

調理操作の分類の体系化は，レヴィ=ストロースが，文化人類学的な構造主義を料理の構造解析に応用しようとする試みを行い，料理の三角形を提唱した[6]。図3.2に示すように，三角形の頂点に生のもの（自然の原形），火にかけたもの（文化的変形），腐ったもの（自然的変形）を置くと，世界の料理はこの三角形のどこかに位置づけられる。（＋）（－）は自然と文化のどちらに近いかを表している。玉村豊男はこれを料理の四面体に展開し，料理の基本的要素を，火，空気，水，油の四つに整理した[7]。たとえば，〈火では〉，介在する空気がごく少なければ，グリル（近い直火焼き），多ければロースト（遠い直火焼き），もっと多ければ干物，空気の質が異なると燻製になる。〈水では〉，水分が逃げないようにして火を加えれば，蒸し焼き，水分が多くなると，蒸し焼き

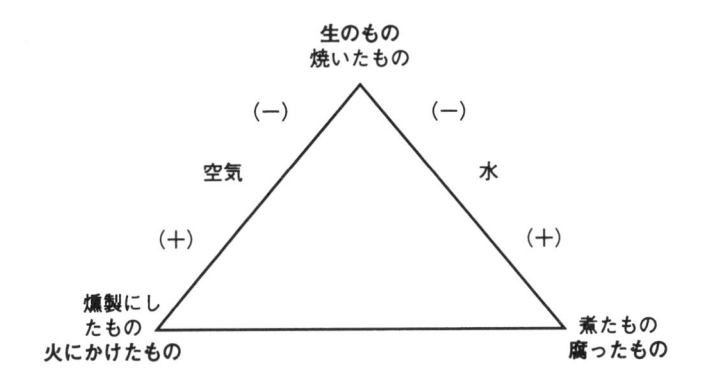

図 3.2 レヴィ=ストロースの料理の三角形
（レヴィ=ストロース（西江雅之訳）：レヴィ=ストロースの世界，p.41, みすず書房，1968）

→蒸し煮→煮物（ゆでもの）になる。〈油では〉，少なければ煎り物，増えるに従い，炒め物から揚げ物になる。火，水，油という3要素は，その量が変化していく過程で種々の料理を生み出していくことができる。調理法を細かく記入したものが図3.3である。

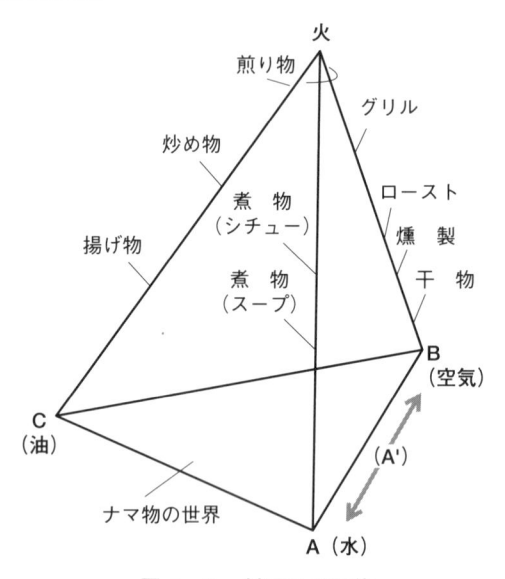

図 3.3　料理の四面体
（玉村豊男：料理の四面体, p.183, 鎌倉書房, 1980）

表 3.2　調理操作の分類

分　類		種　　　　　　類
非加熱操作	洗浄・浸漬	洗う，もどす，さらす，浸す
	切砕・成形	切る，むく，削る，そぐ
	混合・攪拌	混ぜる，かきまわす，和える，泡立てる，こねる，練る
	粉砕・磨砕	砕く，する，おろす，つぶす，裏ごしする
	圧搾・濾過	押す，握る，こす，ふるう，絞る
	冷却・凍結	冷ます，冷やす，凍らせる
加熱操作	湿式加熱	ゆでる，煮る，蒸す，炊く
	乾式加熱	焼く（煎る），炒める，揚げる
	誘電誘導加熱	マイクロ波加熱，電磁誘導加熱

調理操作は調理学では一般に表3.2のような分類がなされている。

単一操作ででき上がる料理はほとんどなく、いくつかの単位操作が有機的に組み合わされ、複雑な工程を経て料理ができ上がる。調理操作は同一でも、加熱に要する時間、手間の時間の相違により、さらに調味がかかわり、多くの異なった料理が生まれてくる。

1.3. 調味の方法

調理方法は同じであっても調味の相違により全く異なった料理となるように、調味は料理を特徴づける大きな要素の一つであるといえる。日常食は折衷料理が多く、これらは様式別による分類は困難である。調理操作と使用する調味料との相互関係を調べることで料理の分類が可能となる。

〔調味料の種類〕
基本調味料：塩味・甘味・酸味（醬油、みそ、塩、砂糖、酢）
風味・香りつけ：香辛料、酒類、油類
複合調味料：ウースターソース、トマトケチャップなど
合わせ調味料：合わせ酢、カキ油、かけ汁、豆板醬など

これらの調味料が単一または組み合わせて料理に使用されている。

調理操作と調味工程を示したものに日本・中国・西洋料理3様式別のブロックダイアグラムがある[8]。

1.4. 盛りつけ・飾り方

料理を盛る器の選択、盛りつけ方が最終的に料理のおいしさを左右する重要な要素となる。また食べる際に使用する食具も関与してくる。

盛りつけの美学3要素として、「盛る、積む、並べる」があり、縦軸の方向には上に高くする、横軸には広げていくの二つの方向がある。これによって盛り方のパターンを作成したのが図3.4である[9]。

① 広げながら高くする。基本形は円柱。
② 狭めながら高くする。基本型は杉盛り、高山盛り、山盛り。
③ 低くしながら広げる。刺身の平造り、八重造りなど、さらに広げると散

らし盛りになり，散らし方は直線，曲線の二つに集約される。

④ 合わせる。懐石の椀盛り，炊き合わせ，折り詰や重詰など。

さらに盛りつけの器の色調と料理との関係も重要になってくる。色彩については後述する。

調理素材，調理方法，使用調味料にさらに盛りつけを加え，4構成要素とし，要素間の相互関係を検討することができる。

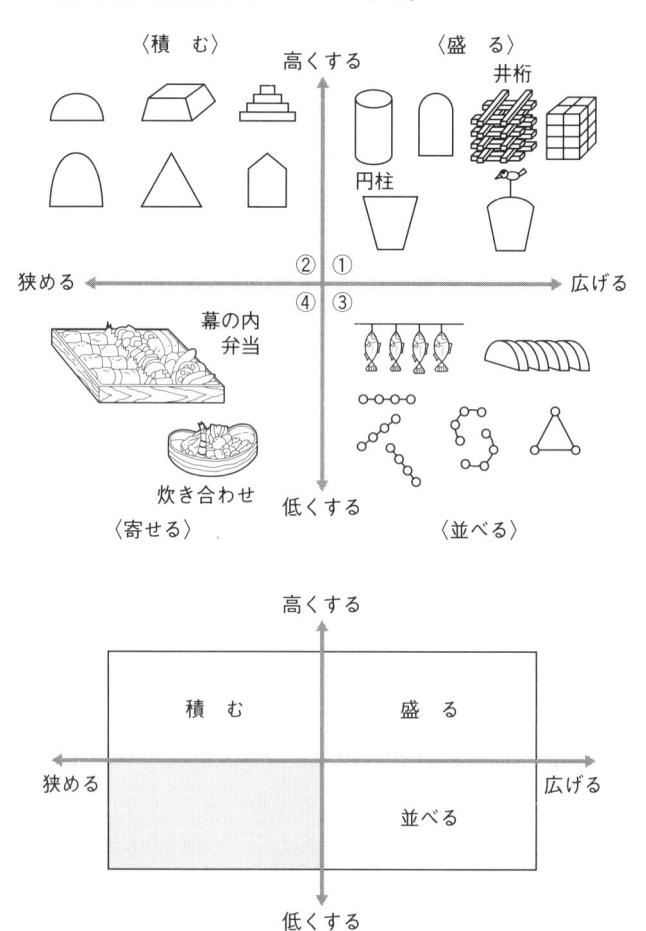

図 3.4　盛りつけの美学 3 要素の原案（上）と盛り方のパターン
（奥村彪生：日本の食事文化，pp. 330～331，味の素食の文化センター，1999）

2．献立の構成要素

　献立の要素として，料理の組み合わせ・配膳（順序），食作法を含む食空間が考えられる。近年の社会環境の変化のなかで家庭での調理は簡便化傾向が著しく，料理をつくることよりも，食の外部化により社会から供給される食品を用いてどのような献立でいかにおいしい味を楽しむかや，盛りつけ，配膳のような食卓構成や食卓の雰囲気づくりに関心が高まってきている。いずれにしても，満ち足り充実感をもって食事を終わったときに献立は完成する。

2.1．料理の組み合わせ・配膳
（1）様式別献立－供応食
　供応食においては，様式別の献立構成の体系が完成している。
　　1）**日本料理**[10]　　熊倉によれば，基本的な構成は，飯，汁，菜，香の物の4点から成っている。すなわち，飯と汁の組み合わせで，菜の基本は，煮物と焼き物，これに向付（刺身，鱠(なます)など）がついて三菜となり，一汁三菜となる。これが日本料理の日常食の基本形式となったのである。

　日本特有の献立構成は，室町時代の本膳料理において完成された。献立の構造としては，飯，汁，香の物，菜，吸物と肴をもって基本型とし，これに本膳以下，菜と汁，肴と吸物の数が増加する。鱠あるいは刺身といった生食の魚類，坪や椀で供される煮物，さらに杉箱，皿，重箱などで供される焼き物およびあえ物が含まれる。武家政治の確立とともに武家故実の一部として作法も含めて供膳の一様式として完成された。

　懐石は禅僧が修業中のひもじさをしのぐために懐に温めた石を抱いたことに由来するもので，茶を十分に味わうことができるよう，茶会に先立って出される空腹をいやす程度の素朴な料理である。室町時代に茶禅一致の茶の湯が確立され，千利休によって隆盛をきわめた。その後，わび茶風の新しいスタイルの供応形式として完成された。膳は一つ，脚のない折敷を用い，日常料理のような簡素な献立で，一汁二菜または三菜となっている。時系列を持つ給仕法で，基本的には飯と汁，次に向付，煮物，合間に飯と汁の替え，続いて焼き物，取

肴（吸物・八寸），香の物，湯の順に料理が運ばれた。向付，煮物，焼き物の一汁三菜の懐石が一般化していく。酒宴を否定して懐石の献立のなかに含み込み，時系列を料理に持たせることで料理と順序を組み合わせたコースを誕生させた。従来は食器の形態で表現されてきた献立も，懐石の食器が多様化した結果，表現法として適切を欠き，むしろ向付，煮物，焼き物，強肴，八寸という料理による献立の構造を確立させた。

会席料理は，本膳と懐石の折衷により，さらに蒸し物，揚げ物などを加えているだけであり，新しい構造とみるまでに完成されていない（表3.3参照）。

表 3.3 会席料理の献立構成

献　　　立	構　　　成
四 品 献 立	向付，吸物，口代り，煮物
五 品 献 立	向付，吸物，口取り，鉢肴，煮物
七 品 献 立	前菜，向付，吸物，鉢肴，煮物，小鉢，止椀
九 品 献 立	前菜，向付，吸物，口取り，鉢肴，煮物，茶碗，小鉢，止椀

（川端晶子編著：調理学，p.31，学建書院，1995）

2）中国料理　　前菜，大菜からなり八大八小（8種の大菜と8種の前菜，点心），六大六小（6種の大菜と6種の前菜，点心）のように偶数の皿数を組み合わせる。宴会料理様式で筵席（えんせき）ともいう。①食材の重複を避け，②できるだけ変化を持たせ，③山海の珍味，季節感を盛り込み，④調理法に工夫を凝らし，⑤全体の料理の流れをつくり，⑥味つけにより食欲を引き立たせるなど客の好みに気配り配慮をする。北京，上海，四川，広東の4大料理系統がある。

3）西洋料理　　ディナーは最も格式の高い供応食のことで，一般に正餐，晩餐と呼んでいる。オードブル→スープ→魚料理→アントレ→ソルベ→ロティ→野菜料理→アントルメ→果物→コーヒー　の順になる。淡泊→濃厚→淡泊　の順に料理が変化していく。

（2）日　常　食

主食・主菜・副菜で構成される。主食・主菜・副菜は，主要な栄養素の充足を目的とするが，このうち副菜の汁は，特に食欲惹起の役割を果たす。さらに栄養素の補充，生理的・精神的満足感付与の目的で，デザート（果物，菓子，

飲み物など)が加わる。また料理の選択では，食習慣，嗜好なども関与する。

一方，若年世代の食事では，副食を一皿ずつ片づけ最後にご飯を食べるなど，飯を主食としてではなく，副食と同じように取り扱っている。主食と副食との区別がなくなり，従来の主食・副食の構成は崩れてきている。

2.2. 食空間

献立(広義)は，食事のメニューだけを考えるのではなく，その周辺を包含して料理を組み立て，食事全体としてとらえていかなければならない。食空間はすなわち食事空間のことで，家族から個人までの「人」の日常生活における食べる営みの場所をいう。献立構成要素として食空間—料理の形，器と盛りつけと色調，料理を配する食卓や周囲の環境，食事作法などが重要となる。

(1) 色彩

おいしさを見た目で感じさせるために，食品本来の色を引き立たせる調理法

表 3.4 食物(料理)の色彩面積の効果

色彩観	食物を中心にした色彩	食生活の色相	その構成
色を…… みるための ……色	アクセント・カラー 　　　　　　　5%	純色(生鮮三品の固有色) 中間色(料理した色) 白	料理そのもの
	サブ・カラー　25%	補色(朱の漆や黄釉薬など) 中間色(釉薬など) 有彩色 無彩色の白 灰色，黒 朱と黒(汁椀などの漆塗り) 金・銀(金箔，蒔絵，象眼など)	食器類 小物
	ベーシック・カラー 　　　　　　　70%	中間色(暖色系ないし寒色系に灰色を混ぜて得る中明度の色) 和紙の色 木質色 染物色 織物色 白熱電球の光色	座卓(食卓)，テーブルクロス，畳表，壁面，調度品，花と花瓶，照明器具と白熱電球，座ブトン，座席，絵画，天井の材料，空調，開口部(窓)，愛情のある雰囲気

(野村順一:増補色の秘密—最新色彩学入門，p.148，ネスコ，1994より作成)

の選択や，スパイスで料理を着色したりする。また料理と盛りつけの器との調和も重要で，好ましい選択はおいしさを増幅する。

野村によると，料理をおいしく食べるには視覚が優先する。すなわち，視覚87％，聴覚7％，触覚3％，嗅覚2％，味覚1％である[11]。また，料理を味わう環境の目に見える範囲の空間を100％とすると，料理の占める比率はわずか5％，これを器に盛り食卓に置くと25％レベルアップし，床や壁，家具，窓から見える風景などが残りの70％を占める。したがって料亭やレストランでは，舞台装置としての食空間をカラーコーディネートしたり，提供する料理に合わせて器を配慮し，給仕人の立ち居振る舞いまで気配りしたりする。

表3.4には料理の色彩面積の効果，図3.5には食欲訴求の色彩を示した。

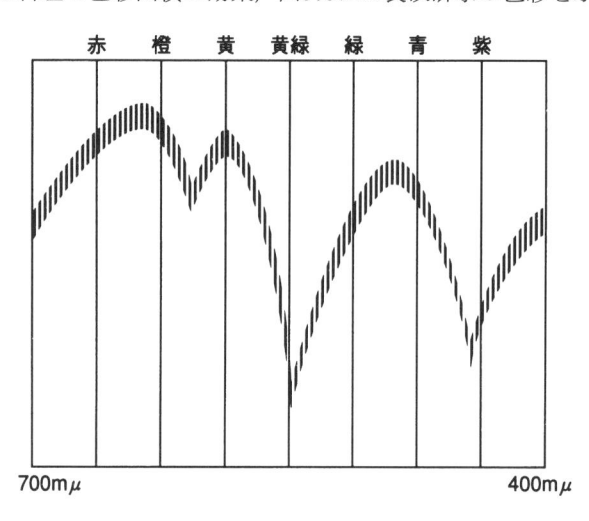

快　：赤橙と橙の領域―最も快い感覚を喚起させる。
やや快：黄橙―若干低下する。
快　：黄色―回復
不　快：黄緑―最低に落ち込んでいる。
快　：緑と黄―快い感覚
やや快：短波長末端―若干回復
青は直接食品を連想させないが，食品を引き立たせるには優れた色彩とみなされている。器に青色が使用されている場合が多くみられる。

図3.5　スペクトル色における食欲訴求色
（野村順一：カラーマーケティング論，p.221，千倉書房，1983）

(2) 食事作法（石毛による食事様式の類型）[12]

食事作法は，食事の種類，すなわち日常食か行事食か，家庭での食事か外食かなどによって変わってくる。

1) 食事の姿勢と食具による分類
食べるときの姿勢，食べ物を口に運ぶ方法により分類できる。

座食／腰掛食，手食／箸（匙）／ナイフ・フォーク・スプーンの分類を縦軸と横軸に配置して次のようなマトリックスが成立する（図3.6）。

図において，伝統的日本人の食べ方はC欄，現在の欧米人の食べ方はF欄に位置づけられる。

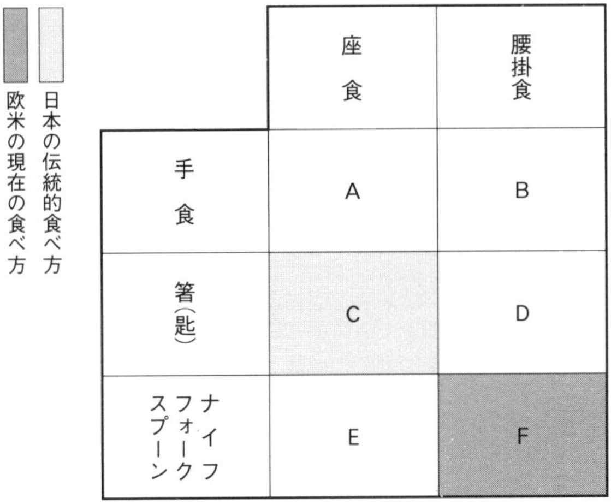

	座食	腰掛食
手食	A	B
箸（匙）	C	D
ナイフフォークスプーン	E	F

（C欄：日本の伝統的食べ方，F欄：欧米の現在の食べ方）

図 3.6　食事の姿勢と食器
（石毛直道：食の情報化，p.405，味の素食の文化センター，1999）

2) 配膳方法の類型
個人単位に食べ物を分配する配膳方法を個別型，一つの大きな器に盛った食べ物を皆が手をのばして食べる配膳方法を共通型に分類する。

双方の類型の併用もあるが，一般には主食にあたる食べ物は個別型，副食物は共通型で配膳される。

一回の食事に供される料理をすべて並べる方法が空間展開型，これは本来は本膳料理の配膳法，一つの料理が終わったら次の料理が供される配膳方法が時

系列型である。この場合は，給仕に専念する人がいるか，食堂に隣接した台所がなければ成立しない。近年の日常食はこのスタイルが多い。

個別型／共通型と空間展開型／時系列型の組み合わせでマトリックスが成立する（図3.7）。

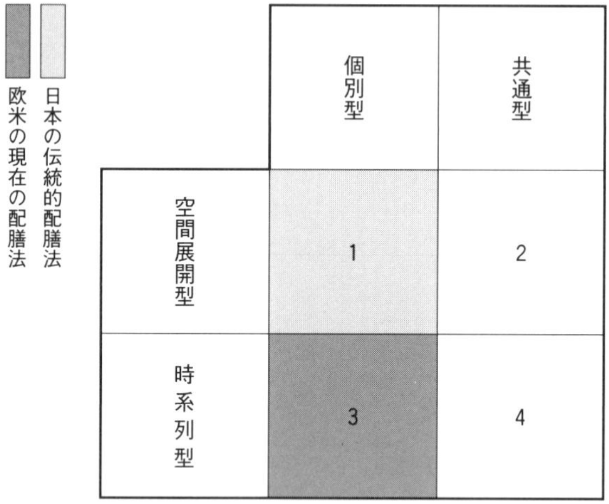

図 3.7 配膳方法の類型
（石毛直道：食の情報化，p.408，味の素食の文化センター，1999）

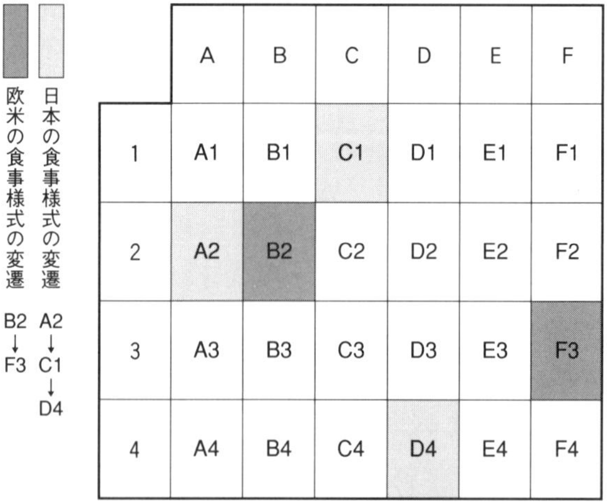

図 3.8 食事様式の類型
（石毛直道：食の情報化，p.409，味の素食の文化センター，1999）

3）食事様式の類型
図3.8は，図3.6および図3.7を合成したマトリックスである。

現在の日本では，テーブルで食事をする家庭が多数派となっているが，冬はこたつで食事をする家庭もあるだろうし，家族の食事時間が別々である場合には個別型，家族がそろう夕食は共通型というように，同じ家庭であっても変化している。C，D系列を構成しているのが日本の日常食事である。食事様式は時代とともに大きな変化を示してきたことを，このマトリックスはよく表している。

毎日の食事については，特に家庭での調製―"手づくり"へのこだわりが大きかったが，食の外部化はいっそう進み，中食，外食，特に最近の中食増加の現状では，日常食において料理の組み合わせ―正しい料理の選択ができるかとともに，だれと食べるか，どのようにして食べるかなど，食空間の影響が大きくなっている。購入してきた惣菜を食卓に並べても，料理の盛りつけの器，飾り方や食事環境，食事作法など食卓への気配りが食事を豊かにし，またそれなりにその家庭らしさがつくり出され，家族は精神的に満たされた気持ちになるのである。従来は栄養を最重点とし，栄養素摂取のための献立構成が求められた。したがって，食空間―食卓の雰囲気づくりについては，日常食ではほとんど目を向けられることはなく，食生活調査においては全く視野の外にあった。献立の一面である精神的充足には，食空間の美学，身近な食卓のコーディネートが献立（広義）の構成要素として検討されるべきであると考えている。

3．事例―研究報告から

次に，筆者らが行った料理分類に関する研究報告のなかで，本題に関連した部分を取り上げて述べてみたい。

3.1．料理を調理時間と調理操作から分類する試み[13]

日常食の簡便化が求められる状況では，調理時間―でき上がりまでの時間の長短が献立作成の大きな要件となる。この点に着目し，次のような方法で料理の分析を行った。

表 3.5 各料理の調理時間，調理操作数，器具数，価格

料理番号	料 理 名	総所要時間 (分)	手間時間 (分)	調理操作数	調理器具数	価格 (円)
154	ビーフシチュー	120	25	10	2	500
155	ビーフシチュー（ルー使用）	120	15	6	1	490
156	ビーフシチュー（冷・調理済）	20	7	1	1	750
157	ビーフシチュー（レトルト）	20	5	1	1	600
158	ビーフシチュー（缶・調理済）	10	6	1	1	410
159	ビーフシチュー（惣菜）	0	0	0	0	850
176	ハンバーグ	35	30	9	2	160
177	ハンバーグ（冷・半加工）	20	4	2	1	180
178	ハンバーグ（半調理）	21	3	2	1	120
179	ハンバーグ（惣菜）	0	0	0	0	110

（村山篤子ほか：栄養学雑誌，40, 103～113, 1982）

　家庭の台所を想定し，調理の総所要時間，手間時間，調理操作数，器具数の実測に価格を加え，この5項目間の相関行列から主成分分析を行い，日常食料理の類別を行った。表3.5にビーフシチュー，ハンバーグの実測例を示した。ビーフシチューについてみると，手づくりとルー使用では，手づくりでルー調製のための手間時間，調理操作数が若干増加するが，総所要時間には両者間に差はみられない。しかし，半調理，調理済み食品使用で調理時間は著しく短縮されている。したがって，これらを同一レベルにおいて，献立を作成することはできない。手づくりか加工品を使用するかなどの調理法の選択には，各家庭の状況，家族構成などが大きくかかわってくる。一方ハンバーグをみると，半調理品と手づくりとの総所要時間の差は，手間時間によることがわかる。いずれもでき上がった料理はほぼ同じであるが，分析結果では各々異なったグループに類別されている。加工度の高い食品の使用が多くなると，食材と調理法のみで日常食料理を分析するのには無理があり，適切ではない。体系化にはこれらの分類方法の確立が重要な課題である。

3.2. 調理操作と使用調味料との関係から料理を分類する試み[14]

　料理の分類方法に様式別分類が用いられることが多い。折衷，混合料理の多い日常食では，料理様式別での分類は不可能である。この事例は，食物の専門雑誌の献立カレンダーから主菜を抽出し，これを資料として料理の分類を試み

たものである.調味料は使用目的により次のように6項目に分類した.

1〜4.基本調味料,5.使用頻度の高い,日常よく用いられる香辛料・主として和風料理向きの風味を添える調味料・主として洋風料理向きの風味を添える調味食品,6.洋風の揚げ物,フライの副材料・主に揚げ物,あんかけなど和風,中国風向き料理の副材料である.

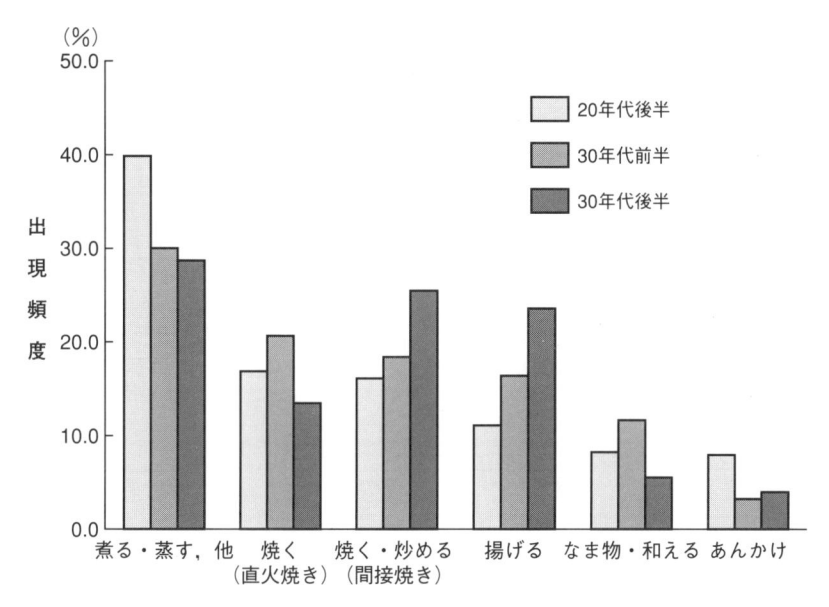

図3.9 主菜料理における調理操作の推移
(村山篤子ほか:栄養学雑誌,50, 337〜345, 1992)

表3.6 夕食献立における主菜料理の調味料の使用頻度

	昭和20年代後半	30年代前半	30年代後半
食　　　　塩	46	56	60
しょうゆ・みそ	53	39	35*
砂　　　　糖	33	22	25
油　　　　脂	44	48	61
香辛料・酒類・ケチャップ,他	82	74	108
でんぷん・小麦粉・パン粉・卵	44	49	62

* $p<0.05$
(村山篤子ほか:栄養学雑誌,50, 337〜345, 1992)

調理操作は，二つ以上の操作の組み合わせでは主調理操作を用いた。

図3.9と表3.6にみられるように，昭和20～30年代における調理操作と調味料の使用状況はよく対応している。調理操作と使用調味料の組み合わせの変動を図3.10に示した。調味料の使用状況から，"煮る・蒸す他"では，煮込み料理が多くなり，"焼く"では，炒める，揚げるなど中国風，洋風料理の増加，和風料理の減少がよく示されている。

このような方法により，日常食料理を通して昭和20～30年代における食生活の変容をとらえることができた。世界の料理や食品が家庭に導入され，ますます多様化していくであろう日常食の分析に適応可能な有用な方法と思う。

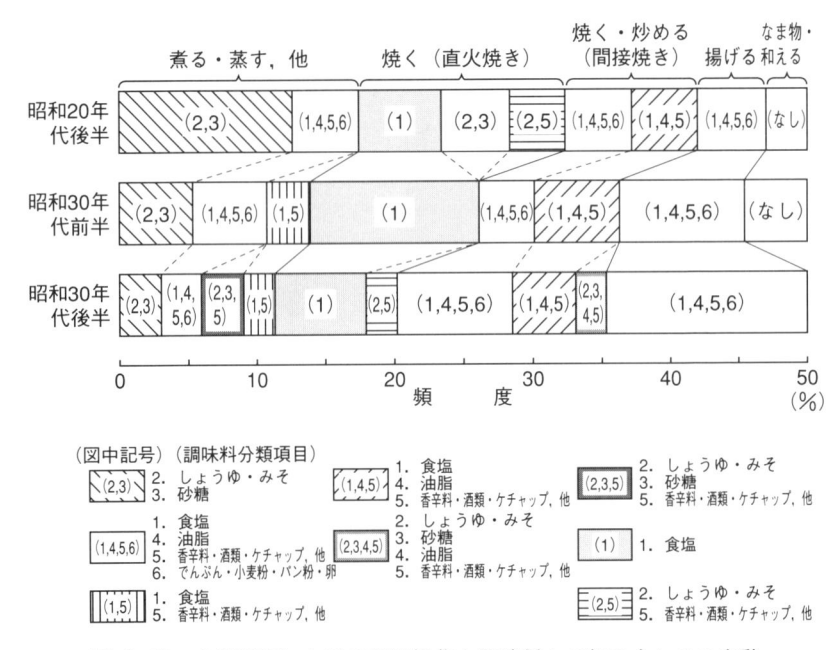

図 3.10　主菜料理における調理操作と調味料との組み合わせの変動
（村山篤子ほか：栄養学雑誌，50, 337～345, 1992）

おわりに

食事の献立の構成要素は料理の種類とその組み合わせであり，料理の構成要素は食材，調理法，調味の方法，盛りつけである。これらの料理・献立の要素

論的研究は，食学の基本ともなる。

　明治初期は西洋料理の崇拝時代，中期の西洋料理吸収・同化時代を経て，後期には和洋折衷料理が台頭した。大正・昭和初期に都市型中流家庭を中心に普及した折衷料理は，戦後，全国へ広がった。まさしく折衷料理は，異文化の受容と同化に巧みな日本人の国民性に適合した調理文化であるといえよう。近年，さらに，食のグローバル化が進展し，折衷料理からフュージョン（融合）料理の段階へと進みつつあるようにさえ感じられる。

　一方，外食産業という言葉が昭和50年代半ばから使われるようになり，やがてさまざまな形態の外食産業が誕生した。このなかで，献立（メニュー）の業種区分がみられる。伝統的には，和食と日本料理，洋食ないし西洋料理，中国料理，あるいは，そば・うどん，焼き肉，とんかつなど，さらに，フレンチ，イタリアン，北京料理，エスニックなどという場合である。また，外食産業では料理の客観的な姿であるポジショニングについて，茂木[15]は，「わが国の料理を整理するとボリュームの大きな層から順に家庭料理，大衆料理，専門料理，高級料理である」と述べている。

　また，HMR（Home Meal Replacement，家庭内調理の代替）という言葉も聞かれるが，デパートやスーパーマーケットの惣菜売場と並んで，HMR商品を提供する場も設けられつつある。21世紀に向けて，「料理・献立」の重要さが増し，新しい食学の要素として研究が期待されている。

（村山篤子）

〔文献〕
1) 豊川裕之：調理科学における構成要素論，日本調理科学会誌，32，145～150，1999
2) 大塚　滋・川端晶子編著：21世紀の調理学1　調理文化学，p.123，建帛社，1996
3) 茂木美智子：ビブリオメトリックスと調理科学，日本調理科学会誌，29，218～233，1996
4) 茂木美智子：料理の変遷に関する実証的研究，東横学園女子短期大学紀要，

24, 38〜51, 1989
5) ポール・フィールドハウス（和仁皓明訳）：食と栄養の文化人類学, pp. 83〜91, 中央法規, 1993
6) レヴィ=ストロース（西江雅之訳）：レヴィ=ストロースの世界, p.41, みすず書房, 1968
7) 玉村豊男：料理の四面体, p.183, 鎌倉書房, 1980
8) 矢野俊正・川端晶子編著：21世紀の調理学6 調理工学, pp.34〜36, 建帛社, 1998
9) 奥村彪生：日本の食事文化（二）, pp.314, 330〜331, 味の素食の文化センター, 1999
10) 熊倉 功：日本の食事文化（二）, pp.11〜23, 食の思想と行動（六）, pp.29〜45, 家庭の食事空間（四）, pp.338〜349, 味の素食の文化センター, 1999

　　調理の文化, p.169, ドメス出版, 1985
11) 奥村彪生：日本の食文化（二）, p.321, 味の素食の文化センター, 1999
12) 石毛直道：食の情報化（五）, pp.405〜409, 味の素食の文化センター, 1999
13) 村山篤子・三輪里子・佐藤文代：主成分分析による日常食料理の分類, 栄養学雑誌, 40, 103〜113, 1982
14) 村山篤子・三輪里子・佐藤文代・岩瀬靖彦・君羅 満：食の専門誌の献立カレンダーからみた昭和20〜30年代の食生活の変化, 栄養学雑誌, 50, 337〜345, 1992
15) 茂木信太郎（日本フードスペシャリスト協会編）：食品の消費と流通, pp.42〜48, 建帛社, 2000

〔参考文献〕
- 講座 食の文化（一）〜（六）, 味の素食の文化センター, 1999
- 21世紀の調理学1・2・6, 建帛社, 1996
- 川端晶子編：調理学, 学建書院, 1995
- 松元文子・石毛直道編著：2001年の調理学, 光生館, 1988
- 柴田 武・石毛直道編：食のことば, ドメス出版, 1983
- 杉田浩一・石毛直道編：日本の食 100年をつくる, ドメス出版, 1983
- 岡田 哲編：食の文化を知る事典, 東京堂出版, 1998
- 東京都私立短期大学協会編：新版調理学, 酒井書店・育英堂, 1988

第2編 理化学的調理学からのアプローチ

4 食べ物の成分からのアプローチ

はじめに

　私たちの健康を維持することはもとより，高血圧，糖尿病などの生活習慣病や，がん，アレルギーなど近年増え続けている疾病は，私たちの食生活と深く関連していることがわかってきた。

　食品の研究は，20世紀に入ると，栄養素を主要研究対象として一大発展を遂げた。その契機はビタミンの発見であった。1910年鈴木梅太郎は，米糠から脚気の治療因子を世界にさきがけて分離し，オリザニン（現在のビタミンB_1）と命名した。氏は，これを単に脚気の特効薬とは考えず，むしろヒトにとって，欠かすことのできない栄養素とみなした[1]。この慧眼が，一連のビタミン類の発見を促した。こうして，今世紀の中ごろ，栄養学を基軸とする食品研究の隆盛期が到来した。次々に食品成分が発見され，その栄養素としての重要性が明らかにされた。

　食品の研究は，まず栄養を主要な対象として，次いで嗜好を主要な対象として推移し，長い間二つの大きな潮流を形成した。1980年代に入って，高齢化社会の到来が現実の社会問題として強く意識されるようになると，日常の食生活において，ものをじょうずに食べることによって，生活習慣病を予防したいという願望が現れ始めた。これに呼応して，特定の病気の予防に寄与するであろう食品とその成分を対象とした学術研究が活発に行われるようになった。1986年，藤巻らは，食品の働きをその歴史的推移に照らして，一次機能（栄養面での働き），二次機能（嗜好面での働き），三次機能（病気予防面での働き）の三つに類型化して研究成果を世に出した[2]。1990年代は「食品の生体調節機能の解析」や「機能性食品」を具体的研究対象として研究が進められ[3〜5]，1999年には167の「特定保健用食品」が誕生した[24]。

　食品成分からの食学へのアプローチは20世紀のものであるとし，21世紀に

は，この分野の研究を軽視する考え方もある。しかし，本当にそうであろうか，食品研究とりわけ調理学分野における食べ物の成分変化に関する研究は，十分に解明されたとはいえない。調理学を考えると，食品素材，調理法，調理された料理が学問の構成要素と考えられる。すなわち，食品素材および調理品に含まれる成分の定量分析，収穫後の輸送，貯蔵，調理過程で起こる成分変化の総合的把握が重要になってくる。このためには，物質レベルでの研究が不可欠であることはいうまでもない。

21世紀を目前にして，食品汚染による食べ物の安全性に対する不安がいっそう深まっている。一つには多様な化学物質（残留農薬，食品添加物，合成樹脂可塑剤など）とりわけ内分泌（ホルモン）攪乱物質（ダイオキシンなど）の食べ物への混入が新たな食品問題となってきた。他の一つは微生物汚染である。病原性大腸菌（O-157菌）やサルモネラ菌による食品汚染によって生じる食中毒の発生が増大しつつある。食べ物の基本的な条件である，栄養性，嗜好性，安全性に優れた食べ物を調製するためには，食品素材のみならず調理された食べ物の成分の定量分析が不可欠であるといえる。

本章は，1．新しい研究方法を取り入れた食品機能の評価と解析，2．食べ物のおいしさと栄養の科学，3．食品の生体調節機能から食べ物の生体調節機能へ，4．食べ物の安全性の科学，および，おわりに，から構成される。

1．新しい研究方法を取り入れた食品機能の評価と解析

研究方法も過去の分析的機器分析によるのみならず，新しい研究法が浸透してきた。最新のメカトロニクスを応用した評価法と生理機能解析法を統合して，新しい研究が展開されようとしている。

1.1．機器分析[6]

現代の先端技術社会においては，組成を単離し分析する方法に加えて状態を分析する方法や，超高感度分析，さらにオンライン，*in situ. in vivo* 分析，高速分析が必要とされる場面が多くなった。多成分同時計測の要請も多く，たとえば医用機器分析で実用化され，診断に著しく貢献しつつある。このような計

測技術の高度化は，新しいスペクトロスコピーの登場によるところが大きい。特にコンピュータ容量の飛躍的な増加と解析法の多様化，高度化は貴重な情報をしばしばオンラインでもたらし，先端技術を支えている既存のスペクトロスコピーも一段と高性能化，高情報化し，加えて多くの新しいクロマトグラフィやクロマトグラフィスペクトロスコピー複合技術は，環境科学，臨床科学などの領域で測定，解析に威力を発揮しつつある。

食品分析においても，このような機器分析法の発展の動向，現状を把握し，的確な分析を行うことが可能になってきた。

食品成分の機器分析には以下のような方法が利用できる。

(1) 分　離　法

①薄層クロマトグラフィ（TLC），②ガスクロマトグラフィ（GC），③高速液体クロマトグラフィ（HPLC），④イオンクロマトグラフィ，⑤超臨界液体クロマトグラフィ（SFC），⑥フィールドフローフラクショネーション（FFF），⑦ゲル電気泳動法，⑧キャピラリー電気泳動法，⑨フローインジェクション分析（FIA）などがある。

(2) 組成分析法

①吸光光度法，②蛍光光度法，③レーザー励起蛍光光度法（HPLC検出器への応用），④化学発光（HPLC検出器への応用），⑤原子吸光分析，⑥プラズマ発光分光法（ICP，無機成分の多元素同時測定に適用），⑦有機質量分析（MS，GCやLCなどと組み合わせて分析する）。

(3) 状態分析法

①紫外可視分光法，②近赤外分光法（赤外分光法），③マイクロ波分光法，④ラマン分光法，⑤円二色性と旋光性，⑥光音響分光法（PAS），⑦熱レンズ法，⑧核磁気共鳴分光法（NMR），⑨電子スピン共鳴分析，⑩熱分析法，⑪メスバウワ分光法などがある。

（1），（2），（3）の各方法を組み合わせた複合技術の開発によって超高感度分析が可能になる。また，現在米国では穀物試料を粒状のまま測定する全粒分析法へ急速に移行しつつある[7]。さらに，コンピュータによる解析法の多様化，高度化によって食品の持つ機能の解析が総合的に著しく進展することが予

想される。

1.2. バイオフードアナリシス

　バイオアナリシスとは生体である動植物やヒト自体またはその一部を摘出して（消化管モデル試験や培養細胞など），特定物質に対する生物反応を定性および定量的に計測する方法である。バイオアッセイの場合は純粋に酵素や結合タンパク質を取り出して反応することは少なく，ヒト培養細胞を用いた食品の機能性成分の探索などが多い。ヒト培養細胞を用いて野菜やみそなどの食品から，抗変異原作用，抗酸化作用，がん細胞の壊死作用，アポトーシス誘導作用，紫外線防御作用や肥満と関連する脂肪細胞への分化抑制などにかかわる多くの生理機能成分が見いだされている。生物学的反応では，増殖，分化，変異，吸収，代謝，発がん，生死などがある。遺伝子工学的テクノロジーの進歩とともに新しいバイオアッセイも生まれてくるであろう。21世紀には，バイオを使った分析法，評価法が新しくどんどん開発されることが予想される。

　最近，超臨界流体中での酵素触媒反応が注目を集めつつある[8]。酵素は反応媒体によって大きく反応性が左右される。リパーゼ，プロテアーゼ，グリコシダーゼなどは水溶液中で加水分解反応を触媒するが，水の代わりに有機溶媒を用いると，加水分解の逆反応（エステル化，アシド化，グリコシル化）を触媒するようになる。超臨界液体は，気体，液体に次ぐ第三の媒体として期待されだした[8]。

　バイオフードアナリシスには，①バイオアッセイ，②イムノアッセイ，③バインディングアッセイ，④酵素的分析，⑤アミノ酸分析，⑥糖鎖分析，⑦脂質分析，⑧DNA分析，⑨超遠心分析などがある。詳細についてはそれぞれの専門書を参照されたい。

2. 食べ物のおいしさと栄養の科学

　日本では，高度経済成長期がやってきた1960年代，人々の食生活も安定し，栄養状態が好転すると，食べることに楽しみを求める社会的風潮が強くなった。このころ，インスタント食品が普及しだした。呼応して，研究面では，食

品の色，味，香りといった嗜好因子の究明が大々的に開始された。ガスクロマトグラフィの開発など新しい機器分析の進歩が拍車をかけた。こうして先進国において，食品のおいしさの解析研究とおいしい食品の開発研究が大いに進展した。ややもすると栄養素を摂取する観点が薄らいだ。

2.1. おいしさの構成要因

　おいしさは食べ物の味，香り，色，テクスチャーなどの化学的，物理的要因と食べるヒトの心理的，生理的状態や環境などが複雑に絡み合って総合的に決定される。また，おいしさに関連する食べ物の要因はヒトの五感によってとらえられる。五感のうち視覚，聴覚，触覚は物理的刺激によって生じる感覚であるが，味覚と嗅覚は化学物質が刺激となって生じる[9]~[13]。

(1) 味の研究

　食べ物のおいしさを決めるさまざまな因子のうち，最も重要なものは味であろう。この四半世紀，食品学者たちは，味の研究を活発に行ってきた。食品成分の側からは主に化学的手法を用いて成果を上げた。一方，ヒトや動物側の生理学的研究，生化学的研究，分子生物学的研究により，味覚のメカニズムの研究が最近著しく進展している。

　1）5基本味　　1916年ドイツのヘニング[14]が甘味，塩味，酸味，苦味の四つを基本味とする四面体説を唱えて以来，世界的なコンセンサスが得られてきた。近年，グルタミン酸ナトリウムの呈する「うま味」も第5番目の基本味と認められるようになった。これらの物質に対する受容体タンパク質が，味細胞（味蕾に存在）表面膜に存在する。うま味（グルタミン酸ナトリウム）の受容体タンパク質が，2000年になって確認され，5基本味の存在が立証されたといってもいい。鴻巣ら[15]は7種の化合物を混合して，ズワイガニの合成エキスを作成した。このような合成エキスは食品加工業界では多用されている。5基本味に属すると考えられる化合物を表4.1に示した[16]。各味物質は同一カテゴリーに入っても，大なり小なり異なった味を有する。

　2）その他の味　　5基本味以外にも日常的に使う味の表現がある。それには渋味，辛味，えぐ味，金属味，電気性味覚などがあり，それぞれの味を生じ

表 4.1 基本味とそれを生じさせる物質

甘 味
1) 糖　　　　類　（ショ糖，ブドウ糖，果糖，乳糖，麦芽糖など）
2) アミノ酸　（グリシン，アラニン，セリンなど）
3) ペプチド　（アスパルテーム……Asp-Phe）
4) 重金属イオン　（塩化ベリリウム，酢酸鉛）
5) 合成甘味料　（サッカリン，シクラミン酸＝チクロ，ズルチン）
6) 天然甘味物質　（グリシルリチン……甘草の根：トリテルペン配糖体）
（ステビオシド……パラグアイ原産植物の葉：ジテルペン配糖体）
（ジヒドロカルコン類……柑きつ類の皮）
7) 甘味蛋白質　（タウマチン……西アフリカ原産の植物の実）
（モネリン……西アフリカ原産の植物の実）
（マビンリン……中国雲南省に自生する植物の種子）
8) 抗齲蝕甘味料　（カップリングシュガー，パラチノース）

苦 味
1) アルカロイド　（ブルシン，キニーネ，ニコチン，カフェイン，テオブロミン）
2) テルペン類　（リモニン……柑きつ類）
（ウリ科の植物，センダン科の植物，ホップの苦味）
3) 配　糖　体　（ゲンチアナ，センブリ）
（グレープフルーツ，オレンジ……フラバノン配糖体）
4) アミノ酸　（バリン，ロイシン，イソロイシン，トリプトファン，フェニルアラニン……疎水性アミノ酸）
5) ペプチド　（ダイズ蛋白質，カゼインを蛋白質分解酵素で分解後に生じる種々のジペプチド）
6) イ　オ　ン　（ヨードカリ，硫酸マグネシウムなど）

塩 味
　塩化ナトリウム
　塩化リチウム

酸 味
　水素イオン
　　塩酸，乳酸，蟻酸，
　　酢酸，クエン酸，
　　酒石酸など

うま味
1) アミノ酸系
　L-グルタミン酸
　L-アスパラギン酸
　L-ホモシステイン酸
　トリコロミン酸
　イボテン酸
2) 核　酸　系
　イノシン酸
　グアニル酸
　アデニル酸

（山本　隆：脳と味覚，p.10，共立出版，1996より）

表 4.2 基本味以外の味

味	食物または刺激物	物質名
渋　　味	渋柿，茶など	タンニン酸 没食子酸 カテキン酸
辛　　味	カレー コショウ トウガラシ サンショウ ショウガ ダイコン	ウコン ピペリン カプサイシン サンショオール ジンゲロン アリールカラシ油
え ぐ 味	タケノコ タロイモ	ホモゲンチジン酸 シュウ酸
金 属 味	重金属	重金属イオン
電気性味覚	陽極性直流通電	陽イオン

（山本　隆：脳と味覚，p.23，共立出版，1996より）

させる化学物質が同定されている（表4.2）。

3）**味の相互作用**　食べ物の味は多くの味物質が統合されたものであるが，それらの間にはいろいろな相互作用が引き起こされる。①対比効果（2種類の物質を同時に与えると一方の味が強められる現象），②抑制効果（2種類の味物質のうち一方が弱められる），③相乗効果（同質の味を呈する2種類の物質を混合すると，単独の味の和より強い味を引き起こす），④変調効果（2種類の物質を続けて味わったとき，後に味わった味が質的に変化する）がそれである。現在，これらの現象のメカニズムは解明されていない。

（2）香りの研究

食品はそれぞれ固有の香りを持ち，食品の記憶や認知，選択に重要な役割を果たしている。味は化学物質が味細胞の受容体に接触して，刺激が中枢に伝達されるのに対し，香気は空中を伝播し，離れたところからもヒトを食べ物に引きつけ，食欲を刺激する。におい物質の数は20万とも40万ともいわれ，においの種類もきわめて多い。嗅ぐことによってにおい物質は直接嗅細胞を刺激するが，口腔に入った食物中の揮発物質が嚥下作用とともに口腔から鼻咽喉を通って嗅細胞を刺激する。嗅ぐ香り（アロマ）と口中香と区別される。口中香と味が一体となって感じられる感覚は風味（フレーバー）と呼ばれる。

1) **食品の香り**　それぞれの食品に含まれる主な香気成分の数は確認されているだけでも数百に及ぶ。食品に含まれる主な香気成分としてはアルコール類，酸，エステル類，カルボニル化合物，ラクトン類，テルペン類，含硫化合物，フェノール類，アニソール類などがある。バナナのイソアミルアセテート，しいたけのレンチオニン，アーモンドのベンズアルデヒドなどのように，単一の化合物でその食品の香りを特徴づけるものもあるが，既知の成分をすべて配合しても，その香りを再現できない食品が多い。

食品の香りの生成過程は大別して酵素反応による場合と，そうでない場合に分けられる。表4.3に香気の主な生成要因を示した[17]。

表4.3　食品香気の主な生成要因

		要　因	例
酵素反応による生成	生合成	動植物の代謝によって生成されたものが二次的な変化をうけず残っている	果物，新鮮野菜，生肉
	自己消化的分解	動植物の死後，自己の酵素によってたんぱく質，核酸，配糖体などが分解して低分子成分が生成する	肉の熟成，バニラ豆
	微生物	発酵や醸造中に微生物によりたんぱく質や脂質が分解する	みそ，しょうゆ，チーズ
非酵素的生成	加熱	調理や加工の過程で加熱する間に二次的に新しい成分が生成される	コーヒー，調理食品
	酸化	空気中の酸素により酸化的分解が起こる。脂質の自動酸化などが代表的	バターのオフフレーバー

（久保田紀久江（中谷延二編）：食品化学，p.75，朝倉書店，1987より）

2) **調理過程で生成する香り**　干ししいたけや干しすけそうだらを水に浸すと，それらに特有な香りが生成する。にんにく，にら，ねぎなどを切ったりつぶしたりすると，特有の香り成分が生成する。食品中に存在する無臭の前駆物質から，酵素作用で香気成分を生成する例である。また，漬ける，保存するなどによって微生物が関与する場合もある。加熱調理では，ビーフステーキやうなぎの蒲焼きなどのように，独特の好ましい加熱香気が生成される[18]。加熱により生成される香りの成分は，いまだすべて同定されているわけではない。

2.2. おいしさと栄養にかかわる酵素

　生鮮食材中には種々の酵素活性が存在する。野菜や果物は，収穫後も呼吸をしているので，輸送，貯蔵，加工調理過程で老化が進み，野菜の組織の硬化や色調の黄変，果肉の軟化などが起こる。動物性食材の場合は，捕獲（屠殺）に伴い呼吸，血液循環の停止が起こり，死後硬直，次いでタンパク質分解酵素の作用で解硬し，腐敗へと進行する。食材がもつ酵素反応を抑制したり，利用しておいしい食べ物をつくることが望まれる。食べ物のおいしさと栄養にかかわる主な酵素を表4.4に示した[19),20)]。

表4.4　食べ物のおいしさと栄養にかかわる主要な酵素

触媒作用	酵素名
色，香味の変化	ポリフェノールオキシダーゼ ） ペルオキシダーゼ　　　　　｝（色の変化） クロロフィラーゼ　　　　　 ） C-Sリアーゼ，ミロシナーゼ（香味の生成）
味の変化	アミラーゼ，フォスフォリラーゼ（炭水化物の分解） プロテアーゼ（タンパク質の分解） リパーゼ，リポキシゲナーゼ（脂質の劣化） ヌクレオチダーゼ，デアミナーゼ（核酸の分解）
テクスチャーの変化	ペクチン分解酵素，リグニン化に関与する酵素
栄養素の変化	チアミナーゼ（ビタミンB_1の分解） アスコルビン酸オキシダーゼ（ビタミンCの酸化）

(1) 色の変化・香味の生成

　1）色の変化にかかわる酵素　　野菜や果物を切ると褐変するが，その反応を触媒するのがポリフェノールオキシダーゼである。この活性は食塩で阻害されるので，りんご切片などを塩水に浸す。この酵素は熱に比較的安定なために，ポリフェノール含量の多いなすやれんこん，ごぼうなどは加熱調理中に褐変する。レンコンを酢水で煮るのは，酸性にして酵素活性を抑制して白く煮上げるためである。

　2）香味の生成に関与する酵素　　大豆を磨砕すると出る大豆臭，きゅうりを切ったときやお茶の生葉の香りは，不飽和脂肪酸にリポキシゲナーゼが作用して生成されるC_6，C_{10}の鎖状アルコールに起因する。

たまねぎ，にんにく，ねぎなどのネギ属野菜にはC-Sリアーゼが存在するので，これらを切断するとS-アルキル-L-システインスルフォキシドの分解が起こり，含硫化合物が2分子脱水縮合してジスルフィドが生成される。これがネギ属植物の主要フレーバーとなる。

十字花科に属する植物には，辛子油配糖体（glucosinolate）が含まれている。組織の破壊によりミロシナーゼ（チオグルコシダーゼ）の作用でグルコースが加水分解除去され，さらに辛子油（イソチオシアネート）となる。ダイコンやワサビを細かく磨りおろすと，辛味が出る。この酵素作用の結果である。

(2) 味の変化

1) 甘味形成にかかわる酵素

米飯の甘味は，吸水，炊飯の初期にデンプンを分解する酵素，α-アミラーゼ，β-アミラーゼ，α-グルコシダーゼなどが作用し，マルトースやグルコースが生成することによる。また，サツマイモを加熱すると甘くなるのは，熱に比較的安定なβ-アミラーゼの作用で，マルトースが生成するからである。

2) うま味の形成にかかわる酵素

乾燥した穀類や豆類は，吸水させてから加熱調理するが，吸水過程や加熱初期の段階でプロテアーゼによって種子貯蔵タンパク質の一部は遊離アミノ酸やオリゴペプチドに分解され，うま味が形成される。

食肉は，屠殺後熟成させた後に食用に供されるが，この間にプロテアーゼの作用で遊離アミノ酸が増え，肉味の向上に寄与する。また，動物の死後，体内のATPは，ATPaseやデアミナーゼの作用でイノシン酸に変化する。これは，グルタミン酸とともに肉のうま味に大きく寄与する。

生鮮食品中には，種々の酵素が存在するので，貯蔵中や非加熱調理の間に，無数の酵素反応が起きていると考えられる。いまだ明らかになっていない，生理機能を持つ化合物の生成や分解が起こっている可能性も大きい。機器分析の発達や，酵素化学的アプローチにより，食べ物のおいしさや栄養にかかわっている酵素の知見が，徐々に増加しているが，今後の研究に負うところが多い。

3) ビタミンの分解にかかわる酵素

ビタミンB_1を分解する酵素，チアミナーゼはしじみ，あさり，はまぐりなどに存在する。食塩や醬油の存在でB_1

の分解が抑制されたという報告もある[21]。わらび，ぜんまい，つくしなどにも B_1 の分解因子が含まれるとされるが，酵素についての知見は乏しい。

ビタミンC（アスコルビン酸）の分解経路の最初のステップを触媒する酵素として三つ考えられる。①酸素を使ってアスコルビン酸を酸化するアスコルビン酸オキシダーゼ，②H_2O_2 を要求するアスコルビン酸ペルオキシダーゼ，③ポリフェノールオキシダーゼがフェノールをキノンに酸化し，そのキノンがアスコルビン酸を酸化する場合である。これらの酵素はほとんどすべての野菜に存在する。調理との関連で研究が展開しつつある[22),23)]。

3．食品の生体調節機能から食べ物の生体調節機能へ

3.1．機能性因子

食品の第三の機能は，生体の生理統御系，たとえば免疫系，分泌系，神経系，循環系，消化系と細胞系などを調節する働きで，生体調節機能と呼ぶ。ある食品が特定の病気の発症を予防する場合，その機能の因となる成分を含有している。このような成分を機能性因子といい，さまざまな食品にはいろいろな因子が含有されていることが，最近の研究によって明らかになってきた（表4.5）[24)]。

免疫系を調節する機能性因子の役割には増強と抑制があるが，前者の例は乳タンパク質，特に β-カゼインの構成部分であるオリゴペプチド（Leu-Leu-Tyr）が消化の過程で生成し，一部は吸収されてその機能を現す。きのこの多糖類，たとえば，しいたけの β-1,3-グルカンも免疫増強の機能を持つ。一方，免疫抑制は免疫過敏症の一つであるアレルギーの予防につながる。茶のポリフェノールや小麦のグルテンの酵素分解によって調製されるオリゴペプチドが知られている。

分泌系に対する食品機能の例としては，とうがらしの辛味成分カプサイシンがある。これは，からだに入ると中枢神経のバニロイド受容体を刺激し，副腎髄質からのアドレナリンの分泌を促し，その結果，脂質の燃焼を進行させるので，肥満の予防につながると推定されている。同様の効果は他の辛味成分にもみられる。本来，調味に用いられ，料理のおいしさを向上させる香辛料に，こ

表 4.5 食品の主な機能性因子

	期待される機能	機能性因子	由来の食品
免疫系に関して	マクロファージ活性化	カゼイン由来のオリゴペプチド リポ多糖類	牛乳 コムギなど
	免疫増強	β-1,3-グルカン キチン	シイタケなど エビ, カニ
	免疫抑制（抗アレルギー）	ポリフェノール類 グルテニン由来のハプテンペプチド	茶 コムギ
分泌系に関して	アドレナリン分泌	カプサイシンなど	トウガラシなど
	インシュリン分泌	カゼイン由来のオリゴペプチド	牛乳
	エストロゲン様作用	イソフラボン	ダイズ
神経系に関して	脳神経鎮静	カゼイン由来のオリゴペプチド グルテン由来のエキソルフィン	牛乳 コムギ
循環系に関して	血圧降下	カゼイン由来のオリゴペプチド ゼイン由来のオリゴペプチド グリシニン由来のオリゴペプチド グルテリン由来のオリゴペプチド 魚肉由来のオリゴペプチド	牛乳 トウモロコシ ダイズ コメ カツオなど
	コレステロール低下	グリシニン由来のペプチド キトサン	ダイズ エビ, カニ
	抗血栓	エイコサペンタエン酸	青魚など
消化系に関して	カルシウム吸収促進	カゼインホスホペプチド メナキノン-7（ビタミンK_2）	牛乳 納豆
	整腸	オリゴ糖類 食物繊維 難消化性プロラミン	諸食品 諸食品 コメ
細胞系に関して	抗酸化 / 細胞膜保護	ポリフェノール類 クルクミン γ-オリザノール セサミノール	柑橘系, 茶など ターメリック コメ ゴマ
	抗腫瘍 / 抗発癌イニシエーション	β-カロテンなど アスコルビン酸（ビタミンC）	緑黄色野菜など 柑橘類, 野菜など
	抗腫瘍 / 抗発癌プロモーション	フコステロールなど オーラプテン（クマリン誘導体）	ワカメ 柑橘類
	抗感染 / 抗菌	ラクトフェリン アリシン マンノース	牛乳 ニンニク マンナン含有食品
	抗感染 / 抗ウイルス	卵白シスタチン オリザシスタチン	鶏卵 コメ

（荒井綜一：*HASEGAWA LETTER*, 10, 2, 1999）

うした生体調節機能が兼ね備わっていることは，たいへん興味深く，今日的関心も高い。また，β-カゼイン由来のオリゴペプチド（Tyr-Pro-Phe-Pro-Ile-Pro）のインスリン分泌促進が知られており，糖尿病の予防の一助になると期待されている。最近特に注目されているものに，大豆のイソフラボンがある。これは性ホルモンの一つで，骨からのカルシウムの溶出を抑制するエストロゲン様の機能を示すので，骨粗鬆症の進行を軽減する効果が期待されている。

神経系に作用する成分として，β-カゼインに由来するオリゴペプチドやグルテン由来のエキソフィンがある。オピオイド作用（麻酔）を通じて鎮痛，鎮静の効果を示す可能性がある。

循環系の調節のうちで最も重要なものの一つは血圧上昇抑制であろう。その機能を示す成分として最近特に注目されているものにタンパク質由来のオリゴペプチドがある。魚肉由来のIle-Lys-ProおよびLeu-Lys-Pro，カゼイン由来のIle-Pro-ProおよびVal-Pro-Proが有名で，それぞれかつお節や発酵乳に存在している。これらは摂取後，吸収されて血液に入ると，アンギオテンシンⅠを血圧上昇物質（アンギオテンシンⅡ）に変換する酵素の働きを阻害するうえ，血圧降下物質（ブラジキニン）の分解酵素の働きをも阻害する。

血中コレステロール濃度の低減も循環系調節において重要である。それに有効な成分として，えびやかにの甲羅を構成するキチン（多糖）からアセチル基を脱離させたキトサンがあげられる。これは，摂取すると小腸内で胆汁酸と結合してその効力（脂質乳化能）を失わせる。これを補償するために肝臓はコレステロールから胆汁酸をつくる。したがって，その分だけ血中コレステロール量が低減するのである。同様の効果は，大豆の主要なタンパク質であるグリシニンを摂取した際にも観察されている。

消化系の調節，特に腸管調整（整腸）の機能を持つ成分として，最もよく知られているのは食物繊維であろう。その機能は腸管の蠕動の活性化であり，その効果は抗便秘である。食物繊維は多糖類であるが，これと同様の機能を持つものとしてオリゴ糖が注目を集めている。最近特に注目されているのは，消化・吸収されないまま大腸に達し，そこで腸内細菌によって資化され，それらの生育を促すようなオリゴ糖である。これをプレバイオティックス（prebiotics）

といい，特にビフィズス菌などの有用菌の腸内生育を促すフルクトオリゴ糖（Fru-Fru-Glc），乳果オリゴ糖（Gal-Glc-Fru），大豆オリゴ糖（Gal-Gal-Glc-Fru）などが開発され，利用されている。これらの効果は抗便秘のほか食中毒菌の生育の抑止とされている。より速効的には，乳酸菌そのものの摂取がよいとされており，その生菌剤や生菌含有食品（たとえば，ヨーグルト）をプロバイオティックス（probiotics）と呼ぶ。

人体は約60兆個の細胞からできていて，身体のどこかに新生するがん組織も，所詮は細胞の老化・がん化に発している。細胞老化のきっかけは，摂取した脂質が体内で酸化されて発生するフリーラジカルによる細胞膜の劣化である。また，体内では反応性の強い酸素である活性酸素が常に形成されていて，それによっても細胞膜の劣化が起こる。がん化は細胞核の遺伝子DNAがこれらの物質によって変異を受けることがそのきっかけになる。

しかし，幸いにも食品中にはフリーラジカルを捕捉する成分がある。各種植物のポリフェノール類がそれである。活性酸素を消去する成分もあり，緑黄色野菜などのカロテノイド（たとえば，β-カロテン）や柑橘類のオーラプテンやビタミンCがそれである。したがって，これらは老化抑制，抗がんの効果を持つ機能性因子であるとされる。

一方，病原菌やウイルスの体内感染は，まず個々の細胞への侵入を介して起こる。したがって，細菌のビタミン代謝を阻害するにんにくのにおい成分アリシンや，ある種のウイルスのタンパク質代謝（システインプロテアーゼによるポリプロテインのプロセシング）を阻害する米のタンパク質オリザシスタチンは，それぞれ抗菌，抗ウイルスの機能を持つ因子である。

私たちが日常摂取している普通の食べ物には，多様な機能性因子がもともと含有されている。また，普通の食品の簡単な加工によって，こうした機能性因子を作製することができるし，病気の予防の助けとなる新しい食品を作製することもできる。

3.2. 機能性食品

機能性食品（functional food）とは，食品の持つ機能性因子を活用して，生

体調節機能を有効に発現するように設計され，特定の病気（特に生活習慣病）の一次予防（初期段階での予防）に寄与する食品を意味する。機能性食品の効果のカギとなる機能性因子は，通常の食品にもともと含有されている。しかし，その含有量は一般にきわめて微量であるため，機能が有効に発現しうるか否か不明であるとして，食品科学者たちによって，機能性食品の開発が進められてきた[5]。

機能性食品は，通常の食品を基盤にし，好ましくは私たちが常食するものを

表 4.6 特定保健用食品の機能性因子，使用件数，健康強調表示，商品形態

(1999.11.22現在)

因　　子	件数	表　示	形　態
オリゴ糖	53	整腸	テーブルシュガー，乳酸菌飲料，炭酸飲料，錠菓，クッキー，調味酢，粉末スープなど
乳酸菌	36	整腸	発酵乳，乳酸菌飲料
食物繊維	35	整腸	炭酸飲料，粉末清涼飲料，ナタデココ，即席麺，スナック麺，ソーセージ類，シリアルなど
ダイズタンパク質	7	血清コレステロール低減	清涼飲料水，ミートボール，ハンバーグ，ソーセージ類など
ジアシルグリセロール	4	血清中性脂質低減	食用調理油
植物性ステロール	4	コレステロール吸収抑制	食用調理油
オリゴペプチド	6	血圧調整	清涼飲料水，乳酸菌飲料，粉末スープ，粉末味噌汁
カゼインホスホペプチド	3	カルシウム吸収促進	清涼飲料水，豆腐
茶ポリフェノール	3	虫歯予防	チョコレート，ガム
アルギン酸ナトリウム	3	血清コレステロール低減	清涼飲料水
カルシウム塩	3	カルシウム補給	清涼飲料水
ヘム鉄	2	鉄補給	清涼飲料水
キトサン	2	血清コレステロール低減	ビスケット
杜仲葉配糖体	2	血圧調整	清涼飲料水
糖アルコール	2	虫歯予防	飴
グロビンタンパク分解物	1	血清中性脂質上昇抑制	清涼飲料水
カゼイン由来ペプチド	1	血圧調整	清涼飲料水
計	167		

（荒井綜一：HASEGAWA LETTER, 10, 2, 1999 を一部改変）

基盤にして，計画的に作製される新食品である。作製上の基本的な考え方は，①有効成分を増強する，②有害成分を除去する，の2点である。①は，通常わずかしか含有されていない機能性因子を濃縮，精製したのち，再添加したり，酵素反応，分子育種といったバイオテクノロジーを応用して，その含有量を増大させる方法である。②は，ある種の食品を摂取すると特定の病気になってしまう人々が，それを予防するために有害物質を除去した食品を作製する方法である。

機能性食品に向けて国の行政機関が強い関心を寄せ始めた1991年，厚生省は栄養改善法の省令改正を行い，効果を化学的に評価する審査に合格した機能性食品については，健康強調表示（ヘルスクレーム）を許可することにした。そのような食品を特定保健用食品と呼ぶ。1999年までにその数は167に達している[24]。それぞれの特定保健用食品にはカギとなる機能性因子が含まれており，その成分の効能に基づいて健康強調表示が行われている（表4.6）。

3.3. 機能性食品科学[24]

1993年，著名な科学誌 Nature は「日本は食品と医薬品の境界に踏み込む」という表題の記事を掲載し，わが国の機能性食品の研究と行政の実情を紹介した[25]。これがきっかけとなり，"functional food" の名称が欧米に広まった。こうして食研究の新側面である機能性食品科学が，ヨーロッパ，北米，日本を三角形の頂点として誕生し，21世紀の先端科学の一つとして大きく発展しようとしている。

日本の文部省研究班が示した機能性食品科学の体系[2]は，従来の食品栄養学の体系が①糖質，②脂質，③タンパク質，④ミネラル，⑤ビタミン，⑥核酸であるのに対して，①免疫系調節因子，②分泌系（ホルモン系）調節因子，③神経系調節因子，④循環系（血液系）調節因子，⑤消化系調節因子，⑥細胞系調節因子からなる。

一方，EU（欧州連合）は最近，次のような類型で体系化しようとしている。①成長，発達，分化と食品，②物質代謝（肥満，糖尿など）と食品，③生体の酸化傷害（がん，病化など）と食品，④心臓血管系疾患（高血圧など）と食品，

⑤消化管生理（腸内菌叢など）と食品，⑥行動，心理と食品。

　ここでの課題は，より確実な科学的根拠を個々の機能性食品に与えるための基礎研究の充実であって，そのための目標は，①食品成分と疾病予防に関する疫学的研究，②適正なバイオマーカーを設定する研究，③ヒト集団を利用した臨床的介入試験となっている。このなかで現在一番関心を集めているのが，②のバイオマーカーである。健康診断で肝臓の状態を推定するGOTやGPTのようなものであり，バイオマーカーから得たデータを特定の疾病の予防の代理指標とするものである。バイオマーカーの設定が機能性食品科学の最も緊急のテーマであるといわれる。

3.4. 食品調理機能科学

　食品科学の分野で20世紀後半に急激な発展をとげた食品機能科学の研究の結果，多くの機能性因子が発見され，機能性食品の開発につながった。調理科学のサイドから研究するものとしては，食品から因子を抽出，精製して，食品補助剤として摂取するのではなく，生鮮食品に含有されている有効な機能性因子を最大限に摂取可能な形に調理する方法を提案することが必要であろう。

　このような調理法を開発していくためには，機能性因子の効果を，科学的な立場で客観的に評価できる評価法の確立が緊急の課題である。特に，調理食品やヒトの尿，血液などを対象とした簡便な評価法の開発に力が注がれる必要がある。免疫化学的な手法を利用した評価法，すなわち「モノクローナル抗体」を利用した脂質過酸化物や，DNAの酸化的な傷害を特異的に検出する「バイオマーカー」の開発が，最近注目を集め期待されている。油の熱分解でできる毒物質のアクロレインなどが，モノクローナル抗体を用いて定量できるようになってきた。これらのバイオマーカーを使うことによって，加熱調理過程で生成される機能性因子を定量することが可能になろう。

　食物アレルギーの原因となっている食品（卵，牛乳，大豆，魚介類，肉類，米，麦など）中には，アレルゲンと呼ばれる因子が含まれている。食物アレルゲンに対する抗体を作製し，抗体を用いて食物中の微量アレルゲンを定量する方法も開発されている[26),27)]。食品中に含有されるアレルゲン因子の，調理によ

る除去方法もこのような手法を用いて可能になりつつある。また，ケミカルメディエーターの生成を触媒する酵素，シクロオキシゲナーゼや12-リポキシゲナーゼの活性を阻害するような植物性食品が見つかってきている。

　食品を調理した後，これらの機能性因子はどうなっているか，また，調理法によって，これら有用な機能性因子の減少をくいとめ，さらに増大させることができれば，調理機能科学に期待が集まるであろう。

4．食べ物の安全性の科学

　わが国における食生活が，米・大豆・魚を中心にした純日本型食生活から，欧米型のパン・肉類へと年々移行しており，畜産食品に対する嗜好が高まるとともに，輸入食品，加工食品が多くなっている。それに伴う種々の食品汚染に不安を感ずる人々も多い。

4.1. 輸入食品と残留農薬[28),29)]

　近年食品の輸入が急増し，1995年の食料自給率はカロリーベースで42％に低下した。野菜85％，牛肉39％，小麦にいたっては7％の自給率である。果実の1/3は輸入品であり，野菜の輸入は1985年から1995年の間に5倍に増加している。野菜などの「開発輸入」が大はやりで，2000年以降，農産物の輸入量はさらに増加すると思われる。

　残留農薬の検出率は，柑橘類79％，それ以外の果実類46％と，穀類13％に比べて著しく高い。残留農薬は五大陸の農産物から検出されており，臭素を含むポストハーベスト農薬が56％と高率である。ポストハーベスト農薬であるイマザリル（男性用経口避妊薬：殺精子剤として特許を得ている物質でもある）は79％の柑橘類（グレープフルーツなど）から検出されており，全輸入農産物において，検出割合が最も高い（26.7％）残留農薬である。その他，発がん性など特殊毒性のある農薬も多数検出されている。世界で使われている農薬は，600種類とも700種類ともいわれている。輸入食品が増えることは，残留農薬も増えることになる。多用されている有機リン系農薬には，神経障害や催奇性などの毒性が認められている。

飼料にも残留農薬が多く使用されている。現在，家畜飼料には，12種類の残留基準はあるが，食品の残留農薬に比べると一部を除いてゆるくなっている。食物連鎖を考えれば，ヒトが肉や卵，牛乳や乳製品を食べることで農薬を摂取する危険は十分にある。ポストハーベスト農薬は輸入品よりも国内産のほうがずっと少ない[29]。

4.2. 食品添加物による食品汚染[28]

1965年には加工食品が全体の半分以下であったのが，1985年には55.1%に，1995年には60.5%に増加している。これらの加工食品は，原材料の出所がはっきりしないということはもちろん，加工度が進むにつれて，使われている食品添加物の品目も量も増え，その分だけ安全性への不安が増える。加工食品や外食産業への依存が増大するにつれて，輸入食品の増加に伴って，ますます保存料や酸化防止剤の摂取は多くなってくるといえる。

4.3. 構造化する食品汚染

1996年に，食肉の安全性にかかわる大きな事件が二つ発生した。一つはイギリスで発生してヨーロッパ全体をパニックに陥れた狂牛病事件であり，もう一つは日本で爆発的に発生した病原性大腸菌 O-157による食中毒事件であった。イギリスでは，狂牛病で死んだ羊の脳や心臓を使って高タンパク飼料を製造し，牛に与えていたために，熱に強いタンパク粒子プリオンが牛に入り，狂牛病が発生した。経済性の追求がこのような病気を生み出したといってもよいだろう。

O-157による最初の集団食中毒は，1982年にアメリカで発生し，多くの死者を出している。アメリカにはO-157の保菌牛が相当数いるといわれ，カナダ，イギリス，ドイツそして日本の牛にも拡大しているといわれる[28]。

日本人の畜産食品に対する嗜好が高まるに伴い，畜水産動物の飼育形態も変貌し，多頭羽集団飼育へと変化を遂げてきた。集団飼育環境下では病気にかかりやすくなるので，予防のために多くの抗生物質や合成抗菌剤などの動物用医薬品が使用されている[29],[30]。現在11品目のホルモン剤や抗菌剤，抗生物質を含

む動物用医薬品の残留基準が設定されているが，今後その数は増えていくものと思われる。

　今日の食品添加物や動物用医薬品の安全性は，動物実験によって一応保証されているといわれる。しかし，個別単品の安全性は保証されているが，私たちの食生活のように，たとえば日本人は，食品添加物を1日平均80種類も摂取しているといわれる現状においては，さまざまな医薬品を長期的，短期的に摂取していたり，農薬や環境汚染物質を微量とはいえ，からだに取り込んでいるような場合に，どのような複合毒性が発生してくるかについては，実験的に予知することは困難である。これまでに行われてきた複合毒性の研究では，毒性が相加，相乗，相殺される場合があり，そのほかに質的異質の毒性が現れる場合もある。今後は，単品の毒性ではなく，多数の食品添加物，汚染物質を摂取した場合の複合毒性の検査が必要である。そのための新たな「バイオマーカー」の開発が望まれる。また，新しく開発される高感度分析法を併用して，食品素材および食べ物の安全性を確保することが必須の課題であるといえる。

　加熱調理過程では，食品のなかで種々の化学反応が起こり，発がん性物質や有毒物質が生成する場合がある。食品素材の汚染物質を効率よく除去するための調理法の開発，有害（毒）物質を生成させない素材の組み合わせや，調理法（たとえば，低温で調理が可能な真空調理法）に関する研究がますます必要になってくる。

おわりに

　ヒトは生きるために食べ物から栄養素を摂取しているが，おいしくて安全な食べ物を追い求めてきた。食品成分，特に栄養素，嗜好因子に関する研究は，新しい機器分析の開発とあいまって，20世紀に飛躍的に発展した。近年は食品の持つ生理調節機能に注目が集まり，機能性食品の開発が進んだ。今後も機能性成分の探索および開発は進展すると思われる。食品素材中に含まれる機能性成分の研究が進むにつれて，私たちが摂取する食べ物の状態ではどうかに関心が集まってきている。

　一方，構造化する食品汚染のなか，食べ物の安全性を確保するために，高度

な機器分析技術を駆使するとともに，新しいバイオマーカーの開発（微量のアクロレインを定量できるモノクローナル抗体の作出など）が，緊急の課題である。

　より安全で，健康維持や病気予防のために摂取すべき食事のあり方について，食べ物の成分の面から考察を加える時期であろう。

（大羽和子）

〔文献〕
1）鈴木梅太郎・井上金雄：栄養讀本，日本評論社，1941
2）藤巻正生監修：食品機能，学会出版センター，1988
3）中村　良・川岸舜朗・渡辺乾二・大澤俊彦：食品機能化学，三共出版，1990
4）千葉英雄監修：食品の生体調節機能，学会出版センター，1993
5）荒井綜一監修：機能性食品の研究，学会出版センター，1995
6）日本分析化学会編：機器分析ハンドブック，丸善，1996
7）農林水産省農林水産技術会議事務局　農業研究センター編：近赤外分光法による穀類タンパク質の簡易定量，幸書房，1995
8）森　俊明・田畑恵雄：化学と生物，**38**，27，2000
9）島田淳子・下村道子編：調理とおいしさの科学，朝倉書店，1993
10）山野善正・山口静子編：おいしさの科学，朝倉書店，1994
11）増成隆士・川端晶子編著：美味学，建帛社，1997
12）石毛直道監修（杉田浩一編）：食の文化3．調理とたべもの，味の素食の文化センター，1999
13）川端晶子・大羽和子編著：新しい調理学，学建書院，1999
14）H. Henning：*Z. Psychol.*，**74**，203，1916
15）鴻巣章二・渡辺勝子：うま味―味の再発見，女子栄養大学出版部，1987
16）山本　隆：脳と味覚―おいしく味わう脳のしくみ，共立出版，1996
17）久保田紀久江（中谷延二編）：食品化学，p.75，朝倉書店，1987
18）田村真八郎・川端晶子編著：食品調理機能学，建帛社，1997
19）大羽和子：調理科学と酵素，日本調理科学会誌，**30**，71，1997
20）大羽和子：食べ物のおいしさに関わる酵素，*SOFT・HARD & Human*，**59**，21，1999
21）足利千枝（調理科学研究会編）：調理科学，p.520，光生館，1984
22）山本淳子・大羽和子・家政誌，**50**，1015，1999
23）山本淳子・大羽和子：家政誌，**50**，1133，1999

24) 荒井綜一：機能性食品科学, *HASEGAWA LETTER*（長谷川香料技術レポート）, 10, 2, 1999
25) D. Swinbanks and J. O'Brien：*Nature*, **362**, 180, 1993
26) 中村　良：栄養と健康のライフサイエンス, **2**, 569, 1997
27) 荒井綜一・渡辺道子（菅野道廣・岸野泰雄編）：食物アレルギー, p. 87, 光生館, 1995
28) 山口英昌編著：これでわかる食の安全読本, 合同出版, 1997
29) 厚生省生活衛生局食品化学課編：食品中の残留農薬, 日本食品衛生協会, 1997
30) 中澤裕之・堀江正一編著：食品に残留する動物用医薬品の新知識, 食品化学新聞社, 1998

5 味覚の計量をめぐる領域の再編

1. 感覚の数量化の歩み

1.1. 感覚の数量化

　私たちがからだや心で感じる経験を無意識に数量化することは，日常的になされていることである。ものごとをこなすのにかかる時間を気にし，目に見えるものの数を数え，聞こえる音やにおいの強さに反応を示し，食べ物の味やかたさの程度に関心を示す。この限りにおいてヒトは意識せずに定量的な操作を日常的に行っており，"数量化"しながら相対性を計り，生きているといっても過言ではない。ここで数量化している感覚というのは，ショ糖溶液の濃度と甘味強度の関係のように同じ刺激の増加が感覚の強さの変化をもたらすような場合であり，これを prothetic（量的）であるという。質の異なる別の感覚刺激を生起するものは methathetic（質的）であるという。

　このように，日常的に行われる知覚の無意識の計量化や数量化とは別に，研究の必要から意識的，意図的に行われる計量化では，手続や理論的・技術的な制限条件を伴う。ことに，食物研究のなかで，味の感じ方を客観化するために数量化の必要性が生じた場合の方法と方向について，この章で考えてみたい。

1.2. 感覚の数量化の歴史的流れから見えてくるもの

　夜空に輝く星の光の強さを等級づけることは，感覚の数量化のおそらく最も古い例であり，紀元前にすでに星の明るさを1等星から6等星に分類したことであろうといわれる[1]。

　田中[2]は，私たちが現在，物理学，感覚心理学と呼んでいる領域の理論化の歴史について，次のように述べている。人類は長い間，目を使わずに光を測定することや耳を使わずに音波を測定することはできず，心が何らかの物質を送り出し，それが対象物に接することによって物が見える，とするエマネーショ

ン仮説を信じていた。これは当時の解剖学が，視神経は中空であり，この心的物質がそこを伝わって送り出される管の役割を果たすと解釈するのとよく符合した。科学史のうえで，光に対する明確な概念が確立されていないために，目の働きを正しく決定することができなかった時期であるといえようし，目の働きが正確にとらえられていなかったために光の本質が規定できなかったともいえるが，科学研究においてある領域と他の領域間の相互関係を暗示する歴史的な例である。

　西欧の科学史のなかで，物理学，生理学，感覚心理学を区別するのがむずかしい時代は暗黒時代を経てルネッサンスのころまで続いていた。芸術家と科学者，いずれをもこなした万能の天才，レオナルド・ダ・ビンチの絵には，網膜上に像が正立して結ばれることがいかにして可能であるかを説明しようと試みた跡が記されている。しかし，この試みが成功したのは，1604年，ケプラーが著書『生理光学』のなかで，像は網膜上に倒立して結ばれる，と述べてからである。

　その後の生理学の発達は，視覚の生理機構において，この像の倒立問題が主要な問題ではないことを示すこととなる。また，物理現象は人間が備えている特殊な受容器で感じとられる側面ばかりではないことにも理解が進んだ。物理学は感覚器官の縛りから解放され，独立の言葉で定義することが可能になり，そしてまた測定器具を設計することが可能になり，独自の発展をたどることとなる。

　物理学が，人間と環境の反応という枠組みの特殊性から解放されると，次には，定義された物理事象と観察者である人間の反応との間にある関係を研究する分野への要求が高まり，感覚生理学が出現する。

　このようにある部分の情報が量的に蓄積されると一つの分野の独立性が高まり，質的な転換を遂げる。独立性が高まればもはや隣接分野といっしょに探求すべきものはないように思われるが，それぞれの分野の発展と成果が影響しあって，一つの事象の正確な把握が徐々に深まり，学問発展の循環をつくる。歴史から学ぶことのできるこのような発展過程は，次の世紀においてさらに複雑で範囲をひろげ，そして速度を速めることになろう。

2．心理量の測定と尺度

2.1．精神物理学的方法と計量心理学

　精神測定法あるいは計量心理学の目的は，心理量の測定にある。現在，これらは，閾などを測定する精神物理学的方法（psychophysical method），尺度構成（scaling），テスト理論，因子分析（factor analysis）に分類して考えられている。

　このうち，因子分析はすでに心理学を出，数理統計学の立場から多変量解析として検討され，社会科学や多くの分野で用いられている。また，数理心理学というのは，広義には計量心理学から統計学までを含むが，狭義には行動のモデル構成を課題とする心理学である[3]。ゆえに計量心理学とは心理学の固定された領域を表すというものでなく，目的合理的な実験を伴う，計量的な分析と数量化の手続を行う方法論をいう。

　精神物理学においては，二つの量的変数の存在が前提となる。一つは，物理的刺激であり，もう一つは感じる人間側の主観を表象（representation）する変数である。この変数は尺度上にのる連続体（continuum）であるので，それぞれの変数は微分的に取り扱うことができる。後者は，心理学的連続体と呼ばれるが，上限と下限が存在する。もし仮りに物理的刺激が存在しても，小さすぎる場合には知覚されず，この下限を刺激閾（stimulus threshold，もしくはabsolute threshold 絶対閾）という。刺激があまりにも大きな量である場合，受容器の限界を超えて痛みに変化するなど感覚の同質性を保てないので，この上限を刺激頂（terminal threshold）という。これらの限界点は，統計的に判断回数の50％点の値で定義される。心理学的連続体の上で，刺激の量の差が弁別できる感度を示す値として，物理的連続体上の尺度値で示された最小の距離を弁別閾（difference threshold）といい，同じ統計的手続により決定される。

　弁別閾は，物理刺激の大きさに依存する。感覚に対するある刺激 S_0 が $S_0+\Delta S$ に変化したとき，変化を識別できる最小の ΔS（弁別閾）は，S_0 が大きくなれば大きくなり，小さくなればまた小さくなるので常にその比は一定である。これはウエーバー（E. H. Weber）が1834年に発表した法則でウエーバー

の法則（Weber's Law）と呼ばれることはよく知られている。

$$\Delta S / S_0 = C \text{（一定）}$$

知覚領域における閾値の測定に始まったこのような数量化は，19世紀末に，フェヒナー（G. T. Fechner）によってフェヒナーの法則（Fechner's Law）が発表されてから大きく地歩をかためた。刺激量を S，感覚判断値を R とすると感覚判断値 R は刺激量 S の対数に比例するというものである。

$$R = K \, log \, S$$

それから約半世紀後の1956年，スティーブンス（S.S. Stevens）は音響のもたらす心理量の測定結果からスティーブンスのベキ法則（Stevens' Law）を記述した。

$$R = KS^n$$

ベキ指数 n は，感覚の種類によってほぼ一定に定まるというこの式の妥当性は，その後さまざまな感覚に関する実験へのあてはめによって，検証されている。

刺激 S と感覚 R の間に存在する系統的関係を調べるというこのような手法は，S—R 心理学と呼ばれる。しかしながら，判断を行う人間は常に"環境全体の場"（ゲシュタルト：全体的性質を指す）の影響を受けているのであって，人間の感覚の量 R がこのように一義的に決定されることに対する批判的な立場から，新たな感覚判断の理論がヘルソン[4]らによって提唱され，応用実験が近年になってわが国の学会誌にもみられるようになっている[5]。

2.2. 測定・尺度・尺度構成
（1）測　　定

スティーブンスは1951年に発表した『実験心理学ハンドブック』[6]のなかで，"測定とは，ある規則に従って対象に数値を割り当てることである"と述べた。ここでいう数値とは記号をも含むが，むしろ重要なのは割り当てるとい

う言葉である。たとえ質的なデータであっても，反復により計量化されれば量的な取り扱いをすることが可能になる。割り当てるために観察し，観察を客観化するために数値をあてがうのである。割り当てられるものは尺度，モノサシである。

（2）尺度・尺度構成

スティーブンスの定義によれば，「尺度とは，測定の対象に対し，与えられた数値ないしはラベル，もしくはそれらを割り当てる規則のことである」と読める。彼は尺度を表5.1[7),8)]のような四つの型に分類し，性質と機能を明らかにした。直面する問題解決にこれらのどの尺度を適用するかは，測定対象の特性をつかまえることから始まる[9)]。自由に評価させ用語を収集し，整理・分類し，分類尺度のような定性的な現象の整理からスタートすることになる。

私たちは心のなかで，現象に含まれる多次元の要因を，総合的・直感的に一次元の尺度に変換せねばならない事態にしばしば直面するが，そのような複雑な要因を統合せねばならない場合ほど，結局のところ水準の低い名義尺度や序数尺度で止まってしまうことさえ起こる。このような場合，より高水準の尺度を人為的につくり出す[10)]ことがあり，これを尺度構成（scaling）という。

すでに実用化され認知されている尺度の著名なものに，重さを表すベグ尺

表 5.1 心理学的測定における四つの尺度分類

	定　　義	許容される統計量の例	例　な　ど
名義尺度 nominal scale	カテゴリーの区別 等価性の保証 定性的相関	尺度に入れない場合もある 事例数	製品のシリアル番号 学籍番号 他のラベルでも代替可能
序数尺度 ordinal scale	順序尺度ともいう 大小関係・推移律の保証はあるが間隔は明らかではない	メジアン パーセンタイル	汁物の塩味の濃さ みかんの甘さ 震度
間隔尺度 interval scale	距離の等価性が保証されているので，順序関係とその差が計算可能	平均値 標準偏差	温度 試験の点数
比率尺度 ratio scale	比率の等価性が保証されている	幾何平均 度数	音の大きさ（ソーン尺度） など物理学的尺度

（高木貞二：心理学における計量化の研究，東京大学出版会，1971 および
　佐藤　信：官能検査入門，日科技連，1978より作成）

度，音の大きさを表すソーン尺度があるが，これらは物理量ではなく，物理量に比例した感覚量を尺度化し実用的モノサシとしたもので普及した。

呈味の強度を表すガスト尺度は，1949年に米国のビーブ・センター（Beebe-center）[11]により発表された。これは1％ショ糖液の呈する感覚強度を1ガストとし，酸・塩・苦味についても主観的等価値による共通尺度を構成したものである。古くから紹介されている[12]理論であるが，日本における適用例は少ない。食生活や現実の調理の場では，呈味の強さは味の認識や満足度に及ぼす影響は大きいので，この尺度の発展的な利用が期待される。

（3）内的か外的か

得られたデータが低水準の尺度であっても，ある種の理論モデルや仮定から導かれる数理的操作を施すことによって，より高水準の尺度に持っていくことができる場合がある。後づけの操作によるので外的尺度構成と呼ぶことができる。外的尺度構成は用いたデータを母集団の標本とみなし，この標本から推定を行うといった，推測統計学的な展開はできないなどの制約があるが，被験者への負担は軽いのが長所である。

また負担はかかるが，被験者の心理過程のなかで内的に処理させた心理量として検出する方法があり，直接的に心理量を入手するという意味で直接的尺度構成法と呼ばれる尺度がある。著名なスティーブンスの実験はこれに該当する。比率尺度を構成する目的で一定の標準刺激（モデュラス，modulus）が与えられ，対象からもたらされる刺激が標準に対してどのくらいか，という主観量を直接判定させる方法は，マグニチュード推定法（method of magnitude estimation）と呼ばれる。尺度構成を行うということは，数量化において測定事象の質を見定めることにほかならず，この作業の完了は測定の完成を意味するほど大きなウエイトを占める。

3．味の客観的伝達と官能評価

3.1．おいしさと味覚

食べ物の味を感じるというのは，味の要因物質や要因構造を持つ物質としての食物を客体（object）とし，これを認識できる動物としての人間を主体

（subject）とする，相互の関係によって決定される事象である。

この定義に従えば，固定された味というものは存在せず，主体と客体の間の関係とその規定される味が存在するだけである。五感によって認識される生理的な次元で味を云々する場合も，社会的・文化的な規範や慣習の影響下に置かれて認識され，歴史の刻印を押された条件つきの味を論じることなのである。

最近，"おいしさ"という言葉が味覚に替わる言葉として科学研究の場でも多用されている。これはおそらく，広義の味覚も含意することを意識的に示したいか，あるいは味覚の科学の普及啓蒙過程における親しみやすさを意図してのことであろう。

しかし，"おいしさ"という言葉に込められた期待をみてとることができる反面，主体へのウエイトがかかりすぎていて，かえって意味をせばめているように思われてならない。

味の原初の意味は，可食か不可食かの判定にあったことを忘れてはならないし，少なくとも今終わろうとしているミレニアム（Millennium）の末期に始まった近代社会にすら，飢餓の存在が認められている。ましてやそれ以前の社会において，世界の大方の食はうまいまずいを論じるレベルとは無縁であったように見受けられる。また一方あふれる物質文明のなかでは，可食食物の廃棄，おいしさの誤用，おいしさの押し売り，おいしさに込めようとした精神性とは著しく乖離した商業主義，おいしさという記号の一人歩きが蔓延している。"おいしさ"には，ちょうど"環境にやさしい"という言葉と同じような欺瞞性を感じてしまうといえばいささか過ぎた批判になろうか，少なくとも本章の内容に適した用語として，古くから存在する味覚という用語で稿をすすめる。

3.2. 味の客観的伝達への要請

調理学の研究は，調理に伴う諸現象を科学的に解明するという目的において，合理的な思考を積み重ねて知識体系をつくり上げる途中にあるが，味の客観的な表現に対する要請は，その一部にすぎず，歴史もきわめて浅い。調理学は後追いの科学であり，先に人類が食べてきた経験と歴史があまりにも長い。本来個人に帰すべきことである味の感じ方や好みに，科学的な認識の要請が出

てきたのは，歴史上のどのあたりであろうか。

　人類は，歴史上のいくつかの時期に，技術の発展に伴う食糧生産力の増大を可能にした。養える人口が増えた後は生活様式が変化し，様式変化の必要性は新たなイノヴェーションを産み，産業を発展させ，また生活様式を変える，といった螺旋(らせん)状の循環発展を経て今日にいたっている。特に中世以降，古典的なものではあったが食糧生産の技術革新と人口増加のサイクルが明瞭に検出でき，それまでにない変化速度を生じている[13]。印刷技術の発明により情報伝達の媒介すなわちメディアの方式に大きな変化が生じ，また航海技術の発達に伴い異文化との接触機会がはるかに増大したことはよく知られているが，味の客観的な表現の必然性が生じたのは，おそらくこのような諸条件が組み合わされてのものと思う。

　19世紀中葉に書物産業の技術革新で世界のトップに立った英国には，数多くの著名な料理書コレクションがある。その一つであるブランチ・リーのコレクションには，16世紀から第二次世界大戦前までの料理書二千点が収蔵されているが，これら蔵書の書名に対する計量書誌学（bibliometrics ビブリオメトリックス）的研究の結果[14],[15]からは，新しい用語の増加が時系列でみてとれる。新しい用語とは，英国からみた外国の料理様式を示す言葉である。見知らぬ国の見知らぬ味の概念を見知らぬ読者に向けて伝達する必要性が背景社会に生じたことがわかる。このような社会の変化に伴い，"内"の言葉で十分に足りた味覚の表現に"外"に向けての客観性が求められる時代の要請が生じた。

3.3. 実証科学に向けてのスキルの成立

　第二次世界大戦の戦時物資の補給も含め，戦後，かつて人類がみなかった大量消費の時代を迎えることとなった。生産や供給の側に要求されたのは，大量生産・規格化とその維持・品質管理などの技術と思想である。生産現場で科学的味覚の評価が行われたのは，米国のウイスキーメーカー，シーグラム社で，ウイスキーの出荷検査に1：2点識別法が採用されたという[8]。食品製造の企業活動において，安全・衛生・品質管理のような必要条件に付加されるべき十分条件は味という品質である。食物の生産と調製が古典的な方法を離れ，すな

わち家庭から社会に移行するという社会経済的な文脈のなかで，食物の味を客観的に表現する方法，味覚の数量化が一般的技法として産業に普及した。官能検査の始まりであった。

狭義の意味での味は，人間が五感によって要因物質の存在や物理的状態を認知識別した結果，言葉や媒体で表現される。要因物質が特定でき，要因物質の効果が測定可能な場合，これら物質の理化学的な状態を測定することで，味の評価を代替することができる。時や所，状況によって判断のぶれやすい人間に代わって機器が評価を下すので，ある意味で人間の五官の拡張である。しかし，機器の利用は皮肉にも人間の判断を分断し[16]，総合的な判断を遠ざけることになるから，総合的な判断は人間だけのものであるという点でも官能評価の意味は大きい。

また，味覚に限らず人間の感覚による測定にはどうしても避けて通れない誤差変動が伴う。ここに統計的方法を導入してその誤差を合理的に取り扱うことができれば，人間の感覚による測定を科学的方法として認知することができる。官能検査とは，先に触れた計量心理学に生理学的方法，統計的方法を取り入れた科学的技法である。

3.4. 官能評価における新しい動きから

官能検査の理論と手法や手続については成書も多く，学会や各種のセミナーなどが開催されているので，積極的に利用することが必要である。官能評価における理論的な成果や新しい手法に関する近年の動きを（1）から（3）に分けて紹介する。

（1）**信号検出理論**（Signal detection theory: SDT あるいは Theory of signal detectability: TSD）**にみられる無理のない理論への回帰**

精神物理学は，被験者の刺激感受性を測定しようとし，人間の精神活動を量的に表現することに成果をもたらした。これら関数式の記述に差はあるものの，刺激の値Sと感覚の値Rが決まれば，閾値S_0が一義的に決定されると読める。しかし先述のように，閾値はパネルに固有のもので，判断が環境から離れていつも一定の心理的事象をもたらすものであろうかという疑問にあたる。

現実にはパネルが疲れているかいないかなど,測定に影響を与える感受性以外の側面によって閾値は異なってくるのであって,パネルの主体的要因を考慮した識別能力を考えることが現実問題としては望まれることになる[17]。閾値の測定などの実験においては,刺激感受性の他の要因が測定事態に混入してくることが通常の事態であり,従来法ではこれらは誤差とみなされ,誤差は分離されることが一般的であった。

もともと,軍事目的で潜水艦をレーダーで観測する際に生じる,目的の艦影とレーダーの走査線上に残る尾の識別ミス,無線信号と雑音の識別問題などに対応するために開発された信号検出理論 SDT では,感受性以外の非感覚的要因もすべてその判断にかかわる要因として考える。

高い有用性を持つこの理論が現在まであまり使われてこなかった理由は,確率論的アプローチのため,実験の試行数の多さや計算の複雑さにあったが,試行回数を少なくするための評定実験(rating scale task, confidence rating procedure)の考案や,コンピュータによるアプリケーションソフトの開発で解決できるようになっている。食物分野においても,SDT の理論背景はよくなじむように思われるが,問題は食物分野の試料では真の刺激とノイズが計測量としてどこまでも同質性を保てるかその保障がむずかしく,実験の設計がうまくできれば魅力的な方法となろう。このような実験計画は相当前に発表された理論であるが,人間に対する負担や無理のない考え方が要請される時代を迎え,再評価されている。

理論的には魅力的であっても,計算の複雑さなどの阻害要因のため利用されなかった手法も含めて,コンピュータ,ことに簡便で安いパソコンの普及により,現実可能性の高まった手法が今後数多く紹介されるだろう。また,日本官能評価学会の設立(1996年)と学会誌の刊行,日本感性工学会の設立(1999年)など関連領域での新たな情報交換の場として学会設立の動きも大きい。

(2) 理化学測定との新しい関係

官能検査と理化学測定との対応をはかるという古典的手法は,長い間官能検査の持つマイナス面の補完の方法であると位置づけられてきた[18]。データ解析に対するコンピュータの有用性を官能評価値と理化学測定値の関係に導入する

ケモメトリックスと呼ばれる手法が提案され[19]，新たな意味合いが二つの測定量の間に付加された。ケモメトリックスは，多変量解析を駆使して官能評価と理化学評価の間の最適のデータ処理を提案するもので，エッグシェルプロットにみられるような複雑なデータの視覚化[20]やパネルチェックプログラムの開発なども含むシステムを構築しており，従来の官能検査と機器分析の関係をパラダイムチェンジした。

このほかの動きとしては，周辺技術開発の進歩が官能検査にも及び，官能検査に代わる方法として人工のセンサ[21]による味の評価が提唱されている。味覚センサーのトランスデューサーとして異なる複数の脂質膜を用いたマルチチャンネル電極は，出力のパタンから味の質と量に関する情報が処理できる。

また，国際的に規格整備の進むなか，官能評価のISO化の動きはJISに代わる評価用語としてその定義のすり合わせの研究を必要としており[22]，日本固有の繊細な食の表現用語とうまくかみ合う定義の明確な国際用語の議論が2000年に始まっている。

(3) 物理的な味覚と生体計測

食品の物理的な性状に由来する口腔内の知覚をテクスチャーと呼び，食品によっては化学的な呈味よりもテクスチャーが味覚に占めるウエイトが大きく，また特に日本人がこの味覚に価値をおいているという認識はこの30年ほどの間にすっかり定着した。テクスチャーの解明に関する方法としても，食品自体の力学的測定から得られるパラメータと，官能評価のパラメータを対応させて相関をみるものが定法となっている。しかしこれは，官能評価と理化学測定の対応という点では，テクスチャーに特化された方法ではない。

これに代わる方法として近年試みられているのが生体計測と呼ばれる方法であり[23]，咀嚼状態を口腔内で直接に丸ごと計測する。複雑な咀嚼運動を再現するには，多数の感圧点での計測が必要になるので，そのデータ処理を可能とするコンピュータの発達があって可能となった方法といってもよい。また，センサーの発達や分析機器の検出精度の向上，口腔内器官と治具の違和感を縮める材料化学の発達などがあって，採用可能性が高まってきたものである。計測装置には圧力センサを口腔内に装着するもの，筋電計を張りつけるもの，磁気

的あるいは光学的に下顎運動を検出する装置によって咀嚼の軌跡を解析するもの，X線投影装置や超音波診断装置による画像解析などが試みられている。従来の機器測定との対応法では検出できなかった咀嚼メカニズムの時系列的な分布や空間分布が明らかにできるようになった。

　原始的な経験則による測定が科学の名を冠した機器の利用により分断されたかにみえた時期もあったが，機器のさらなる発達により感覚の測定が生理学に回帰し，全体システム解明に向けて統合化が可能になる時代を迎えている。

3.5. 再び生理学へさらに情報科学へ

　世紀末の影響からか，味わうことの精神性を強調し食物を心で味わうことが熱く語られている。これを突き詰めて合理的精神によって翻訳すると，心（感覚・知覚・認知）で感じること，すなわち脳で総合的に判断することである。食通とかグルメも舌が優れているのではなく，脳内に蓄積された感覚情報の質・量が異なるのであって，情報量の多さが判断の広さや深みに影響し，蓄積された言葉はその表現で内容に奥行きを与えることができるがゆえに，グルメなのである。

　味覚も含め，感覚の量や質など認知的要素の分析に始まり，さらにはおいしいか，まずいかといった情動的要素の分析までが，大脳生理学・神経科学の分野で急速に進んでいる。図5.1に示したように，味の知覚は食物という物質の属性に由来する味覚反射行動のようなプリミティブなステージに始まり，感覚の認知のステージ，学習・記憶のステージ，体の生理・心理と統合されて快・不快や選択行動を制御するステージまでさまざまな統御機能からなる複雑な脳メカニズムからなる[24),25)]。また，これは"味覚情報"の伝達における上行というパラダイムでとらえられており，食物の認知，獲得行動への意思決定，報酬価の認知などの機序もまた情報処理という言葉でとらえられている。

　味覚研究への大脳生理学の寄与[26)]は以前から非常に大きかったが，精神物理学に始まった閾値など心理量の測定や味覚機序は，図5.1の破線内の部分，すなわち脳内プロセスがブラックボックスに入ったままのアウトプットの域を出ていなかった。そのような時代が長く続いた後，ここ数年進展の速度を速めて

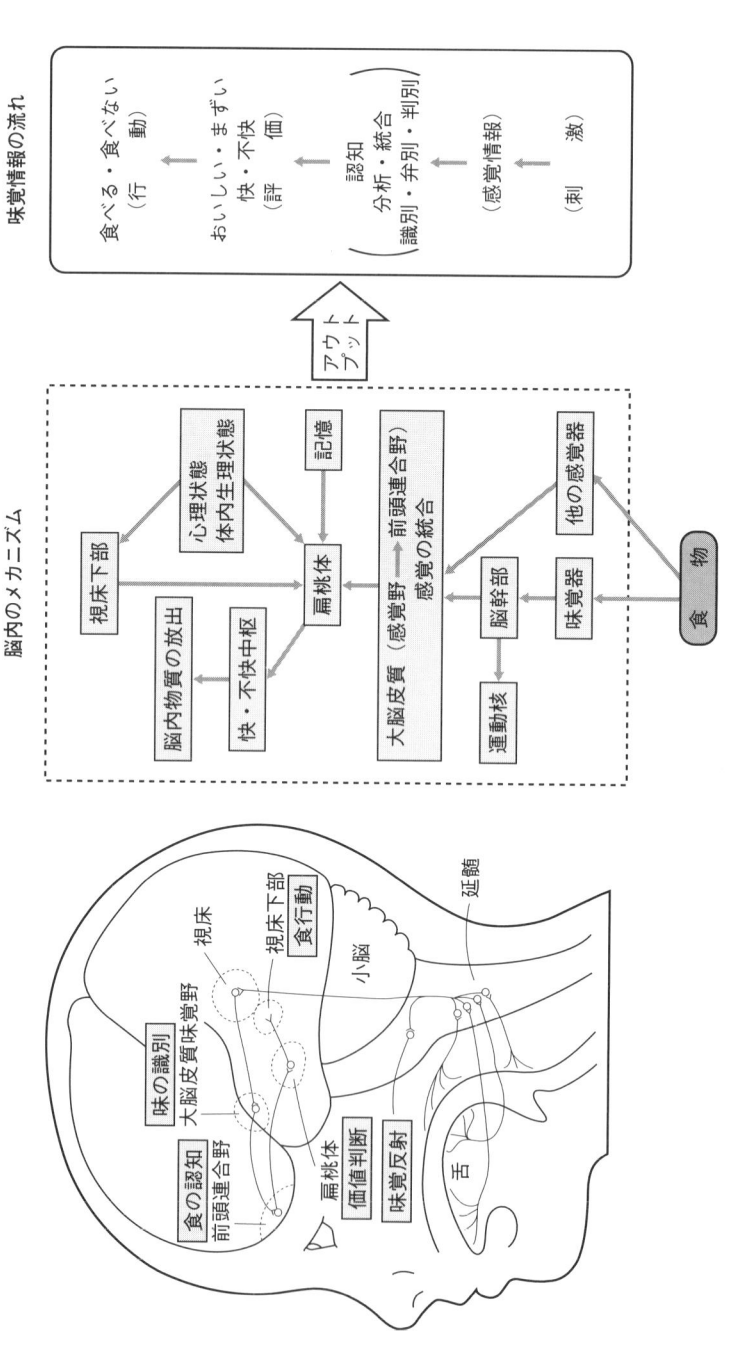

図 5.1 脳内の味覚情報の流れと脳部位の関連

(山本 隆:おいしさを味わう脳の仕組み,食の科学,231, 29, 1997 および
栗原堅三:なぜ人はおいしいものに目がないのか,TQ, 107, 18, 1999 に加筆作成)

いるのは周辺の医学や生理学，電子工学の発達に支えられてのものであり，領域相互の影響がますます大きくなる時代を感じる。山本らは味刺激時の脳磁場の計測から呈味物質による脳の興奮部位を測定し，味の快・不快に関与するメカニズムの解明を始めている。また，摂食の促進や抑制などの制御にベンゾジアゼピン誘導体やモルフィンのような麻薬様物質，ドーパミン系の関与も示唆されており，その他の未知の脳内活性物質が，食物摂取時の快感，恍惚感，愉快な気分などの発現に関与することが解明されるのも時間の問題であろう。化学的な基本味である甘味・塩味・うま味などへの嗜好は，生体維持のための栄養素摂取のシグナルであり，また生得的なものであることは定説になっているが，においのような嗜好要素は，学習のステージで決まることも明らかになっている。

脳というハードウエアは，経験や学習により神経という回路が可塑的に変化し，情報処理がよくなったり悪くなったり，システムが一部変わったり機能上の合目的性を示すということも明らかになってきた。

一方，化学的な味ではなく，食品の持つ流動性や温度など物理感覚に由来すると考えられていた言葉に"のどごしのうまさ"がある。咽頭喉頭部における感覚受容について，ラットやウサギを使って刺激と応答の神経活動の解析パターンから調べたところ，咽頭・喉頭領域には舌前方部を上まわるかなりの数の味蕾が分布しており，水の刺激や触刺激に高い応答性を示す神経繊維が多く，この応答性がのどごしの感覚形成に関与しているという[27]。昔から語られていたビールののどごしのうまさという主観的な言葉の裏づけが，神経科学的方法で客観化した研究例である。このような方向からのデータの集積がかなりの量にのぼり，味の特性・属性の基礎メカニズムが解明されれば，調理学の味覚研究や心理学の一部の地図が書き換えられる可能性も高まる。

4．味覚の評価の新たな構築に向けて

4.1．味覚の数量化の制約

計量化という手法は，明確にアピールできるがゆえに論文として成立しやすい長所があり，ことに調理学に特化された方法論が少ないなかで，味覚の数量

化は最も調理学的な研究に向いた対象である。しかし，数量化がその明快さの"ゆえだけで"なされる研究であってはならず，調理科学研究に身を置くものとして意義ある領域への適用を模索したいものである。ちょうど医学に医学倫理が存在するように，味覚の数量化になじまない分野があるという認識も必要である。果たして計量化しようとしている対象にとって，計量化が必要かどうか，妥当であるのかどうかを常に考える必要がある。近年，調理学の分野でもクロスカルチュラルな研究が盛んになったが，文化比較の領域の実証性を高めるために，意味のない官能測定が採用されるようなケースも見受けられる。官能測定は実施すればとにもかくにも結果が出る。舌の上の比較の先に横たわる仮説はいったい何なのだろうか。

　尺度構成の項でも述べたように，「目的に内在する事象の明快な尺度化」が数量化の目的となるべきである。しかし，数量は必ずしも事象に内在しないから，漠然とおいしさを測定することはありえないし，数量化以外によい記述法が発見できない状況であるのかどうかが検討されるべきであろう。このためには，常に食べるという特性の観察描写とその言語に対する感性を磨いておく一方，官能検査にあたって，SD (semantic differential method) 法やプロファイル (profile method) 法，定量的特性記述分析 (QDA ; quantitative description analysis method) など，対象の特徴を再現性よく描く手法に慣れることも大切であろう。

　また，食物は置かれた場によって価値が異なる。粥を食べるという一般的状況を個別具体的状況に置き換えてみると，災害時の切迫した状況下で振る舞われて食べているのか，入院中に術後の身体状態から選択の余地なく食べているのか，米が少量しか手に入らず仕方ないので増量のために粥にして食べているのか，贅を凝らした和食のフルコースの留めとして食べているのか，高級料理旅館ですがすがしい朝の庭園を障子の向こうに見ながら食べているのか，たとえ同じレシピの粥であっても感じ方は異なるだろう。置かれた状況によって同じものでも価値が異なるのは，生活財のなかでもことに食物についての顕著な特徴であり，味覚の判断が行われる文脈のなかで数量化を考えなければならない。ことに社会的文脈への埋め戻しが必要な時代を迎えているから，行動科学

的な視点での数量化，社会調査の手法による新しい数量化[28]の開拓にも広げていく必要を感じる。

4.2. 調理学的に妥当な感性

　心理学の古典的な手法である実験室における分析は，真の世界における情報の確率的特性を破壊する[29]とか，生態学的妥当性が失われる[30]からといった理由から否定的評価を受けた時期があったという。調理学において，真の世界における情報とか生態学的な妥当性とは何かと考えてみる。この章の範囲で述べるなら，数量化の制約を理解し，食を社会や文化といった全体システムと整合する文脈に埋め戻し，研究に調理学的なまっとうさを込めることではないかと考える。研究者がそのような感性で研究を遂行することではないかとも思う。
　食物の生産段階を川上とすると，調理学は消費という川下のそれも最終段階に位置する。海に注ぐ河口にはさまざまなファクターが入り込むため，ここを科学するために問題を細切れにすることもある。また，調理すること自体は個人的に自由度の大きな領域であるから，いきおい研究への価値判断も要求される。このような条件下にあるが，生産部門である川上の状態は常に川下の状態を規定することは事実であり，川上の健全さへの配慮と関心を欠かすことはできない。研究者としても生活者としても，生態学的に妥当でない川上の不自然なものへの排除の姿勢が求められる時代にある。お菓子のように美しく甘い果物をつくる品質管理，多数回の農薬散布によって果物の品質規格が保たれるような社会資本の投下に違和感を感じる感性が今，必要ではないだろうか。川上に傷のないりんごを要求せず，虫が食って傷があり，不ぞろいで酸っぱいりんごなら熱々の素朴なアップルクランブルに仕上げて食べるたくましい知恵を持ちたい。科学者として計量化という科学的手法の有効性を問うと同時に，生活者として不ぞろいの美学や不均質の哲学を認める感性バランスや知恵が今求められているように思う。
　口の中だけの純粋客観的な評価は果てしなき品質追求に陥り，食糧資源の多くを海外に依存している，というわが国の身分には不相応な行動を生み出す。
　国際性を欠かない開発研究に対する配慮は，次世紀の食研究者の心構えにな

るだろう。モノづくりに追われ，科学技術のプライオリティが重要視されすぎた20世紀への反省を踏まえ，より深く人間探求を指向する次世紀に向けて，人間とモノとの関係性への見直し，再編成が始まる。

（茂木美智子）

〔文献〕
1) 村山篤子・茂木美智子：最新調理科学，建帛社，1990
2) ミュラー（田中良久訳）：感覚心理学，現代心理学入門，pp.2～4，岩波書店，1966
3) 小野　茂：心理学における数学的方法，培風館，1978
4) Helson, H.: Adaptation-Level as Frame of reference for Prediction of Psychophysical Date., *Amer. J. Psychol*., **60**, 1～29, 1947
5) 増山英太郎・三原健太郎：順応水準理論とは何か，日本官能評価学会誌，**1**, 2, 56～61, 1997
6) Stevens, S. S. *ed*.: *Handbook of Experimental Psychology*, John Wiley, 1951
7) 高木貞二：心理学における計量化の研究，東京大学出版会，1971
8) 佐藤　信：官能検査入門，日科技連，1978
9) 古川秀子：おいしさを測る，幸書房，1994
10) 中島義明：実験心理学の基礎，p.84，誠信書房，1993
11) Beebe-Center & Waddel: Standards for use of the gust scale, *J. of Ps*., **28**, 411, 1949
12) 吉川誠次・佐藤　信：食品の品質測定，光琳書院，1961
13) 南　直人：ヨーロッパの舌はどうかわったか，講談社，1998
14) 茂木美智子：ビブリオメトリックス（計量文献学）と調理科学，日本調理科学会誌，**29**, 3, 218～223, 1996
15) 茂木美智子：英国所蔵料理本にみる往時の生活文化の分析，食生活文化に関する研究助成研究紀要，第9巻，財団法人アサヒビール生活文化研究振興財団，1996
16) M.マクルーハン（栗原　裕・河本仲聖訳）：メディア論，みすず書房，1987
17) 神宮英夫：官能評価における信号検出理論の役割，日本官能評価学会誌，**3**, 1, 47～54, 1999
18) 茂木美智子：おいしさの測定法，家政学事典，p.479，朝倉書店，1990
19) 相島鐵郎：ケモメトリックス手法による食品分析・おいしさ評価，pp.1～51,

ISS 産業科学システムズ，1999
20) 内藤成弘：パネルの能力評価法―Eggshellプロット，日本官能評価学会誌，3，1，55～60，1999
21) 都甲 潔：味覚センサ，朝倉書店，1993
22) 太田康弘：食感覚の表現，日本官能評価学会1999年度大会講演集，p.20，1999
23) 神山かおる：食品テクスチャーの生体計測，日本官能評価学会1999年度大会講演集，p.18，1999
24) 山本 隆：脳と味覚―おいしく味わう脳のしくみ，共立出版，1996
25) 山本 隆：おいしさの評価にかかわる脳機構，日本官能評価学会誌，3，1，5～9，1999
26) 河村洋二郎：食欲の科学，医歯薬出版，1972
27) 真貝富夫：のど越しの感覚を探る―咽頭頭部における感覚受容―，日本官能評価学会1999年度大会講演集，p.16，1999
28) 名倉秀子・大越ひろ・茂木美智子・柏木宣久：正月三が日における喫食時刻の時系列解析，日本家政学会誌，50，4，361～369，1999
29) D.J.ワイントロープ・E.L.ウォーカー（浅井正昭・古牧節子訳）：知覚，p.21，福村出版，1982
30) 丸野俊一ほか：ベーシック現代心理学 心理学の世界，p.273，有斐閣，1996

6 食品組織学からのアプローチ

はじめに

　本章の主題は，食品組織学の立場から調理学研究の将来を展望することにある。食品組織学は食品の組織構造を観ることがまず第1ステップであり，その結果から食品成分の分布状態，調理操作と食感を主体とするおいしさとの関連性などを検討し，そのなかから新たな機能特性を創造することが第2のステップになる。その意味でまず，食品の組織構造を正しく認識することが最も基本になる。

　食品は脂肪，タンパク質，炭水化物，ミネラル，ビタミンなどの栄養成分が多様に分散する多成分複合系である。これらの成分のうち，ミネラル，ビタミンなど低分子成分を除き，高分子成分の形態あるいはその分布状態の観察は，医学・生物学の分野で研究された組織学の多くの技法を駆使すれば，ほとんど実現する。これまでに開発されている組織学の技法すなわち，一例をあげれば光学顕微鏡の染色法，電子顕微鏡の試料作製技術などを用いれば，食品素材，加工品を問わずそのマクロ構造からミクロ構造まで，ほとんどの食品について観察することができるといって過言ではない。しかしながら，現状の食品の組織構造については十分に研究されているとはいいがたい側面もある。

　その原因として考えられるのが，観察試料標本作製の煩雑さ，顕微鏡操作の複雑さ，難解な像解釈などが研究の障害になっている。今日，走査電子顕微鏡に限ってみれば，コンピュータ技術の伝播で顕微鏡の操作をパソコンのマウスを通して行うなど，操作そのものはずいぶん簡略化してきており，特別な専門知識を持たなくても観察操作はできるようになっている。しかし，試料調製法は低真空走査電子顕微鏡などの例外を除けば，それなりの処理をしなければ，目的の像を得ることは簡単ではない。また，像解釈においても，そこに潜む人工産物として得られた二次的な像と試料本来の構造を見分けることは，初心者

にとってはむずかしい問題である。

　この背景には，調理科学領域の観察対象となる素材の大部分が生物由来であり，多くの場合，水を含むことに関係がある。含水試料をそのまま電子顕微鏡で観ることは前述の低真空走査電子顕微鏡で実現されつつあるが，それでも長時間の観察はできない。低真空といえども真空下であれば，含水試料は徐々に乾燥する。乾燥すれば試料は収縮し変形する。電子顕微鏡の研究者の間に昔からいわれていたことに，「生のイカを観たつもりがスルメをみていた，鰯を観たつもりが黒こげの目刺しをみていた」という表現は電子顕微鏡で観察する条件の厳しさを表している。

　このような条件下で，試料が変化しないように顕微鏡観察の環境から守らなければ，目的とする試料本来の組織構造を観察することはできない。そのために，試料作製といういばらの道を歩むことになる。これは調理科学の研究者にとって，目的に対して遠回りにみえ，できれば避けたい道であり，もし通るにしても近道を探したくなる。

　ここでは，電子顕微鏡を中心としたこれまでの食品組織学に用いられた試料作製の方法を省みて，将来調理科学にとって必要な技術は何かを展望しながら，これからの調理科学に必要な食品組織学の方向を模索してみたい。

1. 調理学と組織学

　まず，調理学と組織学の関係について整理してみよう。

　調理は食品素材の持っている特性をじょうずに引き出し，目的にあった加工をするための操作と表現することができる。その目的は食材をおいしく食べられるように加工することが基本にあり，次いで栄養吸収性の向上，保存性の付与など多様であろう。加工手段には加熱，撹拌，混合，乾燥，凍結，抽出などの単位操作がある。これらの操作の過程で素材の組織構造は変化し，ある場合にはまったく新たな構造がつくり出され，その結果として，素材とは異なる食感が付与される。

　得られる加工品の品質の評価は，調理人の世界では五感を中心に主観的に評価するのに対し，調理学の立場では，機器測定，複数のパネリストによる官能

評価法などの方法で定量化する。図6.1の「素材選択」⇒「調理操作」⇒「品質評価」の流れのなかに，調理の操作によって「構造形成」され，それによって「物性発現」が起こる。これを機器測定を中心としたそれぞれの客観的測定法あるいは官能検査を中心とする主観的方法で評価する。

　実際の研究対象としては，構造形成を顕微鏡的に解明し，物性発現は専用装置を用いて主として力学物性を測定する。その結果，得られるストラクチャーとテクスチャーの情報を解釈し，個々の関係を整理することが，調理操作と品質評価の因果関係を具体的に説明できる有力な判断材料になる。

　調理操作，調理手段を科学的・技術的観点から検討しその合理性を追求する調理工学の立場で，矢野[1]は構造の把握が調理操作と品質の因果関係を説明する重要なキーであると以下のように主張している。食品を「品質設計」するという考え方でみると，具体的に設計の対象になるのは成分組成とその空間構造である。空間構造とは食品の構造そのものである。調理操作によって成分の空間構造が変化し，それに伴って物性も変化する。物性のなかで硬さ，もろさ，粘りなどの触感的評価の複合的性質であるテクスチャーが，品質設計のなかで大きなウエートをしめる。このテクスチャーを設計する指向は，次の2点に集

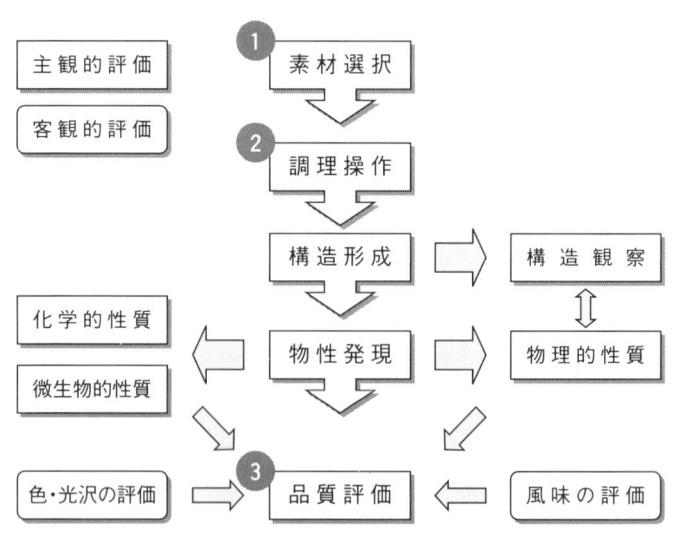

図6.1　調理と評価の関係

約される。①テクスチャーの評価と食品の組成・構造の対応を明らかにする努力。②指定された組成・構造を実現する手段を準備する努力。このうち，①の「テクスチャーの評価と食品の組成・構造の対応を明らかにする」ことが，調理学における食品組織がめざす当面の方向であり，その成果が，②に生かされることになる。これが調理学における組織学の一つの意義でもある。

2．観察方法の選択肢

　前述のように調理学で対象とする食品素材は生物由来が多く，大部分が水を含む多成分系である。現状の顕微鏡試料作製法では一度にすべての成分を残して観察できる方法は少ない。研究目的からみて多成分のなかで何を対象とするか，残すべき成分と除外してもかまわない成分の選択が必要になる。そのなかから観察方法と試料作製法が選択される。

　研究の目的と観察しようとする対象の食品成分が決まれば，それを達成できる観察方法とそれに見合った試料作製方法を適切に選択する。実際のステップとしては，表6.1に示すように，まず，試料側の条件を整理する。食品の成分では特に水，脂肪の多少，結晶か非晶質かなどを見きわめ，次に，そこから得ようとする情報を適切に引き出すためにどの部位を観察するか，たとえば，

表 6.1　観察対象と観察法の関係

試料側の条件		観　察　法	
試料の状態	観察対象	顕微鏡の種類	試料作製方法
①含水／乾燥 ②脂質の有無 ③結晶／非晶質 ④導電性／非導電性	①表面／内部 ②マクロ／ミクロ ③生／凍結／乾燥	①光学顕微鏡（生物／位相差／偏光）	切片／染色
		②共焦点レーザー走査顕微鏡	蛍光
		③透過電子顕微鏡	超薄切片／シャドウイング／凍結レプリカ／ネガティブ染色
		④走査電子顕微鏡（低真空／クライオ）	凍結乾燥／臨界点乾燥／凍結割断クライオ
		⑤走査プローブ顕微鏡（走査トンネル／原子間力）	大気圧／真空／水中

表面の観察か内部の観察か，マクロ構造かミクロ構造か，また，試料の状態により生のままずなわち，含水した状態のままみるか・凍結してみるか・乾燥してみるかの選択肢がある。観察に用いる顕微鏡は大別して光学顕微鏡，電子顕微鏡，走査プローブ顕微鏡があり，それぞれの観察法，試料処理法がある。

具体的には対象試料の状態と観察部位により試料作製方法は，電子顕微鏡に限ってみれば，さらに6区分に整理（表6.2）できる。

表 6.2　観察部位と電子顕微鏡における試料作製法

観察部位	観 察 時 の 試 料		
	脱　水・乾　燥	凍　　結	含　　水
表　面	・シャドウイング法（TEM） 　低角度回転蒸着法（TEM） ・レプリカ法（TEM） ・コーティング法（SEM）	・クライオSEM法	・低真空SEM
内　部	・切片法（LM） ・超薄切片法（TEM） ・ネガティブ染色法（TEM） ・t-ブチル凍結乾燥法（SEM） ・臨界点乾燥法（SEM）	・凍結レプリカ法（TEM） 　フリーズレプリカ法 　フリーズエッチング法 ・クライオSEM法	

（注）　TEM：透過電子顕微鏡，SEM：走査電子顕微鏡，LM：光学顕微鏡

6区分のなかで唯一の空白がある。含水試料の内部を観察する方法は，試料の自然な状態を維持して，細切する適切な方法が不十分で，今後の課題になっている。含水したままで観察する方法は，低真空走査電子顕微鏡が実用化されている。これによる表面の観察は，細切した試料を試料台にマウントするだけで，無蒸着でも簡単に観察できるようになった。しかし，内部の微細構造を観察するには限度がある。植物試料のような固い細胞膜からなる組織では，カミソリで切断しても試料に変形はないが，カミソリをあてただけで変形するやわらかい組織では，自然な状態のままで観察面を剖出することは簡単ではない。これからの新手法の開発が必要である。

次に，食品の観察によく応用される表6.2に示した試料作製法を紹介しながら，そのなかで将来，何が必要かを考えてみよう。

3．食品に利用されてきた電子顕微鏡観察法と将来像

　食品の組織・構造を観察する対象試料の状態は前述のように，乾燥・凍結・含水の3種の状態に分けられる。このなかで乾燥状態で供給される試料，たとえば米粒，小麦粉，澱粉，粉乳などの素材の外観を観察するには，走査電子顕微鏡を用いると比較的簡単にできる。試料作製のうえで最も問題になるのは含水状態の試料である。ここでは含水試料に着目して稿を進める。

　水を含んだ試料を観察する場合も，乾燥・凍結・含水の3種の状態で観察することが考えられる。各状態で良好な観察を可能にするために，解決しなければならない試料作製上のキーワードは，それぞれ，表面張力，氷結晶成長防止および飽和蒸気圧である。

　まず，含水試料を乾燥するのにかかわる「表面張力」は，試料中の水分蒸発，あるいは試料を液体中に浸漬し，その液体を蒸発させる際に表面張力の影響を受ける。これによる試料表面の変形を解消しなければならない。次の凍結試料の観察では，凍結時の氷結晶の影響を受ける。「氷結晶の成長をいかに小さく」し，ビトラスアイス（vitriace ice：ガラス状の氷）をつくるにはどうするかが課題になる。最後に，含水のまま観ることにかかわる「飽和蒸気圧」は含水試料を真空下で乾燥させないように観察するには，その圧力で飽和蒸気圧以下になるまで試料温度を低くする必要がある。

3．1．脱水・乾燥試料の観察法
（1）透過電子顕微鏡による方法

　電子顕微鏡の試料調製法を歴史的にみると初期のころはすべて脱水・乾燥してから観る方法である。光学顕微鏡のパラフィン包埋に代表される切片法が電子顕微鏡の世界に応用されたのが1948年で，その後メタクリル樹脂包埋法（1949年），エポキシ樹脂包埋法（1956年）が開発され，それまでのシャドウイング法に加え超薄切片法が生物分野に広く普及した。そのなかにはガラスナイフの実用化（1950年），ダイヤモンドナイフおよび，ウルトラミクロトームの開発（1953年）があり，固定法として四酸化オスミウム（1950年），グルタール

アルデヒド（1963年）の開発も重要な役割を果たしている。このように乾燥して観察する方法は20世紀半ばに開発され，組織学発展の開拓者の役割を果たし，完成度が高く改良の余地は少ない。以下，試料処理の過程における注意点を述べる。

1）超薄切片法　電子顕微鏡の超薄切片法は光学顕微鏡の切片法と同様で，含水試料を固定・脱水した後，脱水剤を包埋剤に置換し，その包埋剤を硬化させてから薄切する。乾燥はしないが，脱水により試料中の水を除去する。走査電子顕微鏡が1966年に実用化されるまでの期間は切片法が多く用いられ，多数の食品素材が観察され食品学の基礎に貢献している。その例は野菜，豆類，海藻類，食肉とその加工品，魚介類，などとひろく成書[2)～4)]にも紹介されている。

試料の調製方法は包埋剤であるエポキシなどの合成樹脂を試料中に浸透させなければならないので，あらかじめ，試料の水分を合成樹脂の溶媒と置換するいわゆる脱水をする。そのため全体の処理工程は，固定，脱水，置換，包埋，薄切，マウント，電子染色，観察となり長い。

超薄切片法は改良の余地が少ないと考えられるが，これまで応用されてきた対象は，主に病理組織などの細胞あるいはその内部器官であり，食品素材に応用する場合には，それなりの検討が必要である。特に，固定，脱水までの処理時間は他分野の情報を鵜呑みにすることなく，その情報を参考にしながら，独自の条件を検討することが大切である。

各処理の時間は試料の大きさに関係する。病理組織標本を包埋する場合の試料は，実体顕微鏡下で0.5mm角以下に細切することが多い。食品の場合，広い視野を一度に観ようと大きな試料に細切すると，後の各操作の時間は病理組織の場合と同じ条件ではない。試料の大きさと処理時間の関係は，目安として2乗に比例する。すなわち，通常の脱水操作で，0.5mm角で15～20分間の処理時間であれば，大きさが2倍の1mm角になれば4倍の時間，1時間以上が必要になる。多分野の成功例をそのまま応用することなく，じょうずに入手しなければ失敗に終わることも珍しくない。

2）低角度回転蒸着法　1942年に開発されたシャドウイング法は，静止した試料に対して30～60°の高角度から蒸着するのに対し，この方法は回転する試

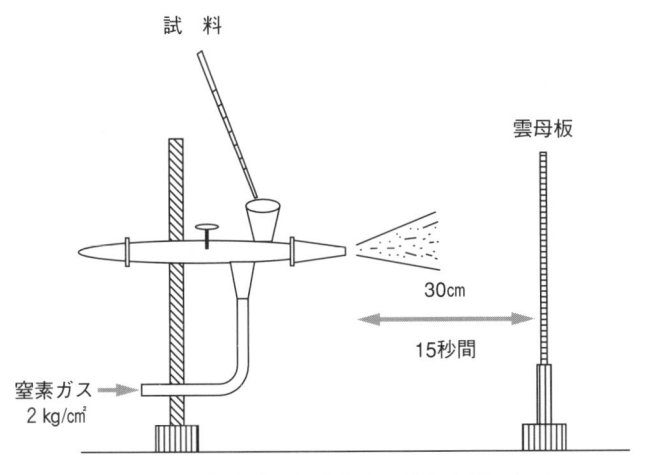

図 6.2　低角度回転蒸着法の試料噴霧の方法
（雪印乳業・相良康重氏ご好意による）

料に10°以下の低角度から蒸着する。これにより10nm以下のタンパク質の分子レベルの微小形態が検出できる。

　低角度回転蒸着法は精製した試料分散液を雲母板の劈開面に噴霧し（図6.2）乾燥後，真空蒸着装置を用い回転する試料に白金を蒸着し，さらにカーボンで補強してレプリカ膜をつくる。このレプリカ膜を観察する。この点からみると，蒸着法ではなくレプリカ法ということもできる。シャドウイングは古くから用いられていたが，試料分散液中にグルセリンを加えることで，試料のコントラストが高くなったほか，対象試料が均一に分散するようになったことから，その応用範囲が広がり，分子レベルの観察に多用されるようになった。

　観察できる限界の大きさは，蒸着する白金粒子の大きさが2nm程度になるので，分子量1万以下のものはバックグラウンドと区別することがむずかしくなり，タンパク質であれば分子量5万程度が限界である[5]。

　食品素材ではタンパク質のほか，ゲル化剤，安定剤，デンプンなどの多糖類の希薄溶液の観察に応用でき，κ-カラギーナンの分子鎖の観察例[6]があり，ネガティブ染色法と並び4次構造の観察に必須の方法である。

　3）**ネガティブ染色法**　1959年 Brenner により開発された方法で，その前年，Watson により始められた電子染色法が，試料をポジティブに染色するの

に対し，この方法は試料の周辺を染色し，試料自身は染色されないことからこの名がつけられた。

この方法も前法と同様に微細分散粒子の形態観察に適している。特にシャドウイング法は粒子の外観だけの情報しか得られなかったのに対し，この方法は試料内部の微細構造の情報も得られる利点がある。

ネガティブ染色法は数ある電子顕微鏡の試料調製法のうちで，最も短時間に処理が終了するので，良否の判定がすぐに得られる。くり返し試すことで必ずよい結果が得られる。

ネガティブ染色の操作法は何通りかあり，試料と染色液の相性で選択する。たとえば，支持膜を張ったグリッド上に試料分散液を1滴とり，①直ちにネガティブ染色液を数滴滴下し，素早く余分な染色液を濾紙で吸い取り乾燥する，②試料分散液をそのまま乾燥しその後で染色液を滴下し，余分な染色液を濾紙で吸い取り乾燥する，③グリッドをパラフィルム上の1滴の染色液面にかぶせ，20～30分放置した後，濾紙で染色液を吸い取り乾燥する，など種々の方法があるが，いずれにしても，試料濃度，染色液に用いる酢酸ウラニル，リンタングステン酸の濃度などにより，染色時間が微妙に変わってくるので予備実験をくり返すことが必要になる。

観察に際しては，強い電子ビームを照射しないように注意する必要がある。ビームダメージでネガティブ染色液の薄墨のような滑らかなハーフトーンが，粒状に変化し，あたかも試料の粒子と見間違えることもある。

この方法を応用しHaradaら[7]はカードラン，寒天，κ-, ι-, λ-カラギーナン，コンニャクマンナン，キサンタン，プルラン，デキストリン，アルギン酸ナトリウム，LMペクチン，ローカストビーンガム，各種糊化デンプン，アミロースと，多くの食品素材の構造を観察している。

食品素材の高分子成分の高次構造はX線回折法で解明されているものが多くあるが，不定形物質はこれには該当しない。また，食品中にある最小単位はモノマーで存在することはほとんどない。たいていは会合体，あるいは複合体を形成し，それらがさらに凝集して大きな粒子となり，その粒子が連なって網目構造をつくる。たとえば，チーズ，ヨーグルト，豆腐などがこれに該当する。

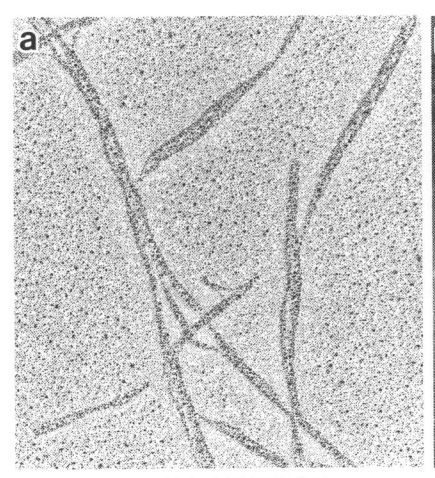

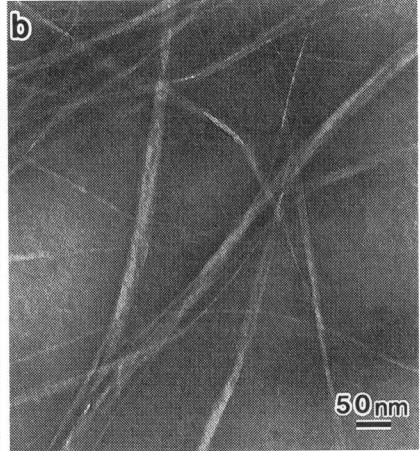

a．低角度回転蒸着法　　　　　　b．ネガティブ染色

図6.3　低角度回転蒸着法とネガティブ染色によるジェランガム
(雪印乳業：相良康重氏のご好意による)
(小川悦代・松沢英世・岩橋槇夫・相良康重ほか：ジェランガムのヘリックス-コイル移転に関する研究，高分子学会第48回大会予稿集，No.3，p.604，1999)

　食品の食感に影響を与える構造体の構成単位を知るには，4次構造を観察できる手法を応用すれば可能である。容易ではないが，さらなる活用が望まれる。
　図6.3にジェランガムの希薄溶液をシャドウイング法と低角度回転蒸着法で観察した例を示す。低角度回転蒸着法ではジェランガムの形状が直線的な剛直な線維状であることが観察できるが，その線維状物が単数の分子鎖からなるのか，複数の分子鎖が束状に集合しているかの判別はできない。しかし，ネガティブ染色法では染色剤が分子鎖間の親水性領域に浸入し黒く観察され，ジェランガム自体は白く観察されるので，複数の分子鎖が束状になっている（図6.3b）ことがわかる[8]。

(2) 走査電子顕微鏡による方法
　1962年に走査電子顕微鏡が登場してからは，それまでの超薄切片法などに比較して，①試料作製操作が比較的容易，②低倍率でのマクロ構造からミクロ構造まで観察が可能，③得られる立体的像の像解釈が簡単，などの理由から，食品の観察にも急速に応用範囲が広がった。

走査電子顕微鏡で最初に試みられた方法は，含水試料を乾燥して観察する方法であった。その概要はそれまで超薄切片法で行われていた固定・脱水法を踏襲し，その後に乾燥する方法で，乾燥する方法だけが新規であった。

　乾燥の際，脱水剤に浸漬した試料を単に蒸発させて乾燥すると，蒸発に伴って脱水剤の気液界面が下がりながら試料表面を通過する。そのとき，試料表面は表面張力の影響を受ける。試料表面に細い線維状の構造物がある場合には，それらは不自然に束ねられたようになり，水中で存在していた形態を保持できなくなる。この表面張力の影響を受けないように乾燥するように考案されたのが臨界点乾燥法と凍結乾燥法である。

　1）臨界点乾燥法　　この方法は密閉容器に液体を入れて加熱すると，臨界温度以上になると，その液体の界面が消失することを利用している。密閉容器中液体は臨界温度以上になると，その密度が液体でも気体でもない性質になる。その状態から温度を上げて気体にすれば，表面張力が働かない状態で乾燥できる。この性質を乾燥に利用したのが臨界点乾燥法である（一般に用いられる二酸化炭素の臨界温度は31.0℃，臨界圧力は72.8kg／cm^2である）。

　臨界点乾燥法は正規の処理が行われると，理想的な乾燥が可能であるが，操作上チェックしづらいところに落とし穴が潜んでいるので注意を要する。

　その一つが圧力容器内の液体炭酸と炭酸ガスの体積比である。臨界状態で液体でも気体でもない状態をつくるとき，試料はその液体に埋没していなければならない。容器内で液体の比率が多い場合は，温度を上げ臨界点に到達すると液体が瞬時に相変化するので，界面張力の影響を受けない。しかし，逆に液体が少ない場合は，温度を上げる過程で液体の体積が減少するので，気液界面が試料表面を通過し，その後に相変化するので，界面張力の影響を受けることになる。そのため，圧力容器の中の2／3は液体で満たしてから温度上昇させることが必要になる[9]。

　さらに，ガス状になった炭酸を容器の外へ放出する際の速度も注意点になる。ガス放出前の容器内は臨界点以上の高い圧力になっている。その圧力から短時間に大気圧に戻すと，そのとき，試料は膨張する可能性がある。30分間以上の時間をかけて徐々に圧力を低下させる。

2）t-ブチルアルコール凍結乾燥法　本法は操作が簡単であり，初心者でも臨界点乾燥法のような失敗の可能性がないので，最近よく用いられている方法である。

実際の操作は脱水に引き続きt-ブチルアルコールと脱水液を置換する。凍結の際にはt-ブチルアルコールの量は試料が隠れる程度の少量にし，凍結乾燥時間が短時間で終了するようにする。凍結は急速にする必要はないので家庭用の冷凍庫で十分であり，凍結乾燥時の真空度はロータリーポンプを用いる程度の真空度でよい。昇華したt-ブチルアルコールはロータリーポンプの油に溶解するので，トラップを使用するとよい。

3.2. 凍結試料の観察法

アイスクリーム，冷凍食品などの氷の形態観察には凍結状態を維持して観察する必要がある。また，多くの水を含む食品も凍結観察法が適している場合がある。たとえば，ゲルのような高水分の素材を固定・脱水・乾燥して観察すると，含水状態とは異なる構造に変化することがある。この場合は脱水せずに水和状態のまま凍結固定することが，水和した構造を観察するのに有効である。

凍結観察法には透過電子顕微鏡ではフリーズレプリカ法，走査電子顕微鏡ではクライオ走査電子顕微鏡（以下，クライオSEM）法がある。どちらも凍結の際に試料中の水が結晶化せず，ガラス状の氷にすることが操作上の最大の注意点であり，この点が像解釈のうえでも重要である。

水を凍結すると常圧では六方晶系の氷Ⅰになり[10]体積が約9％増加し比重が1以下になる。このとき水中に分散している成分は，氷結晶界面に濃縮され析出する。この状態を電子顕微鏡で観ると析出した物質がフィルム状に氷結晶のまわりを囲む。六方晶系の氷結晶は断面が六角形となり，それが連なりきれいな蜂の巣状に観察される。これは同じ試料を同じ条件（大きさ，凍結速度など）で凍結すれば再現性が得られ，一見正しい結果と思われがちであるが，氷結晶由来のアーティファクト（人工産物）であるから，気をつけなければならない。

氷結晶の成長を防ぐ方法としては，①凍結速度を速くする。②氷結晶成長防止剤を使用する。③加圧下で凍結する。④マイクロ波下で凍結するの4通りの

考え方がある。凍結技法が開発された1957年以降これまでは主に①,②の方法が多く用いられてきたが,今後は③,④の方法の発展が期待される。

③,④の両方法ともに水の結晶化を物理的に防止する方法で,水分子が規則的に配列して結晶化することを,圧力,磁場の作用で水分子に不規則な運動を与え,結晶化を防ぐ方法である。

加圧凍結法は1989年 Moor によって開発され,現在専用装置が市販されている。この方法は 210MPa の圧力で加圧した試料に冷却した寒剤を吹きつけ,瞬時に凍結する。試料を加圧するチャンバーが小さいので大きな試料は挿入できず,透過電子顕微鏡用のフリーズレプリカ法などに用いられている。

マイクロ波下での凍結は水分子が双極子であり,磁場では水分子を一定の方向に配列させる運動をくり返す。この状態を維持して凍結すればビトラスアイスをつくることができる。実用機は販売されていないが,加圧法に比べ試料の大きさの制限が少なくなる可能性があり,これから発展が期待できる凍結方法である。

(1) フリーズレプリカ法

透過電子顕微鏡で凍結試料を観察するこの方法は,1957年 Steere によって開発され,当初はフリーズエッチング法と呼ばれた。単に凍結割断してレプリカ膜を作製するフリーズフラクチャー法,エッチング(昇華)の程度の大きい場合に称するフリーズフラクチャー・ディープエッチング法もすべて同じ方法で,エッチングの量が違うだけである。

実際の操作は微小な試料を氷結晶が生成しないように凍結し,専用装置内の試料台に載せ,冷却されたナイフで割断する。このとき,ビトラスアイスの領域は表面のごく限られた層にしかない。たとえば,現在最も理想的な凍結が可能と思われる加圧凍結でも,表面から100 μm までの層しかビトラスアイスにならない[11]。これより内側では氷結晶の影響を受けていることになる。

次に,エッチングの操作で水が存在していた部位を昇華して,内部構造を露出させた後にレプリカ膜をつくる。このとき,試料を回転させる場合と,静置して蒸着する2法がある。ディープエッチングの場合には斜めから回転蒸着を行い,微細な凹凸の周囲に満遍なく蒸着粒子が行き渡るようにする。その後に

カーボンを真上から蒸着し保護膜とする。ここまでを装置内で行い，次に，試料を取り出し，レプリカ膜だけを回収する。

　フリーズレプリカ法で最もやっかいなのが，このレプリカ膜を試料面から剥離して汚れのない状態にすることである。試料を溶剤で分解するために，多成分系の試料では，溶剤と水洗を何回もくり返すことになり，この過程でレプリカ膜がちぎれることが多く，低倍率の観察が困難な原因となっている。

（2）クライオSEM法

　フリーズレプリカ法を高倍率観察用の方法と位置づけると，本法は低倍率用の観察法といえる。たとえば，ホイップクリームの気泡，アイスクリームの氷結晶など100 μm レベルの観察にはこの方法が最適である。本法は1971年根井らによって開発され，試料を化学固定せずに，急速凍結し直ちに冷却ステージを持つ走査電子顕微鏡体内に入れ，冷却したナイフで割断し観察する。試料の前処理も短時間で終了するので，早く結果を求めるときに適している。

　水の多い試料の凍結割断面を観察すると，ガラスの破面に似た構造が観えるだけで，内部の構造が露出しないことが多い。この場合，エッチングという昇華をすることで内部構造を露出させてから観察する。実際には試料の温度を少し上げ，氷を昇華させ，試料の内部構造が露出した立体的な面をつくる。このことは別な言い方をすれば，凍結乾燥した面を観察していることになる。

　最近，高分解能走査電子顕微鏡に振動の少ないクライオステージを装着したクライオ SEM では，5万倍以上の観察も可能で，分解能的にフリーズレプリカ法と同等になってきている。レプリカ膜で洗浄という困難な作業面を考えると将来的にはクライオ SEM が凍結手法の主役になる可能性がある。

　クライオ SEM 法を食品の系へ応用した例として，ゆで麺，米飯中のデンプンの水和状態を観察した報告がある。

　ゆで直後の麺には水分勾配があり，これが経時的に平衡化することでコシがなくなると考えられている。ゆで直後の麺を凍結して観察すると，うどん表面の高水分領域と，内部の低水分領域の境界と考えられる帯状領域[12]が存在する（図6.4 a）。この水分勾配の境界は最近，NMRイメージン法によっても確認されている[13]。また，ゆで麺内部の1個のデンプンに着目すると，デンプン粒

の中にも水分勾配が認められ，表面が高水分でゆるやかな組織であり，中心部が低水分で緻密な組織になっている（図6.4b）。このような，ゆで直後のデンプンの水和構造は経時的に変化し，中心部の緻密な部分の面積が減少し，麺の硬さの低下につながることが明らかにされている[12]。

米飯のおいしさの尺度の一つに硬さと粘りがある。この硬さと粘りはデンプンの水和構造に関連し，麺と同様に，1個のデンプン粒内の組織の疎密に影響される。炊飯の加熱時にデンプン粒の中に，多くの水が浸入すると，デンプン

矢印：起泡

a．うどん断面全体像における帯状領域
　（水分勾配の境界）

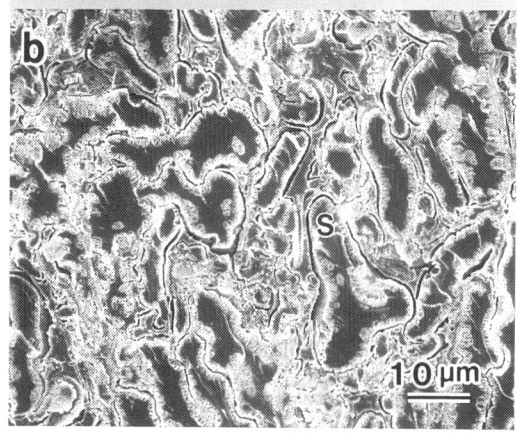

S：水和糊化したデンプン粒

b．断面中央部の拡大像

図6.4　ゆでウドンの凍結観察像
（木村利昭・藤原正弘・小川敬子・藤野良子ほか：走査電子顕微鏡による茹でうどんの構造観察，日本農芸化学会誌，70，1343〜1350，1996）

の膨潤が進み食感がやわらかくなる。このようなデンプンを凍結して観察すると，自由水の多い部分は氷結晶が生成し，エッチングすると空隙になり，自由水の少ない部位との違いは明瞭に判別することができ，炊飯時の火力，品種の差を考察できる[14),15)]。凍結の際，その速度が遅くなると，自由水の少ない部分にも大きな氷結晶が生成し，蜂の巣状の網目構造が形成される[16)]。ここで生成する氷結晶の大きさは自由水の量に比例するであろうが，試料本来の構造ではない。糊化したデンプンのように高水分の試料では，水の存在状態によって観察像が大きく変化するので，像解釈に注意を要する。

　凍結観察手法には低倍率，高倍率の観察に適したおのおの，クライオSEM法，フリーズレプリカ法があることを述べた。この二つの手法で同一試料を観察するシステムがFujikawaら[17)]によって開発されている。装置としては従前のクライオSEMの金属コーティング部にフリーズレプリカ用の電子ビーム蒸着装置を付加したものである。走査電子顕微鏡用の金コーティングではレプリカ膜が得られないので，コーティング材料として白金・カーボンを用いてシャドウイングしレプリカ膜を作製する。これを直に走査電子顕微鏡で低倍率の観察をする。その後いったん，試料を取り出し，レプリカ膜を試料から剥離・洗浄しメッシュにすくい取り，次に透過電子顕微鏡で観察する。走査電子顕微鏡像に対応した部位を高倍率で透過電子顕微鏡で観察することができる。

　従来，同一試料を走査電子顕微鏡と透過電子顕微鏡で観察するのは不可能であったが，この方法ではそれがみごとに実現する。今後の発展が望まれる方法である。

3.3. 含水試料の観察法

　食品に限らず生物分野で研究するものにとって，水を含んだ目的の試料を，脱水・乾燥せずにそのままの状態で観察するのが究極の方法である。電子顕微鏡は高真空の世界というのが一般的であるが，これまで透過電子顕微鏡で環境制御型TEMとして試料室の真空度を下げる試みがなされており，技術的には完成しているが，実用機器としては販売されていない。同じ試みが走査電子顕微鏡でもなされ，1981年 WET-SEM®として販売されてから，現在では低真

空SEMとして複数の会社から販売されている。

◇低真空走査電子顕微鏡

　電子顕微鏡で水を含んだままの試料を観察するのは低真空走査電子顕微鏡（低真空 SEM）が最も現実的で，従来の高真空走査電子顕微鏡の試料作製において必要であった，固定・脱水・乾燥の前処理がいっさい不要である。試料を必要な大きさに切り，試料台に載せ，ステージに装着するだけで観察が可能になる。

　試料の前処理が不要なのは，観察中に試料中の水分が蒸発しづらいように，走査電子顕微鏡試料室の真空度だけを10～270 Pa と低く設定しているからである。電子銃など電子光学系は高真空走査電子顕微鏡と同様に10^{-3}～10^{-4}Paの真空度に保たれているが，対物絞り部分で差動排気を行い，試料室では別系統のロータリーポンプで排気するので低真空になる。

　このような特殊な性能を持った走査電子顕微鏡は，①WET-SEM®，②チルド SEM，③低真空 SEM，④E-SEM（環境制御型 SEM）との呼称で販売されている。

　これら装置の特徴としては，観察に用いる結像媒体の電子は①から③が反射

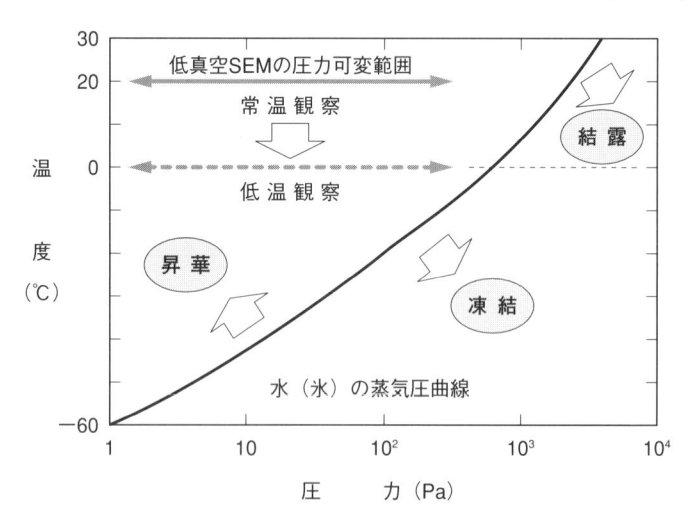

図6.5　水の状態図
（日本サイエンスシステムズのご好意による）

電子（後方散乱電子）で，④は二次電子である。反射電子は電子銃から試料に入射した電子が，試料表面の原子に衝突し弾性散乱したもので，エネルギーが入射電子と同程度で大きく，残留するガス分子の影響を受けにくいので，低真空下でも像形成できる。しかし，分解能は反射電子が入射した位置から離れたところからも放出されるので，二次電子の場合より低下する。シンチレータ型反射電子検出器の場合の，実用的な観察倍率は決して高くない。また，低真空下でも長時間観察すると，試料中の水分は蒸発する。これをできるだけ少なくするために，試料ステージを－20℃程度の低温に制御する機構を備えたのが，②と④である。水の蒸気圧曲線（図6.5）からみて，圧力が270 Paであれば－20℃以下になると水は蒸発しない。この温度以下に試料を冷却すれば，乾燥しない試料を観察できる。

1）低真空SEMのメリット　　低真空SEMで観察する場合には試料の導電性も必要としないので，コーティングの前処理が不要である。一般に導電性のない試料を直接観察すると，試料がアースされない状態にあるので，入射電子が試料内部に蓄積し帯電するいわゆる，チャージアップ現象が生じる。その結果，観察像のコントラストの変化，像が途切れるなどの異常現象が現れる。このため，通常の試料作製過程では導電染色，金属コーティングで試料に導電性を付与する。

低真空SEM試料室の圧力範囲ではそこに存在するガス分子が電気的に導電性を持っているので導電処理が不用になる。また，試料と対物レンズの空間に電場ができ，そのなかで残留ガス分子が電子によってイオン化される。プラスに荷電したイオンは試料に引きつけられ，試料表面のマイナス電荷を中和するので，チャージアップ現象は発生しない[18]。このことが低真空SEMの試料調製が簡単にできる理由の一つである。

2）低真空SEMの観察例　　酒米の一種である山田錦の心白部分[19]と，麹菌が山田錦の蒸米表面に繁殖している様子[20]を低真空SEMで観察した例を示す（図6.6）。酒造り好適米として有名な山田錦は米粒の4割程度が心白米である。そのアミロプラストは普通米が石垣状にすき間なく充満し多面体であるのに対し，心白米のアミロプラストは球面体である（図6.6a）。そのためアミ

矢印はデンプン粒があったことを示す。　　矢印：こうじ菌の菌糸体
　　ａ．洗米後の心白部のアミロプラスト　　　ｂ．胚乳細胞内に伸長した麹

　　図6.6　山田錦心白部のアミロプラストと麹菌の低真空走査電子顕微鏡像
　　　　　　　　（日立サイエンスシステムズ：和田正夫氏のご好意による）
　　　（a：木村利昭：食品・調理・加工の組織学，pp.5〜19，学窓社，1999）

ロプラスト間にはすき間があり，水の浸透が容易になり米粒に亀裂が入りやすくなる。これが麹菌が米粒の内部まで繁殖する「はぜ込み」のよい原因の一つといわれている。心白部分が白く見えるのも，アミロプラストが球面体でその表面で光が乱反射することに由来する。

　　3）低真空SEMの将来　　低真空SEMでは，自然な状態のままの観察面を露出させることが注意点となる。通常の乾燥法では脱水の途中に，アルコール凍結割断，あるいは樹脂割断によって任意の面を得る。また，凍結観察法でも観察前に割断する。凍結割断では試料が物理的に固定され，硬くなっているので，割断時にナイフが試料の端に食い込み，大部分の面にナイフの刃が接触することなく，自然な割断面が得られる。

　しかし，低真空SEM法では凍結固定もしないので，試料がやわらかなままである。破断することはほぼ無理である。切断するようになる。植物試料のような硬い細胞壁を持った試料では，比較的自然な切断面を出すことができるが，こんにゃくのようなやわらかい試料は，ナイフを往復させて切るとナイフマークが波のように入り，自然な面を得ることがむずかしい。

できるだけ自然な面をどのように露出させるかが,まだ確立されていない点であり,この点は,試料作製法として,開発が必要な部分である。

低真空SEMを発展させた新しい走査電子顕微鏡すなわち,カラー走査電子顕微鏡（カラーSEM）が開発されつつある。カラーSEMはOhoら[21]が1996年に提唱した光学顕微鏡と走査電子顕微鏡の長所を組み合わせたハイブリッドタイプの電子顕微鏡である。光学顕微鏡は色の情報をとらえられるので組織化学的な各種の染色技法を生かすことができる。一方,走査電子顕微鏡は深い被写界深度で,凹凸の差が大きい試料でも上部から下部まで,一度に焦点のあった像が得られる。この両者の長所を組み合わせたものがカラーSEMである。

図6.7はカラーSEMでホップ雌花の包葉の観察に応用した例[22]である。aは光学顕微鏡の一種であるビデオ顕微鏡で観察した像であり,試料表面の色は自然の色を再現するが,被写界深度が浅いためボケた部分が多い。bは−20℃,真空度50 Pa,加速電圧15 kVで観察した反射電子像で,焦点は視野全体にあっているが,色の情報はない。cはSEM像から抽出したハイライト成分で,dはaとcを合成したカラーSEM像である。これはビデオ顕微鏡像を明度成分と色彩成分に分離し,さらに明度成分をハイライト成分とブライトネス成分に分け,そのハイライト成分とSEM像のハイライト成分を入れ替えて合成された像である。試料本来の色を持ち,高解像度の像が得られる。

今後,食品の分野で組織化学の手法と走査電子顕微鏡技術を融合させた新しい観察方法として応用が期待できる。たとえば,小麦粉と脂肪を混合したスポンジケーキバッターの系では小麦デンプンと油滴が混在する。走査電子顕微鏡で観察するとどちらも球形粒子としてとらえられる。両者を判別するのは簡単ではない。こんな場合に,カラーSEMは威力を発揮できるはずである。脂肪をズダン色素で染色しデンプンは過ヨウ素酸—シッフ反応（Periodiv acid-Schiff: PAS）を応用して別々の色に染色できる。両者が特定の色に選別されていれば形は似ていても判別は容易である。

しかしながら,観察面を露出させてから従来光学顕微鏡の切片法で行われている染色をすると,組織の内部は染色されているが,表面では目的の組織が洗い流されていることが多く,その部分を走査電子顕微鏡で観察しても目的の像

が得られないことがある。これは染色中に染色液や洗浄液に浸漬する間に，表面に露出した組織が流出することによる。

流出を解消するには組織の固定をしっかりする，あるいは，まず組織をそのままブロック染色することが考えられる。染色の後に割断あるいは切断し，観察面を露出させれば，染色された部分を直接観察することができる。

カラーSEMを応用してその特性を生かすためには，このような周辺技術も同時に開発する必要があり，その結果として応用範囲が広がる。

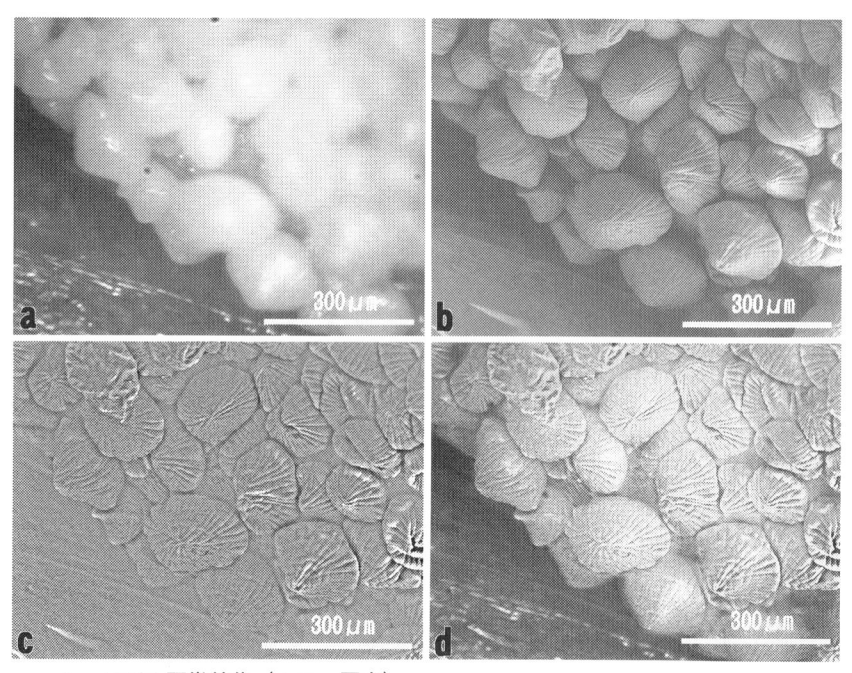

a．ビデオ顕微鏡像（カラー写真）
b．低真空SEMの反射電子像
c．SEM像から抽出したハイライト成分
d．aとcのハイライト成分を置き換えたカラーSEM像（カラー写真）

図 6.7　ホップ包葉のカラーSEM像
（日立サイエンスシステムズ・山田満彦氏のご好意による）
(Yamada, M., Suzuki, T., Oho, E. and Matsusima, H.: Color scanning electron microscopy of peltate glandular trichones of fresh developing hops (Humulus lupulus L.), *J. Electron, Microscopy,* 47, 539～542, 1998)

低真空SEMの分解能を高くすることができる反射電子の検出器としてYAG（Yttrium-Aluminum-Garnet）[23]がある。この検出器はイットリウム，アルミニウム，ガーネットの単結晶を採用したもので，従来の検出器に比較して高感度である。そのため解像度も高くなり，その分解能は加速電圧15 kV，ワーキングディスタンス（試料表面と対物レンズの距離）10 mm で4.0 nm であり，汎用 SEM と同程度である。今後，このような高感度検出器を装備した装置を用いると，これまでの反射電子像の限界を超える観察が可能になるので，低真空SEMの高分解能化が進み，食品の分野にとってますます利用範囲が広まる可能性がある。

4．ニュー・マイクロスコープ

これまで電子顕微鏡を中心に述べてきたが，今後，調理学の分野でも応用が期待される新しい顕微鏡の紹介を簡単にして稿を閉じる。

1980年代になって走査プローブ顕微鏡と共焦点レーザー走査顕微鏡という新しい顕微鏡が開発された。前者はレンズを使わないまったく新しい顕微鏡であり，後者は光学顕微鏡の一種である。

4．1．走査プローブ顕微鏡

これまでのレンズを用いる顕微鏡は，光源やプローブが試料表面から十分に離れているファーフィールド・センシングであったが，走査プローブ顕微鏡は，ニアフィールド・センシングと呼ばれるもので，微小なプローブを試料に十分に近づけて，プローブの刺激に対応して発生する特定の物理量を検出し，それを基に像形成するものである。検出する物理量がトンネル電流であれば走査トンネル顕微鏡，原子間力であれば原子間力顕微鏡，摩擦力であれば摩擦力顕微鏡とさまざまな顕微鏡（表6．3）が実用化されている。マイクロプローブを走査する一連の新しい顕微鏡のグループを総称して走査プローブ顕微鏡[24]（SPM：Scanning Probe Microscope）と呼んでいる。

走査トンネル顕微鏡（STM：Scanning Tunneling Microscope）は1981年に，ＩＢＭチューリッヒ研究所のH．ビーニッヒとG．ローラーによって開発され，

彼らが，電子顕微鏡の発明者であるE.ルスカとともに1986年のノーベル物理学賞を受賞したのを契機に注目され始めた。STMは「原子が見える顕微鏡」としてSPMのなかで最もはやく脚光をあびた。像形成は固体試料の表面に小さな探針（Probe）を試料に1nm程度に接近させ，試料表面と探針間に流れるトンネル電流を検出する。そのため試料には導電性が必要になる。そこで導電性のない試料でも同様な観察ができるよう開発されたのが原子間力顕微鏡（AFM：Atomic Force Microscope）である。

AFMは1986年に開発され試料とプローブ間で作用する原子間力を検出する。原子間力は試料・探針表面の汚れに対しても安定に検出できるので，応用性に富み，現在，SPMのなかではAMFが最も汎用的に用いられている。

AFMの原理として代表的な光てこ方式の例[25]を示す（図6.8）。探針はカ

表6.3　走査プローブ顕微鏡の種類と原理

名　称	略号	原　理
走査トンネル顕微鏡 Scanning Tunneling Microscope	STM	試料表面と探針との間に数nm以下の電圧をかけ，その間に流れるトンネル電流が一定になるように両者の距離を制御しながら表面を走査し形状を測定。
原子間力顕微鏡 Atomic Force Microscope	AFM	試料表面と探針にかかる原子間力（斥力）をカンチレバーの上下方向のたわみ量としてとらえ，力が一定になるように制御しながら表面を走査し形状を測定。
摩擦力顕微鏡 Friction Force Microscope	FFM	試料表面と探針の間にかかる摩擦力の変化を，カンチレバーのねじれ方向のたわみ量として検出し測定。
磁気力顕微鏡 Magnetic Force Microscope	MFM	磁化された探針を持つカンチレバーを共振させ，AC検出法により磁気力を検出し,磁化分布を測定。
電気化学—原子間力顕微鏡 Electrochemical-AFM	EC-AFM	液中セルとポテンシオスタットを用い，液中で電気化学反応を起こしながら電極（試料）をAFMで観察。
ケルビンプローブフォース顕微鏡 Kelvin Probe Force Microscope	KFM	振動している導電性カンチレバーと試料間の静容量を検出することにより表面電位分布を測定。

（セイコー電子工業：走査プローブ顕微鏡セミナー資料より抜粋・加筆）

ンチレバーと呼ばれる微小なバネの先に固定され，窒化シリコン（Si_3N_4）や Si 製が多い。探針に働く原子間力は10^{-9}N 程度の微小な力で，これを一定の値に保ちながら試料と探針間を三次元的に走査する。走査の制御は圧電素子（Piezoelectric element：歪みまたは応力を加えると電荷が誘起され，逆に電圧を加えると，歪みまたは応力が生じる性質を持つ素子）を用いたスキャナーで，1Å以下の精度で行われる。カンチレバーのZ方向の位置はカンチレバー上面にミラーがあり，そこに集光したレーザー光の反射光をフォトディテクターで検出し，カンチレバーの位置を測定する。このように走査しながら測定した試料のＸＹＺの各位置を座標に表せば，試料表面のオングストローム・オーダーの凹凸像が表現できる。

AFMの特徴として次の3点がある。①大気圧あるいは水中で高倍率観察ができる。②絶縁物の試料でもそのまま観察できる。③試料の高さ方向の測定が簡単にできる。

このなかで，AFMが生物あるいは調理科学の分野で期待される従来の顕微

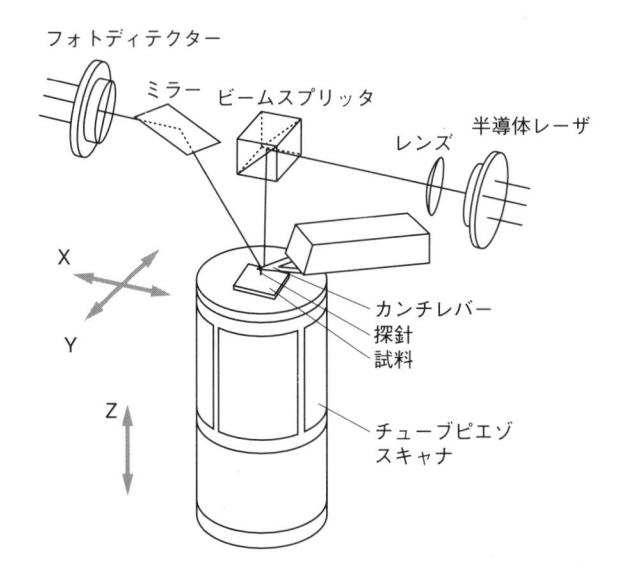

図 6.8　原子間力顕微鏡の原理図
（中島秀郎・粉川良平・松田政夫：粒の形態分析, 2.4 原子間顕微鏡, 粉体工学会誌, **35**, 588〜594, 1998）

鏡にない新しい特徴は，水中での観察である。いっさいの前処理をせず，水和状態のままの食品素材を高解像度で観察することは，生物分野の研究者にとって夢であり，それが実現されつつある。水中観察を可能にするには解決すべき課題が多数ある。水中でブラウン運動するような試料をどのように固定するか。現在，マイカの劈開面の荷電を利用して静電的に試料をマイカに引きつけて固定する方法，同様に，試料の帯電性を利用して，直流電場の電極に試料を固定する方法，などが考えられている。いずれにしても，分子レベルの動きを止めることは容易ではない。観察装置だけでなく周辺技術も同時に進歩しなければ，水中観察から有効な情報は得られない。この面からの研究も大いに必要になる。

現在のところ，食品素材に AFM を応用した例は，学会報告でも散見されつつある程度で多くはない。最も試料調製が簡単と思われる大気圧の観察でも，安易な方法で乾燥した試料では，その表面が表面張力で変形することは自明であるから，電子顕微鏡の試料作製で行われている手法を応用するなどして細心の注意をはらって試料調製しなければ，分子レベルの情報は得られない。

4.2. 共焦点レーザー走査顕微鏡[26]

光学顕微鏡は1950年代の位相差顕微鏡のノーベル賞受賞，Nomarsky の微分干渉法の開発以降根本的な形態は変わることはなかった。その後，1960年にレーザーが発表され，1977～80年にかけてレーザー顕微鏡が研究され，1984年ごろに最初の製品が発表されている。

レーザー顕微鏡はレーザー光を対物レンズで試料の1点に集光し，それを二次元（あるいは三次元）的に走査し，そこから出てくる透過光，反射光，蛍光を光電検出しテレビモニターに画像構成する。このようにレーザー光を走査するのでレーザー走査顕微鏡（LSM：Laser Scanning Microscope）と呼ばれる。

LSMには従来の顕微鏡にない大きな特徴がある。それは焦点深度の深さである。普通の光学顕微鏡は焦点からはずれた位置の像がぼけ，その像は焦点のあった像とかさなりノイズとなる。しかし，LSMでは焦点位置からずれた像はぼけるのではなく消える。そのため，焦点面だけの断層像が得られる。これ

を三次元的に走査して積層することで，奥行きのある試料でも全体に焦点のあった像が得られる。これを共焦点（confocal）顕微鏡と呼ぶ。

　この顕微鏡を応用するとどのようなメリットが生まれるか。従来の顕微鏡で組織の内部構造を観察しようとすると，切片，凍結割断など，組織を破壊して内部構造を露出させる。また，前処理としての固定操作で生物は死んだ組織となる。しかし，共焦点顕微鏡では非破壊でその内部構造を観察できるので，生きた試料をそのまま，透過像で観察することができる。細胞内外のカルシウムイオンの動態と筋肉の働きの関係など，従来の顕微鏡で大変困難な研究が現実のものとなっている。

おわりに

　顕微鏡技術の発展により分解能的には分子，原子が直接観えるようになり，操作面ではコンピュータの発達により，多数の操作ツマミがパソコンの画面の中に入り，マウスを使った操作になっている。また，走査電子顕微鏡ではテレビモードの静止画像が一般的になり，明るいところで観察できるようになった。さらには，国際高速通信を利用して日本に設置した電子顕微鏡をアメリカで操作して観察する[27]，など20世紀後半に発展した技術の進歩はめざましい。しかしながら，これまで発達した技術が調理科学の分野にすぐに応用できるかというと否である。食品素材の分子の観察は，精製した筋肉タンパクの分子構造観察で実現しているが食品の系ではない。原子像では食品素材中の観察例はない。まだまだ，材料系の限られた分野に適用されているにすぎない。

　今後，これまでに開発されたハード面の長所を生かすには，付随するソフト面の充実をはかることが求められる。すぐに分子レベルは無理にしても，これまでの技術を応用すれば，食品の分野で観察できないものはないといって過言ではない。装置，試料作製技術，研究意欲この三者が備われば，食品素材の微細構造のベールはさらに剥がれていくだろう。

　　　　　　　　　　　　　　　　　　　　　　　　（木村利昭）

〔文献〕

1) 矢野俊正（松本幸雄・山野義正編）：食品物性第10集, pp. 65〜80, 食品資材研究会, 1985
2) 市川　収：食品組織学—組織化学的食品構造論—, 光生館, 1966
3) 星野忠彦・松本エミ子・高野敬子：食品組織学, 光生館, 1998
4) 田村咲江編：食品・調理・加工の組織学, 学窓社, 1999
5) 久永眞一：ロータリーシャドウイング—繊維状タンパク質の観察に優れたグリセリン・スプレイ法, 細胞工学, 16, 478〜485, 1997
6) Heertje, I.: Structure and function of food products, *Food Structure*, 12, 343〜364, 1993
7) Harada,T., Kanzawa, Y., Kanenaga, K. and Koreeda, A. *et al.*: Electron microscopic studies on the ultrastructure of Curdlan and other polysaccharides in gel used in food, *Food Structure*, 10, 1〜18, 1991
8) 小川悦代・松沢英世・岩橋槇夫・相良康重ほか：ジェランガムのヘリックス-コイル転移に関する研究, 高分子学会第48回大会予稿集, No.3, p. 604, 1999
9) 田中敬一（田中敬一・永谷　隆編）：図説走査電子顕微鏡—生物試料作製法—, pp. 93〜96, 朝倉書店, 1982
10) 淵上倫子：食品・調理・加工の組織学, pp. 182〜192, 学窓社, 1999
11) 津山新一郎・村田長芳：日本電子顕微鏡学会学術講演会, 第51回講演会予稿集, p. 213, 1995
12) 木村利昭・藤原正弘・小川敬子・藤野良子ほか：走査電子顕微鏡による茹でうどんの構造観察, 日本農芸化学会誌, 70, 1343〜1350, 1996
13) 小島登貴子・関根正裕・鈴木敏正・堀金明美ほか：ゆで麺のテクスチャーに対する水分分布の影響, 日本食品科学工学会誌, 47, 142〜147, 2000
14) 池田ひろ・木村利昭・佐伯幸弘・小川敬子ほか：米飯の性状と構造の関係について, 日本家政学会誌, 47, 877〜887, 1996
15) 池田ひろ・木村利昭・小川敬子・口羽章子：米飯の性状と構造の関係について第2報, 炊飯における加熱速度の影響, 日本家政学会誌, 48, 875〜884, 1997
16) 小川敬子・木村利昭・和田正夫・西村雅子ほか：走査電子顕微鏡を用いた飯の構造観察における試料作製方法の比較, 日本家政学会誌, 50, 1281〜1289, 1999
17) Fujikawa, S., Suzuki, T., Ishikawa, T. and Sakurai, S. *et al.*: Continuous observation of frozen biological materials with Cryo-scanning microscope and freeze-replica by a new Cryo-system., *J. Electron Microscopy*,

37, 315～322, 1988
18) 島倉昌二：医学・生物学の走査電子顕微鏡, pp. 294～299, 医学出版センター, 1992
19) 松永恒司・古川恵二・家村芳次・渡辺和彦 ほか：クライオステージ付きナチュラル走査電子顕微鏡（チルドSEM）による蒸米並びに麹の観察, 日本醸造協会誌, **94**, 331～337, 1999
20) 渡辺和彦・松永恒司・家村芳次・吉田晋弥ほか：クールステージ付きナチュラル走査電子顕微鏡による心白米の観察, 近畿中国農業研究, **94**, 29～33, 1997
21) Oho, E. and Ogashiwa, T.: A natural color scanning electron microscopy image., *SCANNING*, **18**, 331～336, 1996
22) Yamada, M., Suzuki, T., Oho, E. and Matsushima, H.: Color scanning electron microscopy of peltate glandular trichomes of fresh developing hops (Humulus lupulus L.), *J. Electron Microscopy*, **47**, 539～542, 1998
23) Autrata, R., Jirák, J., Špinka, J. and Hutař, O.: Integrated single crystal detector for simultaneous detection of cathodoluminescence and backscattered electron in scanning electron microscopy, *Scanning Microscopy*, **6**, 1, 69～79, 1992
24) 森田清三：走査型プローブ顕微鏡のすべて, 初版第1刷, 工業調査会, 1992
25) 中島秀郎・粉川良平・松田政夫：粒子の形態分析, 2.4原子間力顕微鏡, 粉体工学会誌, **35**, 588～594, 1998
26) 河田 聡：新しい光学顕微鏡, 第一巻レーザー顕微鏡の理論と実際, pp. 3～8, 学際企画, 1995
27) 松井 功：超高圧電子顕微鏡日米間で遠隔操作に成功, *HITACHI SCIENTIFIC INSTRUMENT NEWS*, **42**, 24, 1999

7 食品物性学からのアプローチ

1．食品の物性研究の意義－なぜ調理科学で物性研究が求められるのか－

調理科学のなかで物性論的研究が求められる理由は，大きく以下のように整理できると考えられる。

1.1．食品（食物）の物理的刺激に対する人間の感覚評価の定量化

食感要素のうち特に物理的性質に由来する要因を分析するためのツールとして利用しようとする立場である。サイコレオロジー的研究の例にみられるように，たとえば，客観的に評価（測定）された食物の力学物性と人間が知覚した官能評価との対応を明らかにしようとする計測心理学あるいは精神物理学的な取り組みである。

優れた研究が多数行われているが，これについては前書[1]を参照していただき，ここでは一例として三浦[2,3]の取り組みを紹介する。三浦は，スナック菓子やシリアルなどの膨化食品の「パリパリ感」（クリスプネス：crispness）のテクスチャー評価のために，一軸圧縮で得られた力－変位曲線を力－時間曲線に変換し，ウェーブレット変換により，時間－周波数解析を行い，そのクリスプネスの客観的評価法を確立したうえで[2]，その評価にかかわる気孔構造を制御するために，空気圧入型のエクストルーダーを試作し，キビ粉を利用した膨化食品を開発し，クリスプネスの客観的評価法の有用性を実証[3]している。

1.2．食品の調理・加工特性の把握

調理・加工操作の間に起こる食品の物理的性質の変化を現象論的にあるいは理論的に明らかにしようとする取り組みである。調理操作の間にどのような物理化学的変化が起こるのか，それはなぜかを解明しようとする試みは，まさに調理科学の研究の一つの柱といえよう。操作過程での食品素材あるいは成分の

分子論的解析が可能となれば，品質管理のための基礎的知見となるばかりでなく，その知見を基にして新素材，新規（組立）食品の開発のための（分子）設計が容易となり，実学としても有用なものとなるであろう．

食品の加熱により派生するさまざまな事象を明らかにし，その事象発現の原因を考察するためには，熱力学や伝熱のそして反応論に関する基礎知識が必要であろう．食品が多成分の分散系という観点に立てば，表面や界面に関する知識も有用であろうし，輸送や拡散の問題を扱わねばならないことにもなるであろう．電気的性質（誘電緩和の測定が食品素材を対象に行われている）や光（たとえば動的あるいは静的光散乱），磁気的性質（NMR：核磁気共鳴法）を明らかにすることで，測定対象物の状態や構造を探ることができる．力学あるいはレオロジーの知識は食品のテクスチャー（力学的特性として測定あるいは記述できるものに限るが）を考えるうえで有用かつ必須であるだけでなく，状態変化を把握する有用なツールである．これらはみな，物性研究である．

レオロジー測定のみが物性研究ではないが，筆者自身がすべての物性測定を手がけているわけではなく，また紙面の制約もあるので，本書ではレオロジーを主体に取り上げる．その際，数式はある言葉や現象の定義として必要不可欠な場合を除き，極力使用せずに説明することに心がけたので，もし幸いにも，興味が持てれば，引用文献にあたってみていただきたい．

念のため，物性関係のテキストを巻末にあげておくが，現在松本幸雄著による『調理科学における物性研究』と題する講座が調理科学会誌においてシリーズで連載[5]~[7]されている．まずは一読されることをお薦めしたい．

2. 物性研究のはじめに

2.1. 食品は複雑系である

食物あるいは食品というものを一般的に定義すると，「主として水を分散媒とする不均質・多成分の濃厚分散系の状態にあるもの」とすることができる．

工業製品はほとんど不均質系であるが，食品あるいは食用素材は，まさに不均質系の最たる例である．ほとんどの場合，天然物を原料とする多成分混合系であるため，成分，組成，相，構造いずれも特定不能といってよいほど複雑で

ある。特定できたとしても，そのとき調製したもの，工業的にいえばそのロットでの特性，調理レベルではそのとき使用した素材の特性でしかない。さらに分散系の常として，その状態は非平衡であるという非常に複雑な系である。したがって，食物の物理的性質を一元的，あるいは一義的に記述するのは困難である。

　食品が不均質系であることの一例を示してみよう。植物油は一見透明で，かなりの均質系にみえる。透明な液体であれば，水(蒸留水)に代表されるようにニュートン流動をすると考えられる。現に，これまで油はニュートン流体であるといわれていた。しかし，非常に微小な応力を精密に感知できるようジオメトリー(測定感知部の構成：ここでは定常流粘度測定のための治具＝テストフィク

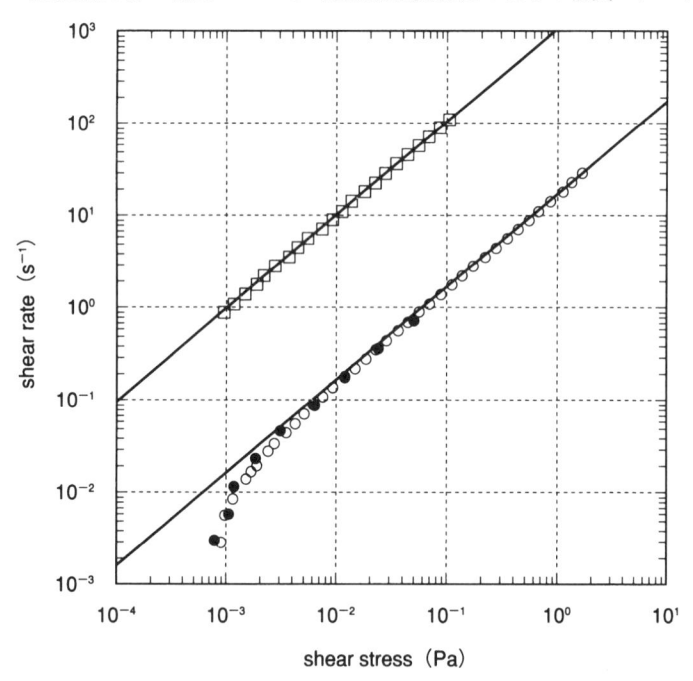

□：水（蒸留水），　○，●：サラダ油
○は筆者らの試作装置（UBM社Rheosol G-3000同等機種）での値，
●はワイゼンベルグ・レオゴニオメーターで測定した値

図 7.1　サラダ油と水の流動曲線
(柳瀬広美・勝田啓子：日本レオロジー学会誌，25, 162, 1997)

スチャー)を工夫して測定を行うと，サラダ油に降伏応力が存在する(図7.1)[4]，つまり，液体油にも"何らかの構造"が存在する可能性が示唆される。その構造保持力は非常に小さい(これまでの測定では感知できない程度)。

2.2. 食品には加成性が成り立たない

操作過程での物理的性質の変化を把握するために物性測定を行う場合に，気をつけねばならないことがある。それは，食品あるいは食物の場合，成分間に加成性が成り立たない場合が非常に多いということである。つまり単純な混合則が成立せず，成分間には相互作用が存在する。難問は食品素材がすでにいくつかの成分の複合物であり，現象はつかめても，その理論的考察がしにくいことにもある。少なくとも，ある実験サイクルの間は，同一ロットの素材を使用しなければ，考察のもとになる現象(実験結果)そのものの再現性は望むべくもない。目下の有効な手段は，あるひとまとまりのデータが得られる間，ロットを統一し，確立された実験計画法に則って処理を行うことであろう。

3. 分子レベルでみた物質の状態

物質の状態にはいうまでもなく3状態すなわち，気体，液体，固体状態がある。これをミクロな立場から眺めると，物質が気体か液体か固体かは，分子運動速度と分子間距離そして分子間力による。食品を扱う場合最も重要な水で考えると，水蒸気すなわち気体状態の水分子の平均速度は590m/s (25℃)，液体の水は約53m/sで，分子間距離も水蒸気のほうが約10倍大きい[8]。液体と固体を比べると，分子間距離は一般には固体のほうが少し短く，分子速度ははるかに遅い(一般に，液体は分子速度は気体に近く，分子間距離は固体に近い)。また，気体と液体が自身の形を保つことができないのに，固体が形を保っているのは分子間力による。

分子間力は，電荷を持った分子同士の間に働く力(クーロン引力とクーロン斥力)，すべての分子の間で互いに引きつけるファン・デル・ワールス力，水素結合などがある(分子の間では万有引力は非常に小さいので無視して差し支えない)。たとえば，食塩の結晶は Na^+ と Cl^- とが立方体の頂点に位置し，交互に

規則正しく並び，異なる電荷のイオン間でのクーロン引力と，同じ電荷同士のクーロン斥力が平衡を保ち，立方体の連続した結晶構造を形成している。水の場合は分子のなかで正と負に電荷が分かれ，双極子として振る舞うので，やはりクーロン引力と斥力が働く。また水分子同士は水素結合で結ばれている。電荷を持たない分子の場合，すべての分子間に排除体積効果による反発力（斥力）が働く。排除体積効果とは，「二つ以上の分子が同じ場所を同時に占有することはできない」という原理である。これを簡単な図で示す（図7.2）。分子間距離の定義は分子の重心からの距離である。すると二つの分子が最大に接近するのは，円周同士が接しているところであり，これ以上接近させようとすると反発力（斥力）が働く。これが排除体積効果である。この斥力が最大となるのは二つの分子が接したときで，離れた途端この斥力は消滅する。クーロン斥力の場合はもう少し及ぶ範囲が広く，二つのイオン間の距離の2乗に反比例する。

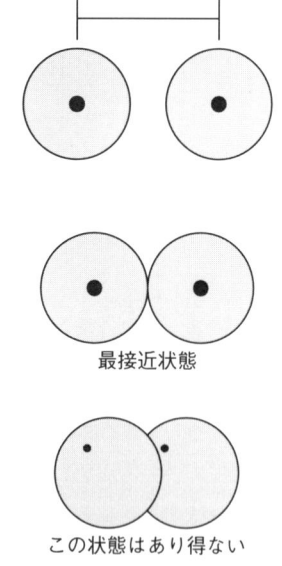

分子間距離は，分子の重心間の距離であり（上図），二つの分子が最接近するのは互いの分子が占有する体積の外周部が接近するとき（中図）である。それ以上に接近しようとすると「排除体積効果（一つの空間を二つ以上の分子が占めることはできない）」により，反発力が生じる。したがって，一番下の図のような状態は起こり得ない。

図7.2　分子間の距離（排除体積効果の生じる理由）

一般的に二つの分子を考えると，その分子間には引力と斥力とが働いており，その作用範囲を考えると，図7.3[8]のようなポテンシャル曲線を考えることができる。二つの分子の重心同士が完全に重なるところが原点Oであるが，上記で説明したようにOの位置に重なることはなく，分子同士が接しそれ以上距離を縮めようとすると斥力のポテンシャルが無限大に大きくなり，離れると急速にポテンシャルはゼロになる（曲線イ）。一方，引力は斥力よりも遠くまで作用するが，およそ分子直径の3～4倍までである。これ以上離れると引力も及ばなくなる。ある分子の引力の作用圏内に入ってきた分子は引きつけられる。引力は距離の2乗に比例するので，そのポテンシャルは曲線ロのようになる。分子間力は斥力と引力の合成（二つを加えたもの）となるので，分子

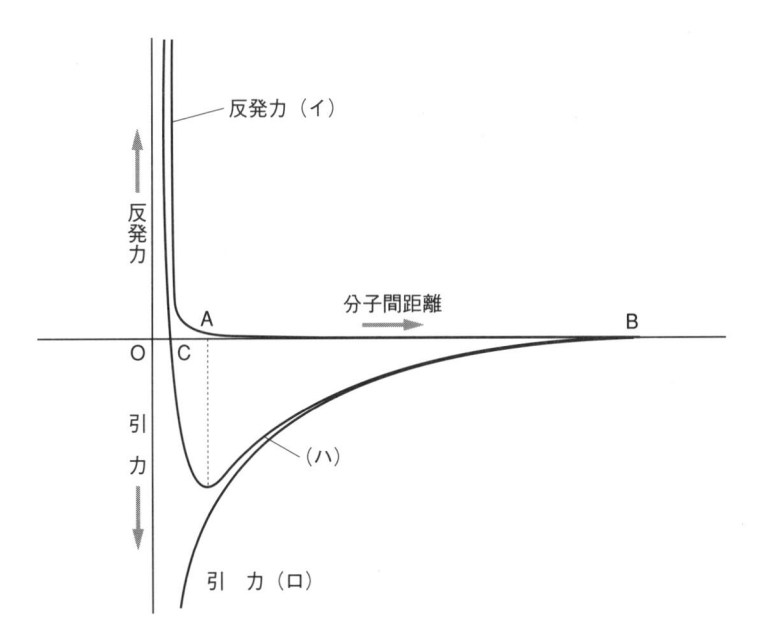

　一つの分子の重心がO，Bの位置（分子直径の約3～4倍）に他の分子が接近してくると引力（ファン・デル・ワールス力，クーロン引力など）が働き，分子間距離の減少とともに引力が大となる（曲線ロ）。分子間の距離が接近すると反発力が生じるが，Cの位置で排除体積効果により反発力が無限大になり，それ以上分子は近づけなくなる（曲線イ）。分子間の力は引力と反発力の足しあわせなので，曲線ハとなり，Aの位置でポテンシャルの極小値（谷）を示す。

図 7.3 分子間に働く力
（上平　恒：水とは何か，p. 25，講談社，1977）

間力のポテンシャルは曲線ヘとなり，谷が存在する。この谷を越えて近づこうとすると斥力が大きくなり，分子は引き戻される。しかし，谷を越えて一気に離れることはないので，結局ポテンシャルの谷を中心に小幅な往復運動をするようになる。この谷の中心と原点との距離が「分子間の平均距離」となる。

　分子がある状態を保っているというのは，分子がこのポテンシャルの山を飛び越えることなく谷のところで往復運動をくり返している状態だと思えばよい。固体は分子間距離が小さく分子間力が大きい。つまりポテンシャル曲線がシャープで谷が深く（逆にいえばポテンシャルの山が高い），分子が容易に飛び出せない状態といえばわかりやすいであろう。しかし，分子の運動速度はすべて同じではなく，また熱により分子運動は活発になる。結晶（固体）に熱を加えると分子運動が盛んになり，分子間距離も延びる（引力が小さくなる）。山がなだらかになるので，分子は容易にポテンシャルの山を乗り越えるようになる。これが液体の状態である。

4．レオロジー的にみた物質の状態

4.1．流れる，流れない

　ここからは，話をもう少しマクロな観点で進めることにする。私たちが固体か液体（ここでは気体は除外しておく）かを区別する場合，流れるか流れないかという定性的な尺度を使うことがある。レオロジー的には「流動する（流れる）」「流動しない（流れない）」は物質の緩和時間と観測時間の比である。この比をデボラ数といい，通常Deという記号を使う。

$$De\ =\ （物質の緩和時間）／（観測時間）$$

　たとえば，ガラス状態のポリスチレン（プラスチックの一つと考えればよい）の緩和時間は非常に長く数万～数十万年（秒に直すと天文学的数値になる）である。したがって，一生かかってもポリスチレンの緩和（流動）を見ることはできない。氷もしかりである。一方，水の緩和時間は非常に短い。コップを傾けたり，湯船につかったりというような変形のさせ方では観測時間のほうが長く，水は流動する。ところが，飛び込み台からプールに飛び込むときには，加

速度がつき，水面に侵入する瞬間には非常に速い速度で変形させることになる（観測時間が短くなる）。したがって，速い速度で水面にぶつかると水が固体的に応答するため，痛い思いをすることになる。もし，上空何万メートルかの高度で飛んでいる飛行機からパラシュートなしで海面に飛び込む羽目になったとすれば，「痛い」だけではすまぬ話になる。逆に完全に固体に見える氷河も何万年というタイムスケールで観測することができれば，流動する。

つまりデボラ数が大きいと弾性的であり，固体的な性質が出てくる。逆にデボラ数が小さいと液体として振る舞い，流動する。De＝1のとき，ちょうど両者の性質をあわせ持ち，その前後で粘弾性が観測される。デボラ数の概念を最初に提唱したのはイスラエルのReinerであるが，旧約聖書に出てくる女性預言者デボラが「主（しゅ）の前に山も動き流れる」と歌ったことによっている。宇宙を創成し，それを見つめているであろう神の悠久の時間からすれば，私たちが眺めている不動と見える山も流れてしまうということである。ギリシャの哲学者ヘラクレイトスが述べたように「パンタ・レイ（万物は流転す）」である。

4.2. 時間と温度

時刻 $t=0$ で一定歪みを瞬間的に与えると，応力は時間とともに低下するという応力緩和現象が観察される。無定形（非晶性）の高分子の応力と歪みの比である緩和弾性率 $E(t)$ の時間依存性は一般に図7.4[9]のようになる。時間（観測時間）$t \to 0$ の極限値が Eg（ガラス弾性率）である。Ee は十分に長い時間が経過したときの極限値で，流動が起こらなければ有限の一定値になり，平衡弾性率と呼ばれる。観測時間 t が非常に短いとき，かたいガラス状態にあったものがゴム状態に転移し，橋かけのあるものはそのまま平衡値となるが，橋かけがない場合破線のように流動する。これらはそれぞれガラス状領域，転移領域，ゴム状領域といわれ，流動のある場合，ゴム状領域を平坦領域と流動（終端）領域に分ける。図7.4の（観測）時間 t は対数でとってあることからわかるように，このような状態変化の全体像を測定するには数桁以上のタイムスケールを要する。一定歪みでの測定（静的測定）では長時間のデータは得られ

るが，1秒以下の短時間側のデータを精度よく取り込むのはむずかしい。短時間側の測定に向いているのは動的測定（周期的な歪みあるいは応力を与える）である。図7.5[9]には動的測定による貯蔵弾性率と損失弾性率の周波数（図では

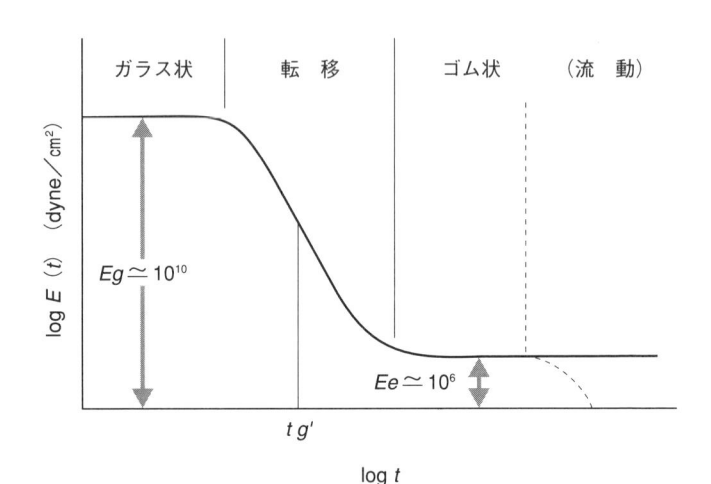

図7.4 緩和弾性率の時間依存性（無定形高分子の例）
（小野木重治：化学者のためのレオロジー，p. 83, 化学同人, 1982）

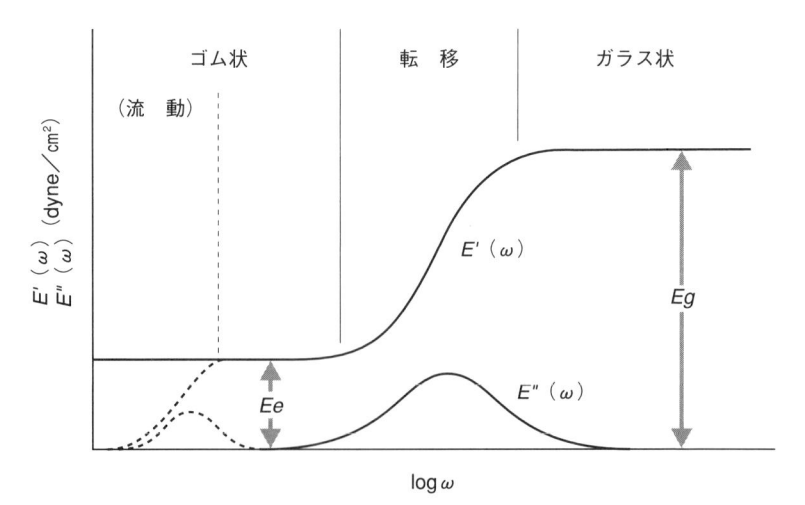

図7.5 貯蔵弾性率，損失弾性率の時間依存性（無定形高分子）
（小野木重治：化学者のためのレオロジー，p. 85, 化学同人, 1982）

角振動ω）依存性を示している。周波数は1秒当たりのサイクル数を示す値であるから，観測時間 t とは逆数の関係にあり，図7.5は図7.4を反転させた形になっている。転移域および流動域では損失弾性率はピークを示す。これらの図からも物質が流動するか否かは観測のタイムスケールによることがわかるであろう。

しかし，実際には1台の装置で数桁にわたる観測時間での測定を行うことは困難である。そこで通常，温度を変えた測定を行い，各々の温度での曲線を重ね合わせた合成曲線（マスターカーブ）を作成する。図7.6[9]はポリイソブチレンの−80.8〜50℃の温度範囲で緩和弾性率の曲線を−65.4℃を基準温度として，基準温度より低温側の曲線は左に，高温側の曲線は右に水平移動させて作成したマスターカーブ（破線）の例である。これを時間—温度重ね合わせの原理（time-temperature superposition principle）といい，熱レオロジー的単純性

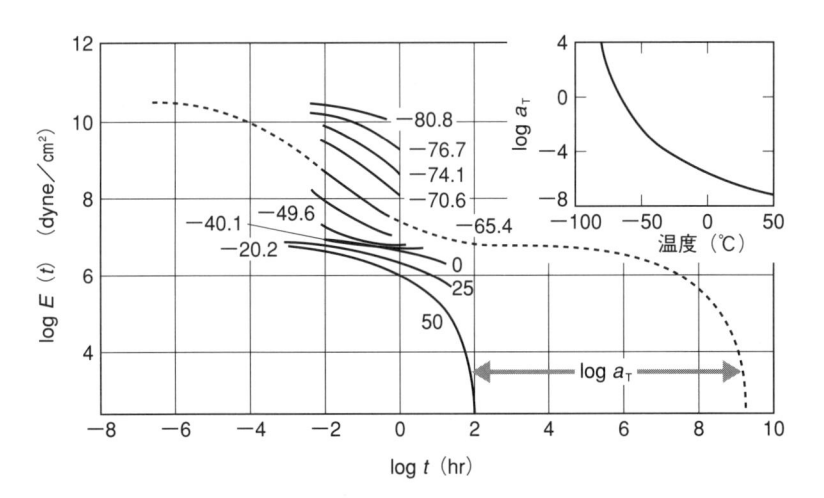

実線：各々の観測温度での測定値
波線：基準温度を−65.4℃にして低温側の曲線を左に，高温側の曲線を右に水平移動した合成曲線
　　　（マスターカーブ）

図7.6　異なる温度での周波数依存性曲線とマスターカーブ
（小野木重治：化学者のためのレオロジー，p. 109，化学同人，1982）

(thermorheological simplicity)，あるいは時間—温度換算性（time-temperature reducibility）ともいう。日本語では時間—温度換算則と使用している例が多い。その名の示すとおり，時間と温度が等価である，つまり時間を長くすることは温度を高くすることに等しいという法則（経験則）である。

分散系では流動域が終端とはならず，低周波側（長時間側）に再度平坦部が現れる（図7.7）[10]。この平坦部は第二平坦部（セカンド・プラトー）と呼ばれ，固体粒子の凝集構造に起因する。この第二平坦部は粒子分散系だけでなく，多くの不均質系で同様の現象が確認され，最近では長時間緩和と呼ぶことが多くなっている。図7.3のサラダ油の長時間緩和がまさにこれである。

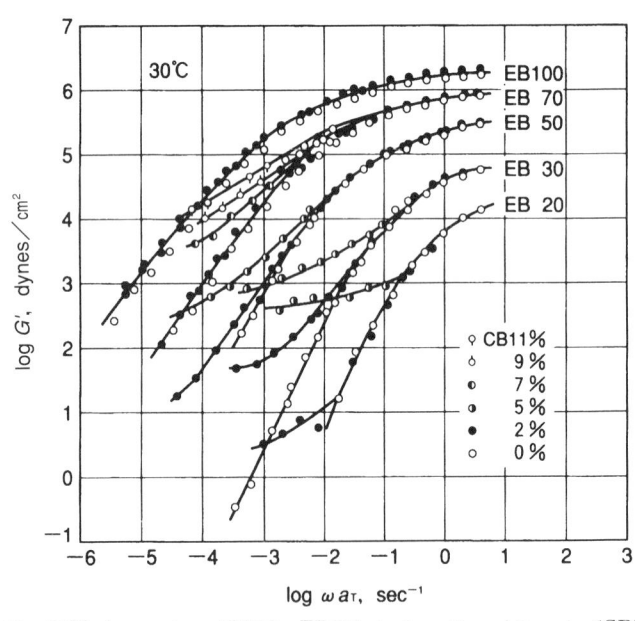

20～70％ブチルゴム（EB20～EB70）にカーボンブラック（CB）粒子を0～11％分散させた系の周波数依存性（合成曲線）。粒子分散系におけるG'の平坦部はゴム状平坦部より低く，タイムスケールの長い領域に現れるので，当初は第二平坦部（セカンド・プラトー）と呼ばれていたが，現在は長時間緩和と呼ばれることのほうが多い。CBを含まない系（○）では観測されない。

図7.7 分散系の長時間緩和現象

（松本孝芳：分散系のレオロジー，p. 76，高分子刊行会，1977）

4.3. 時間―温度換算則の食品への適用

時間―温度換算則という経験則は高分子物質（分散系は除外）に普遍的な適用性を持っているが，食品にそのまま適用するのはむずかしい。なぜなら，食品には分散媒として水が存在していることが多く，0℃以下では凍ってしまい，50〜60℃ではタンパク質が含まれていれば変性し，デンプン系試料の場合は糊化（一度糊化されていれば，再糊化）が起こる（つまり別のものになる）からである。また，分散系と考えるべき食品の場合，長時間側の第二平坦部は当然重ね合わせができない。

しかし狭い温度範囲ならば，時間―温度換算則成立の可能性があり，合成曲線を得ることができれば，活性化エネルギーや自由体積分率など別のパラメータを算出でき，食品の構造の考察や食感表現のより適切な力学パラメータが得られる可能性が開ける。詳細については，勝田の団子のレオロジーに関する一連の研究[11]〜[13]を参照していただきたい。

5. 力学的ゲル化点

ゲルの定義は研究者によって微妙に異なるが（詳細は勝田の総説[14]参照），一般には「大量の溶媒を含んだ網目構造を持つ物質」[15]という説明でよく理解でき，食用ゲルの場合ゲル化剤（網目構造形成体）は多糖類とタンパク質，溶媒は水と考えてほぼ差し支えない。また架橋点形成性により化学ゲルと物理ゲルに分けることができるというのも妥当であろう。

力学的ゲル化点の説明には，パーコレーション理論とスケーリング則そしてフラクタルの概念の理解が必要不可欠である。ここでは逐一の説明は避け，章末にテキストをあげておく。食品関係では，熊谷らのグループの研究[16]がよい参考になる。

高分子鎖が連結し始め（クラスターの形成），そのサイズが増大し，最大クラスターが系全体に広がり（端から端までつながり），パーコレートする臨界点を経て無限の大きさのクラスターが形成される。このパーコレーションの転移点（臨界点）が，化学ゲルではゲル化点になる。パーコレーションの定義では，このゲル化点で定常粘度は無限大になっているが，平衡弾性率はゼロである

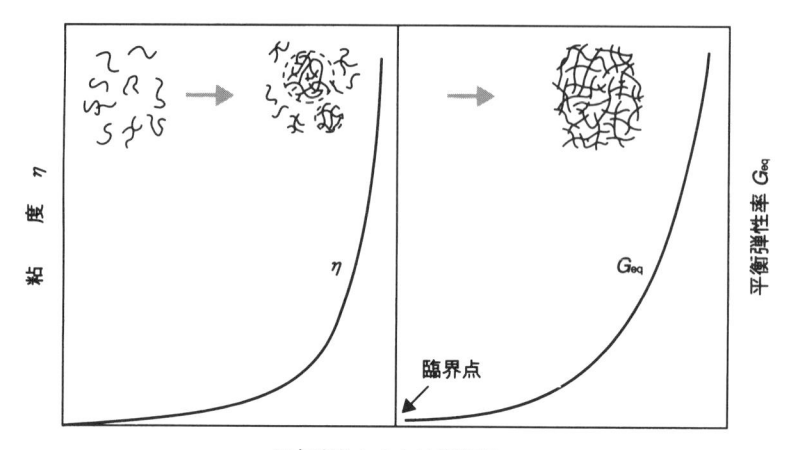

反応時間の経過もしくは反応度の増加とともに1本鎖からクラスターの形成，ゲル化点（臨界点）を経て網目へと成長する。臨界点では粘度（定常粘度）ηは無限大，平衡弾性率G_{eq}はゼロである。

図7.8　化学反応系におけるゾル〜ゲル転移
（根本紀夫：ゲル化のダイナミックスとレオロジー，高分子，47，566，1998）

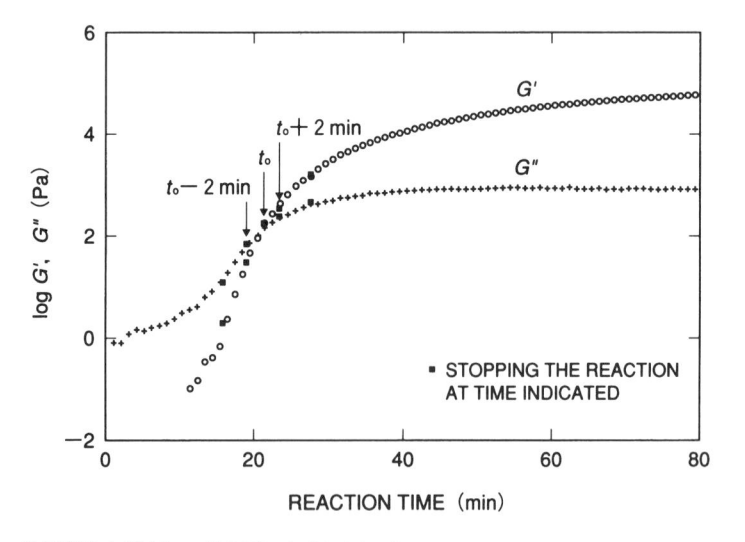

貯蔵弾性率$G'(t)$と損失弾性率$G''(t)$がクロスオーバーする点(tc)がゲル化点

図7.9　PDMS（ポリジメチルシロキサン）のゲル化に伴う動的粘弾性関数の時間発達（Chambon & Winter: *Polymer Bulletin,* 13, 499, 1985）

(図7.8)[15]。したがって，臨界点近傍の転移点以下で定常粘度ηは；

$$\eta \sim (1-p/p_c)^{-k} \quad \cdots\cdots\cdots\cdots\cdots\cdots\cdots\cdots\cdots\cdots (7.1)$$

転移点以上での平衡弾性率 G_{eq} は；

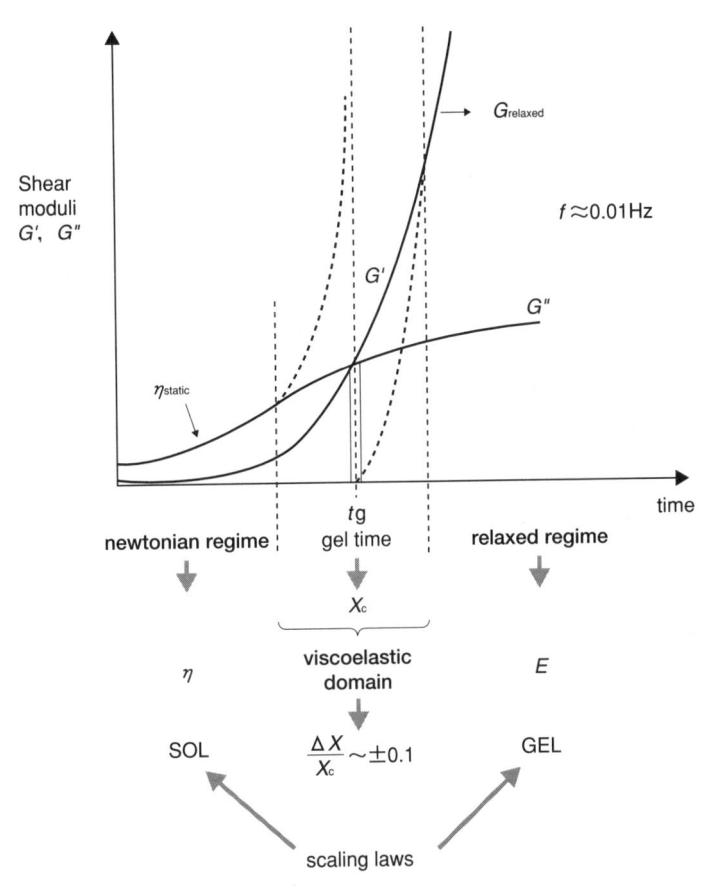

ゼラチンのヘリックス含量を反応度X_cとした図7.16と図7.17の重ね合わせ。定常粘度と損失弾性率G''が一致する領域はニュートン流動期（液体：ゾル），ゲル化点tg近傍の粘弾性領域では相対反応度$(p-p_c)/p_c$ に対してべき乗則が成立する（スケーリング則）。

図7.10 ゼラチンのゲル化に伴う粘度，緩和弾性率および動的粘弾性関数の変化

(Djabourov, M. *et al.*: *J. Phys. France*, **49**, 333, 1988)

$$G_{eq} \sim (p/p_c - 1)^z \quad \cdots\cdots\cdots\cdots\cdots\cdots\cdots\cdots\cdots\cdots\cdots\cdots (7.2)$$

ここで, p：反応度（あるいは反応時間）, p_c：臨界点である。これがスケーリングの概念である。

これだけでは, ゲル化点前後の情報は得られても, ゲル化点の決定はできない。その正確な決定ができるようになったのは1985年の Chambon と Winter の研究[17]以後である。彼らは直鎖状高分子 PDMS（ポリジメチルシロキサン）のゲル化過程を動的粘弾性装置で追跡し, 貯蔵弾性率 G' と損失弾性率 G'' がクロスする点をゲル化点として（図7.9）[17]〈参考；図7.10はゼラチンのヘリックス含量 χ を反応度とした Djabourov ら[18]のゲル化のスキーム〉, その近傍での G' と G'' の周波数依存性を詳細に検討し（図7.11）[19], ゲル化点 $p = p_c$ では；

図7.9の G' と G'' がクロスオーバーする点 t_c 前後で反応を止めて周波数依存性を温度を変えて測定しマスターカーブを作成している。図の重なりを防ぐため, それぞれの反応時間 $t-t_c$ のカーブをシフトファクター A（図中の表）分だけ水平移動させている。ゲル化点では G' と G'' の周波数依存性曲線がほぼ重なる。

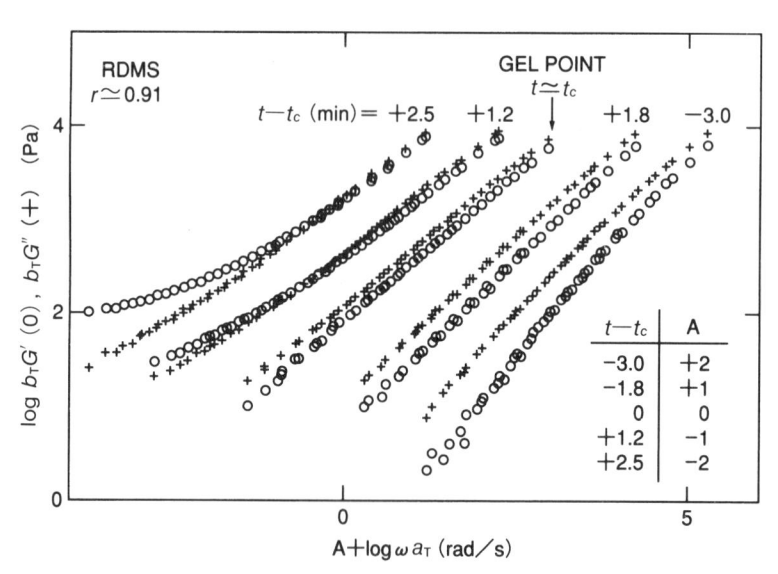

図 7.11 ゲル化点近傍での貯蔵弾性率 G' と損失弾性率 G'' の周波数依存性
(Chambon & Winter：*J. Rheology*, 31, 683, 1987)

$$G'(\omega) \sim G''(\omega) \sim \omega^n \quad \cdots\cdots\cdots\cdots\cdots\cdots\cdots\cdots\cdots\cdots\cdots\cdots (7.3)$$

となると報告した。つまり，G'とG''の周波数依存性にはべき乗則が成立し，直鎖状高分子の化学ゲルでは，その指数が約0.5で一致するというものである。その後分岐高分子ゲルや物理ゲルにも試みられ，現在では，$G'(t)$と$G''(t)$の値が必ずしも図7.9のようにクロスオーバーしなくとも，（7.3）式が成立し，同時に；

$$\tan \delta = \tan(n\pi/2) \cdots\cdots\cdots\cdots\cdots\cdots\cdots\cdots\cdots\cdots\cdots (7.4)$$

となるのが力学的ゲル化点とされている（べき指数 n は0.5よりかなり小さい）。高純度の卵白アルブミンの加熱ゲルを追跡した根本らのグループ[20),21)]は，二段加熱ゲルではべき指数 n は0.62で，直鎖状高分子の化学ゲルの値に近く，一段加熱ゲルでは0.2となり，網目構成鎖の構造が異なるが，どちらのゲルもゲル化の過程で自己相似性の臨界ゲル構造をとる（フラクタル挙動がみられる）と述べている。

食用ゲルは，ほとんど物理ゲルと考えることができる。根本の総説[15)]の一文をそのまま引用すると，「物理ゲルと化学ゲルでは架橋領域の分子論的な構造に大きな違いがあるが，架橋形成に参加した高分子鎖の会合力が強く十分長く安定に存在するときには，ゲル化点は（7.3），（7.4）式を満足する臨界点としてレオロジー測定により決めることが出来る」。

6．周波数分散同時測定と非線形性

◇周波数分散同時測定

物質の状態変化をつかむうえでも，またゲル化点を正確に求めるためにも，動的粘弾性の周波数依存性をとることが有効な方法である。ところが，数桁にわたって測定するには，特に低周波側でかなりの時間を要する。

前節で紹介した力学的ゲル化点を正確に決定する研究は，反応を完全に止めた後周波数依存性を測定しているが，反応を完全に停止させられない場合，周波数を変化させたことによる応答のみが観察されているとは限らなくなる。ゲ

ル化点がどのあたりにあるか推測をつけたいとか，反応の過程すべてをみたいというようなとき，固定周波数での時間分散（時間依存性）をモニタリングするだけでなく，周波数依存性の同時測定ができれば理想的である。周波数分散同時測定法として RCP（raised cosine pulse：レイズド・コサイン・パルス）法や FT-RM（Fourer transform rheometory：フーリエ変換レオロジー測定）法などがある。数桁にわたって周波数依存性をとることは，これらの方法でもむずかしく，信頼できるのは1桁余りではあるが，反応の早い系に適用する場合有効な方法と思えるので紹介しておこう。

　RCP法は試料にある周波数の正弦パルス歪みを印加し，応答トルクをフーリエ変換して，印加周波数より低周波数側の粘弾性関数の周波数分散を一気に求める方法である。しかし，降伏応力があるような系への適用は慎重を期する。筆者らの研究では，マヨネーズ等には線形の範囲の小さな歪みを与えなければ，応答トルクが収束せず正確な値は求まらない[22]。

　FT-RM法は，上田[23]によって開発された方法で，基本周波数に偶数次数の高調波を重ね合わせた合成（正弦）波歪みを与えるものである。高調波成分を

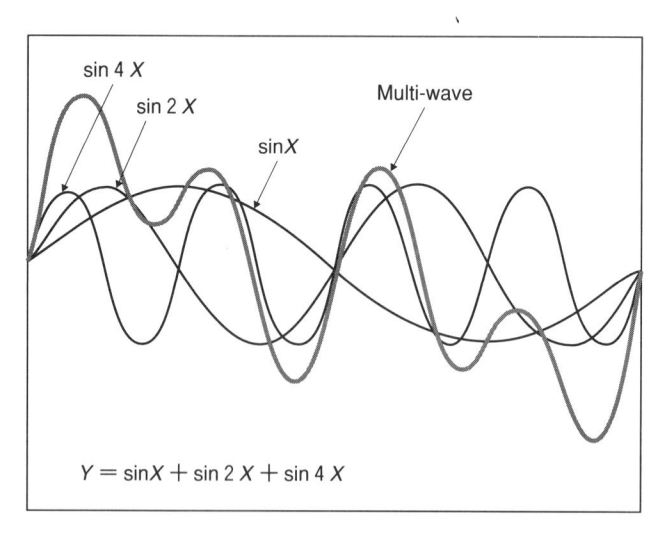

図7.12　合成波の例（sinX+sin 2 X+sin 4 Xを重ねた場合）
（Katsuta, K. *et al.*: *Hydrocolloids* 1, p. 307, 2000）

重ね合わせるということは RCP 法とは逆に基本周波数より高周波側の周波数分散を求めることになる。図7.13[24)]には，例として $\sin X + \sin 2X + \sin 4X$ の合成波を示している。偶数次の高調波のみを重ね合わせるのは非線形性の影響を避けるためである。なぜなら，非線形性は奇数次高調波の影響が大だからである。

上田とともに筆者らがデンプン～水分散系にこの適用を試みた結果（沈澱しないよう，また試料の乾燥が起こらぬよう配慮して）が，図7.13[24)]である。図7.13は基本周波数を0.16 Hz（角周波数ωで1 rad/s）として，$2^4 = 16$次までの高調波を重ねた結果で，60℃付近まで（Ⅰの領域）各温度でのシンボルが広がっているのは周波数依存性が大きいことを示し，Ⅱの領域では周波数依存性がほとんどなくなり，ⅢからⅣの領域に転移するとき，また少し周波数依存性が出てくる。これをわかりやすくするために，図7.14[24)]にⅠ領域の各温度で

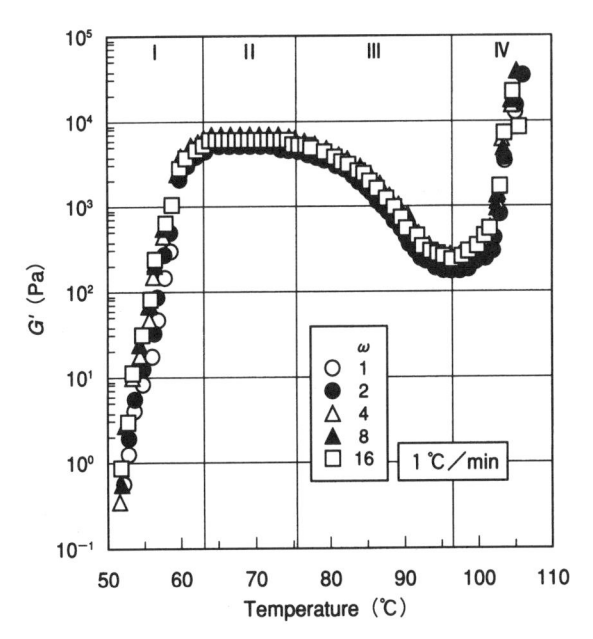

基本周波数を0.16Hz（1 rad/sec）として2^4までの合成正弦歪みを印加した例。
歪み：5％，昇温速度：1℃／min，データ取り込みを1℃ごとにした場合。

図7.13 FT-RM法による20％粳米デンプンの貯蔵弾性率G'の温度分散
(Katsuta, K. *et al.*: *Hydrocolloids* 1, p. 307, 2000)

図 7.14 FT-RM法による貯蔵弾性率 G' の各温度での周波数依存性
(Katsuta, K. *et al.*: *Hydrocolloids* 1, p. 307, 2000)

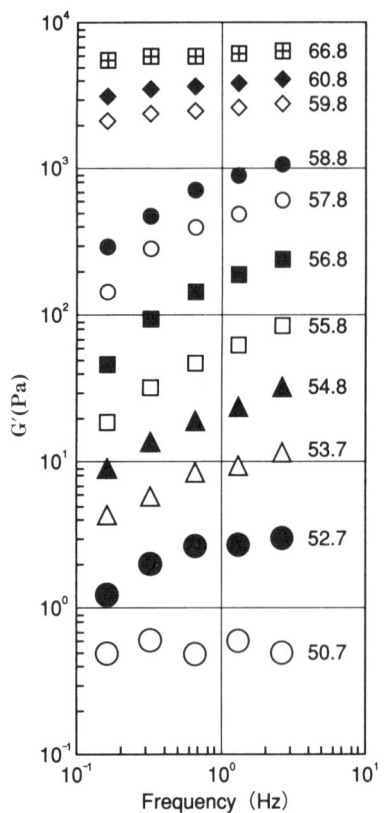

図7.13のⅠ領域での周波数依存性を示す。

の周波数依存性として示した。図7.14で50.7℃のデータに周波数依存性がほとんどみられないのは，第二平坦部であり，デンプン分散液が（糊化開始直前では）まさに固体分散系，すなわち長時間緩和を示す物質であることを示している。

7．粘弾性における非線形性

弾性率を求めるならば応力と歪みの間に線形性がなければならない。なぜなら，応力を与えて歪みを観測（あるいは歪みを与えて応力を検出）し；

$$応力/歪み ＝ 弾性率（一定）$$

として，弾性率を算出しているからである。ほとんどの物質は変形を小さくすれば，この関係が成立する，すなわち線形性が成り立つ。したがって，弾性率を算出したということは，線形性の範囲で測定したということが暗黙の了解事項である。大きな変形を起こさせれば，線形性は消失する。そして食品の場合，ゲルのようなものを例外として，線形性の範囲はあまり大きくはない。特に固体分散系ではきわめて小さい。

不均質・多成分の混合系である食品の場合，線形性などあってなきがごとしという場合が多い。変形を極微小にすれば線形性とみなせる場合が多いが，その場合測定器の感度を相当上げなければならない。さらに前節のように，粘弾性関数がドラスティックに変化するような場合，必ずしも線形性が保たれてい

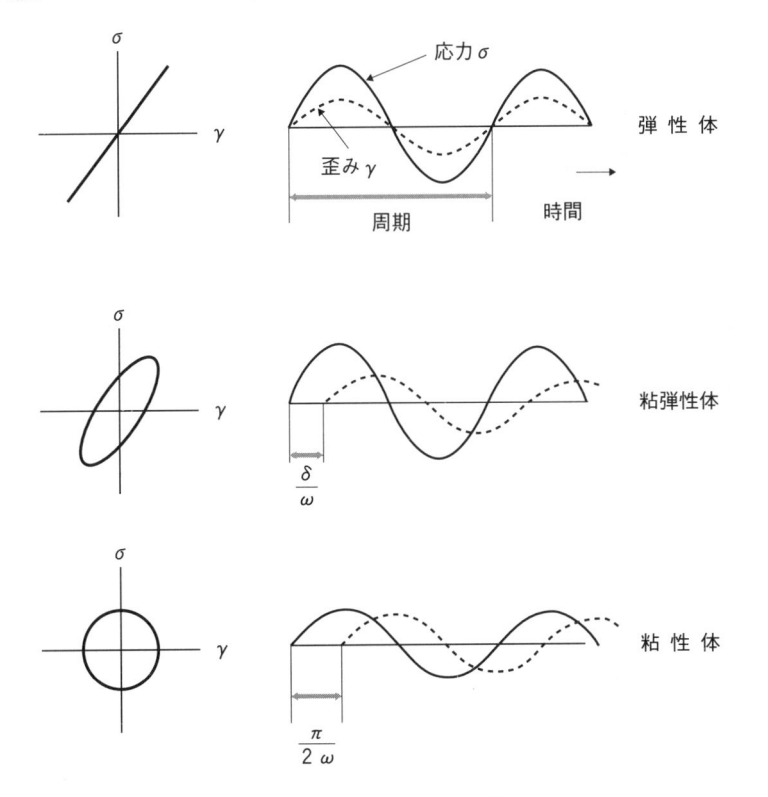

弾性体（上），粘弾性体（中），粘生体（下）の例
図 7.15　正弦振動における応力(σ)と歪み(γ)の関係とリサージュ図形

る保証はない。粘弾性関数を算出するならば，歪みと応力の線形性の範囲は測定前に確認しておくべきであり，変化の過程での線形～非線形の見きわめも行うべきである。最近の粘弾性装置はコンピュータに接続され，自動的に粘弾性関数を算出し，その結果のみを表示するものが大半で，印加正弦波と応答正弦波の波形の確認（滑らかかどうか）も，その両正弦波の合成であるリサージュ図形（図7.15）も確認できないものが多い。筆者らはその心配のため，正弦波形，リサージュともに画面に表示させるようにしており[25]，念のため歪みと応力をX-Yプロッターに出力させ，リサージュ図形を記録する手段もとっている。このような手段がとれない場合，歪みもしくは応力値を変えて測定を行い，同じ粘弾性関数の値が得られれば線形の範囲で測定しているといえる。

しかし，食品の場合，微小変形より大変形での挙動のほうが有用な知見を与えてくれることも多い。何も粘弾性関数を算出することだけがレオロジーでもなければ，また粘弾性測定でもない。複雑な多成分系では，当初線形性であっても状態変化に伴い非線形性が表出し，また線形性へと変わる可能性がある。このような表出パターンを明らかにすることのほうが，はるかに重要である。その際，線形と仮定して算出した粘弾性パラメータ（貯蔵弾性率とか損失弾性率など）を用いて論議するのでなく，印加した歪みと応答応力（応力制御型ならその逆）そのものの関係を論じればよい。これこそが，まさに力と変位の関係を記述しようとするレオロジーなのである。詳細は割愛するが，筆者らは現在，反応過程での非線形性の表出を応答応力のフーリエ解析によるパワースペクトラムにより明らかにすることを試みている。

おわりに

最後に，図7.16は第26回（1999年11月）の食品物性シンポジウムで上田が「食品のレオロジー特性，界面特性の新しい測定について」[26]と題して講演した折りに用いられたOHPをアレンジしたものである（ご好意によりデータを頂戴した）。1981年以降のJICSTのデータ・ベースから拾い出した全食品研究のなかで，レオロジー関連の研究は確かに非常に少ない。しかし，レオロジー研究のなかでは食品が占める割合は必ずしも低くはない。そして，（合成）高分子

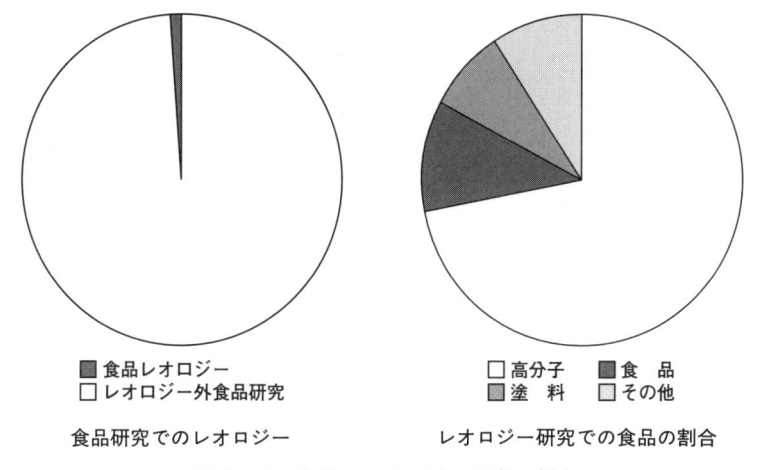

図 7.16　食品のレオロジー研究の割合

（食品研究でのレオロジー／レオロジー研究での食品の割合：□高分子　■食品　■塗料　□その他）

の内訳が明確にはされていないが，このなかで分散系を扱っているものが急速に増えている．合成高分子中心であったレオロジー研究が次第に分散系に移行し始めるとともに，非線形粘弾性が扱われるようになってもいる．

　最近の分子生物学的取り組みの成果として，味覚受容のレセプター（タンパク質）の構造の一つが明らかにされ[27]，化学的な味（基本味）を感知するしくみが科学的に明らかにされようとしている．また，味覚センサーも開発され[28]，市販されている（まだかなり高額であるが）．食品の構造・組織そして状態に由来する物理的な味に対する感覚受容のしくみが近い将来明らかにされることを願って，本稿を終えることにする．

　おわりに，わかりやすくを心がけたといいながら理解しにくい個所があるとすると，ひとえに筆者の浅学非才ゆえで，また，伝熱や誘電緩和，NMR 測定などでの優れた食品・調理関係者の成果をすべて割愛させていただいたこともあわせてお詫びさせていただきます．

（勝田啓子）

〔文献〕

1) 勝田啓子（田村真八郎・川端晶子編著）：食品物性論，食品調理機能学，pp. 55～82，建帛社，1997
2) 三浦　靖・種谷真一：食に関する助成研究調査報告書，No.9，p.49，すかいらーくフードサイエンス研究所，1996年
3) 三浦　靖：食に関する助成研究調査報告書，No.12，p.39，すかいらーくフードサイエンス研究所，1999
4) 柳瀬広美・勝田啓子：サラダオイルに見られる長時間緩和現象，日本レオロジー学会誌，25，161～163，1997
5) 松本幸雄：調理科学における物性研究　その1．認識論：分析と総合，日本調理科学会誌，32，2，166～170，1999
6) 松本幸雄：調理科学における物性研究　その2．食品の状態(1)，日本調理科学会誌，32，3，264～268，1999
7) 松本幸雄：調理科学における物性研究　その2．食品の状態(2)，日本調理科学会誌，32，4，380～386，1999
8) 上平　恒：水とは何か，pp.11～32，講談社，1977
9) 小野木重治：化学者のためのレオロジー，pp.77～94，pp.107～117，化学同人，1982
10) 松本孝芳：分散系のレオロジー，p.76，高分子刊行会，1997
11) 勝田啓子：団子のレオロジー，食品の物性　第16集，pp.109～129，食品資材研究会，1991
12) 勝田啓子・高橋洋子・佐藤恵美子：老化団子のみかけの活性化エネルギーと自由体積分率（第1報），日本家政学会誌，46，423～429，1995
13) 勝田啓子・高橋洋子・佐藤恵美子：老化団子のみかけの活性化エネルギーと自由体積分率（第2報），日本家政学会誌，46，431～437，1995
14) 勝田啓子：非加熱タンパク質ゲル，日本食品科学工学会誌，44，917～924，1997
15) 根本紀夫：ゲル化のダイナミックスとレオロジー，高分子，47，566～571，1998
16) 熊谷　仁：食品のゾル-ゲル転移点近傍における力学物性，*New Food Industry*，38，5，19～26，1996
17) *Chambon, F. and Winter, H.H.: Stopping of Crosslinking Reaction in a PDMS Polymer at the Gel Point, Polymer Bulletin*，13，499～503，1985
18) Djabourov, M., Leblond, J. and Panpon, P.: Gelation of Aqueous Gelation Solutions. II. Rheology of the Sol-Gel Transition, *J. Phys. France*, 49, 333～343, 1988

19) Chambon, F. and Winter, H.H.: Linear Visocoelasticity at the Gel Point of a Crosslinking PDMS with Imbalanced Stoichiometry, *J. Rheology*, 31, 683〜697, 1987
20) Koike, A., Nemoto, N. and Doi, E.: Structure and Dynamics of Ovalbumin Gels. I. Gel Induced by High-temperature Heat Treatment, *Polymer*, 37, 587〜593, 1996.
21) Nakamura, K., Kiriyama, M., Takada, A., Maeda, H. and Nemoto, N.: Structure and Dynamics of Ovalbumin Gels. III. Solvent Effect, *Rheol. Acta*, 36, 252〜261, 1997
22) 松本孝芳・勝田啓子・宮本曜一：降伏値をもつ系への Raised Cosine Pulse 法の適用性について，日本レオロジー学会誌, 21, 181〜183, 1993
23) 上田隆宣：合成波を用いた新しい粘弾性の周波数分散同時測定法（FT-RM）の顔料分散系への応用，日本レオロジー学会誌, 23, 109〜113, 1995
24) Katsuta, K., Tanaka, K., Maruyama, E., Kubo, M. and Ueda, T. (Nishinari, K., et al. eds.): A Simultenous Measurement of Frequency Dependencies of Viscoelastic Properties during Heating for Starch Disperse Systems Using Fourier Transform Technique, in "*Hydrocolloids 1: Physical Chemical and Industrial Application of Gels, Polysaccharides, and Proteins*", pp. 307〜312, 2000
25) 勝田啓子：密閉系・変位可変型動的粘弾性装置による食品のレオロジー測定，*New Food Industry*, 38, 5, 27〜39, 1996
26) 上田隆宣：食品の物性に関するシンポジウム，第26回大会講演要旨集，p.24, 1999
27) 阿部啓子：味覚の分子生物学，日本醸造協会誌, 94, 3, 181〜186, 1999
28) 都甲 潔：味覚センサ，p.9，朝倉書店, 1993

〔参考文献〕
〈物性関連テキスト〉
・化学実験講座，第4版，丸善，1992
　4巻（熱・圧力），5巻（NMR），6〜8巻（分光），9巻（電気・磁気）10巻（回折），11巻（反応と速度），13巻（表面・界面）
・新高分子実験学，共立出版，1998
　5．高分子の構造1―核磁気共鳴法，6．高分子の構造-散乱実験と形態観察，7．高分子の構造3―分子分光法，8．高分子の物性―熱的・力学的性質，9．高分子の物性2―電気・光・磁気的性質，10．高分子の物性―表面・界面と膜・輸送

〈パーコレーション理論，スケーリング則，フラクタル〉
- de Gennes, P.-G. 著，久保亮五監修：ド・ジャン　高分子の物理学—スケーリングを中心にして，吉岡書店，1984
- 小田垣　孝：パーコレーションの科学，裳華房，1993
- 高安秀樹：フラクタル，朝倉書店，1986
- 高安秀樹編著：フラクタル科学，朝倉書店，1987
- 高安秀樹，高安美佐子：フラクタルって何だろう，ダイヤモンド社，1988

第3編

調理学の未来的適応

8 調理工学の現在と未来

はじめに

　『21世紀の調理学』に示すとおり「食」に関する分野は多岐に渡っており，そのなかで調理工学といえども，調理操作のエリアから厨房設備，調理機器，食器容器，調理システム，給食管理，食事空間論，エネルギー源論などと相互に関係性を持ちながら，おのおの，独自の発展をしてきているようであり，最新の技術を駆使した新商品群も，非常に多く世に紹介されてきているようである。特に調理工学という"工学的視点"に着目しがちであるが，それらの商品群をつぶさに観察してみると，工学的技術に特化した商品はむしろ少なく，前述厨房設備より食空間論までの多岐に渡る切り口から，現在の調理を見直すといった，境界領域の視点よりアプローチを加え，そのなかに単位操作的調理操作を加えて商品化をはかる方式の製品が多くみられるのがその好例といえる。その境界エリアについては，ライフスタイル，社会的・経済的状況あるいは栄養学に特化した食品のあり方，生理活性に着目した調理学など，枚挙にいとまがない。一方，「食」にまつわる行為は人類誕生以来延々と営まれ，持続した常識が形成されてきた経緯はあるものの，社会の目まぐるしい変革は，調理学の分野においても，その構造が単純ではなくなったという点が指摘できる。調理工学の役割については筆者自身も自問する状況であるが，独断のそしりを免れ得ないなかでしいてあげるなら，調理に存在する秩序を技術もしくは理念として顕示することにほかならない気がする。したがって，本稿においては，それらもろもろの最新事例をいくつか紹介し，読者各位の"秩序の存在"の一助としたい。

1．調理操作ならびに調理機器最新事例考察

　調理のなかでは，ガス，電気，蒸気による熱を利用した工程が大半を占め，

その熱の伝わり方は，エネルギーのいかんにかかわらず共通している。一方，熱，水，酸素の存在がその腐敗を進行させるため，熱処理工程は基本的には素早く熱を加え，素早く熱を取る方法が原則といわれている。したがって，この熱処理工程とあわせ，冷却工程までの一連の動きをいかに効率的に行うかが，今日の調理学ないしは調理現場でのすう勢といえる。低温調理，長時間調理にて食品の風味特性を高める方法を採用した場合でも，その冷却工程においては素早く熱を取る必要があり，その点においてはやはり，この原理に則っているといえる。したがって，この一連の工程を調理操作ならびに調理機器の面よりとらえ，検証を加えてみることとする。

1.1. 熱の伝わり方

熱はまた浮気物と呼ばれ，温度の高いほうから低いほうへ逃げることは自明であるが，熱の伝わり方としては，水，空気，物体中を熱が伝わる熱伝達方式と固体内部を熱が移動する熱伝導方式がある。水，空気，流体中においては熱は流体の"乗り物"に乗り移動するが，固体内部での熱の移動は"熱の一人歩き"と解釈してよい[1]。無論，流体の速度，種類により，その熱の伝わり方が異なる点はいうまでもない。調理に関する熱の伝わり方としては，おおむねこの熱伝導と熱伝達を組み合わせ利用する方式が一般的であり，その効率性は大半がこの部分に着目しているといえる。

1.2. 各種加熱方法

ガスによる加熱方法が一般的であり，伝導，対流，放射の3方式についてはよく知られている。特に対流（対流＝コンベクションの意）を利用したコンベクションオーブンの興隆が目覚ましい経緯があるなかで，特にその対流のなかに蒸気発生装置を組み込む方式，つまり蒸気加熱による蒸気潜熱のエネルギーを利用したコンベクションスチーマーが，今や一世を風靡しているようである。「蒸す」作用を同時に行える点で，あらゆる調理に適しているといえる。また，強制対流法による特殊加熱法として，加熱する対象物のまわりを包み込んでいる空気の断熱層（境界層）に熱風を吹きつけ，その食品の外側に素早く外皮を

つくり，内部の水分を逃さない状態で焼き上げる噴流加熱法を利用した最新機器もその効率性の高さより推奨されている。揚げ物調理における食材の空気断熱，あるいは小麦粉つきによるデンプンの糊化による内部蒸し焼きの原理に似た作用のようである。

電気による加熱方法としては，電気コンロ，電気オーブンなどの抵抗加熱方式，電子レンジ利用の誘電加熱方式，電磁調理器利用の誘導加熱方式がある。そのなかでも，特に誘導加熱方式がその作業環境負荷低減，ならびに熱効率のよさより注目されている。これら蒸気潜熱利用，噴流加熱法および誘導加熱法など，いずれも広義では，その熱伝導，熱伝達の有効活用の一例ともいえる。

1.3. 冷却および保存方法

食品の微生物による劣化要因としては，食品の酵素作用，微生物，化学変化，物理的変化があげられ，特に細菌を中心とする微生物の制御が重要である。細菌は食品を不可食化し，人体に影響を与える重大な存在であり，その発育を阻止できれば，食品貯蔵は大半達成されたといっても過言ではない。食品の微生物は食品の性状要因（水分活性，pH，成分）と環境要因（保存温度，相対湿度，環境条件）に左右され，特に大きい要因が冷却方法と貯蔵温度であり，低温ほど細菌の増殖は抑えられる。したがって，ここでは最近注目されている冷却保存方法のいくつかを紹介する。

（1）急速冷却方式

食品の加熱を行った後，冷却によりその風味特性を維持しつつ保存性を高める方式は，その調理の幅を広げることになるため，待望久しい技術といえる。代表的方法としてはショックフリーザー，ブライン凍結，LN_2（液体窒素）などの利用による急速凍結（冷凍）法と，氷温帯をメドにしたブラストチラー方式（図8.1），冷水（氷温）によるタンブルチラー方式などがあげられる。すでに，冷凍流通により冷凍食品の汎用性の高さは実証済みといえるが，解凍のドリップ流出ならびに食品の凍結コストが冷蔵に比して高いため，冷凍ではない氷温方式の注目度が高いようである。とはいうものの，その取り扱いが容易なため，冷凍による方法も多く採用されており，中小規模施設においてはショッ

クフリーザー方式が主流のようである。したがって，その方式についての考察にとどめることとする。

急速凍結の方法で問題となる点は，各食材における氷結晶生成帯をいかに急速に通過させ，いわゆる"アイスバリア（氷結晶生成）"を生じさせないための工夫がもろもろなされているかである。つまり，アイスバリアによる食品組織のダメージをやわらげる方法が主眼といえる。一方，ブラストチラー，タンブルチラー方式は加熱調理後，細菌の繁殖最適温度である37℃前後の温度領域を急激に通過させる方式であり，凍結よりもむしろ加熱調理との関係に重きを置いている。機械の性能についても，その点に特化しているようである。また，その貯蔵温度が氷温に近いため，再加熱面でのエネルギーコスト，風味特性など，冷凍に比して優れた点もあげられる。急速冷却過程におけるタンパク質変性の考察も多くなされており[2)]，特に魚肉成分に関しては－3℃では氷結率が約34％ぐらいであり（つまり，魚肉成分は－3℃では約2/3は結晶化されていない），著しい変成は生じず，むしろタンパク質変成は解凍作用による乳酸生成のpH低下に起因しているとの報告もなされている。細胞の微細構造やタンパク質変成に関する分子論に関し，今後さらに研究成果が望まれるが，凍結法，

図 8.1　ブラストチラー

氷温冷却法いずれの方法においても"鮮度"がよいことが前提である。

（2）氷温貯蔵

牛生肉などにおける日持ちのよさ，解凍によるドリップなどの損失を低減するために注目をあびている。これらの食材はその流通，輸入形態にもよるが，一般的にそのグレードを高めるために熟成（エージング）の方法が採用される。エージングの方法についてはパッキングによるウェットエージング法と，パッキングによらないドライエージング法があるが，特に肉の変色ならびに前述歩留まり向上の目的でこの貯蔵が推奨されている（ただし，鮮度が特に重要なことはいうまでもなく，庫内のクリーン度，ドア開閉頻度の激しい方式は不可となる）。その他，野菜の"葉もの"あるいはケーキ類，麺類の保管に関しても日持ちのよさが特徴である。

この方式は，前述の肉・野菜類のみならず，魚類に関しても有効である。特に，魚肉筋肉の分解パターン解明を契機とした，いわゆる「K値」（魚類鮮度判定恒数）との相関において、魚類の貯蔵有効度が実験的に立証されている。なかでも0～−2℃に比べ，−3℃がきわめて鮮度保持効果が大きく，細菌に対する抑制効果が高いことが報告[2]されている。−3℃においては滅菌作用すら指摘され，−30℃の冷凍より生菌数の低下も実験的に報告されており，この温度帯における食材保管はますます期待されている。

1.4. 調理機器における最新事例

個別機器のなかで特にその機能性の高さより注目されている機器について，その概要を述べることとする。

（1）鮮度保持冷蔵庫

1950年代初期より登場した，いわゆる業務用冷蔵庫の類は，厨房の現場において，食材の幅を飛躍的に増大させた点で"厨房革命"を引き起こしたといってよい。その後，さらにその冷蔵技術は産業技術のハイテク化と期を一にして，より詳細な温度管理技術へと進んできた。特にその著しい特徴は，各食材ごとに異なる凍結点をもとに，適正な"食材ごと"温度管理がインバーター制御その他の技術により可能となった点である。メーカーにより，その表現はま

ちまちであるが，氷温冷蔵庫，チルド冷蔵庫，恒温恒湿庫等がその代表といえる。一般的に認識されているおのおのの温度領域については，氷温温度帯として0～－6℃（または食材そのものの氷結点），チルドの温度帯としては，－3～2℃ぐらいの設定温度といわれている。

　厨房施設においては，食材や仕込み材料の貯蔵に関し，適正な温度管理や品質劣化の進行状態，生菌管理がきわめて重要な問題であるはずであるが，それらの点がなおざりにされてきた経緯がある。食材の氷温，チルド保管を行うメリットについては，生鮮品の鮮度保持が最も長期に渡って可能になる点があげられる。具体的事例としては，

- 解凍によるドリップ損失が大幅に低下（従来冷蔵庫の約1／10）
- 歩留まり向上約15～18％（牛生肉48時間保管の場合の重量換算）
- マグロの刺身用，鶏肉，豚肉約7日間

などである。この保存性のよさは，その調理現場においてさまざまな運営上のメリットをもたらしている。集中製造による作業の平準化，ピーク需要に対する計画生産の実施，シフトの合理化，材料ロスの軽減化，長期冷蔵による過凍結の防止などであり，全体の作業効率に果たす役割はきわめて大きい。緻密な温度設定に関していえば，庫内温度と蒸発温度の差を極力縮小し，かつ空気強制循環による乾燥を防ぐ方法，あるいは冷気吹き出しに特殊な工夫を凝らした機器の採用により，従来冷蔵庫の湿度分布50～60％を90％ぐらいまで高めた，いわゆる恒温恒湿庫の類も出現している。原理的には戦前採用使用されていた氷冷蔵庫（氷の気化による湿度保持に特徴）に類似した発想といえる。これらの機器はまた，最近の長時間解凍のなかで解凍庫としての機能もあわせ持っている。鮮度保持，ドリップ流出防止は取りも直さず，解凍後の食材の経時変化を極力抑えるということであり，冷凍庫との併用により，食材の品質，歩留まり向上をはかることが可能となる。

（2）コンベクションスチーマー（図8.2）

　庫内熱風を対流させることにより対象食材の均一加熱をはかるコンベクションオーブンは，学校，病院，ホテル，レストランなどの大量調理施設において，その温度設定の容易さ，調理時間の短縮化の機能により，大幅に導入され

てきた経緯がある。しかし，コンベクションオーブンは熱い空気をあて続けるために，食品の乾燥がその最大の欠点として指摘されてきた。この欠点を防ぐためにそのオーブン機能のなかに蒸気発生装置を組み込み，「焼く」と「蒸す」を同時に行う機能を持つことがコンベクションスチーマーの最大の特徴といえる。当初，当該機器の先鞭をつけた機種は従来のコンベクションオーブンの下部に水槽を設けた方式であるが，その後，蒸気発生装置の方式へと移行してきたように見受けられる。従来のオーブン機能で熱した庫内にスチーム機能でつくった蒸気を吹き込む方式ということである。おおむね80～300℃以上になる庫内で「熱くて湿った空気」を食材に吹きつけ，焼く，蒸す作業を同時に行う原理である。蒸気は低温の物に触れるとき，一気に凝縮し，その潜熱を低温物に伝えるため，加熱スピードが速いことと，温度が一定（1気圧では100℃で安定）しているため，食材を焦がしたり，調理しすぎる点がないのが特徴といえる。この特徴を「焼く」作業に最大限利用することによる熱効率の高さも推奨される点である。食品が乾燥しないことに関していえば，従来のオーブンに比し，10～15％ぐらいの上昇がみられ，野菜その他の煮崩れ，ロスの軽減にも寄与している。前述，蒸気発生装置の制御を行うことにより，食材の風味特性

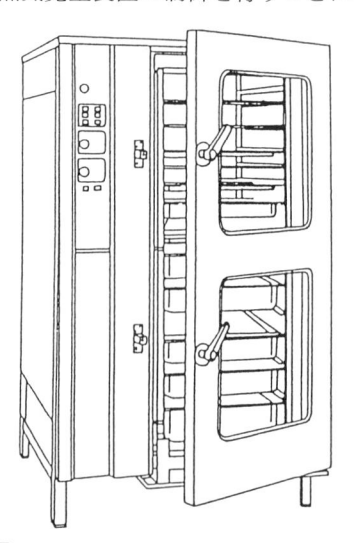

図8.2　コンベクションスチーマー

を高める低温，スロークッキングにも適しているといえる。この特性はまた，冷凍食品の解凍，食品の保温に関してもその効力を発揮する。品質管理，衛生管理向上の点より，最近の調理は食品の中心温度計測が恒常的に行われるが，これらの芯温管理機能も標準装備されており，従来の加熱調理におけるレベルを格段に向上させている。

(3) 電磁調理器

電磁調理器の誘導加熱方式は，電磁誘導によって導体内に生じた電流の熱作用を利用したものである。その発生電力は鍋素材の比透磁率，抵抗率の平方根に比例するが，その特徴としては鍋そのものが発熱するため，きわめて熱効率が高いこと（おおむね70〜75％），赤熱部分がないため，安全性が高い点，あるいは出力調整が連続的に可能な点などがあげられる。最近の厨房における炎熱環境改善の一環として，その採用の大幅な増加があげられている。ただし，その欠点もいくつか指摘されている。その内容としては焔や高温発熱帯がないため，網の上で焼くような調理ができないことや，鍋の種類が限定される点である。そのほか，コイル駆動時のコイル冷却についても，相当に工夫されているがその信頼性がいくぶん低く，耐寿命性に若干問題があり，また機器そのものの性能よりは鍋材質の均一性，厚み等による動特性時の損失角の問題などがある。あるいは，高周波で励磁することによる食品への超音波効果の究明など，今後の研究に委ねる点も若干ある。また，食器の裏面に磁性体を蒸着し，食品を盛りつけたまま誘導加熱する方式も欧米で多くみられており，今後ますますその利用がはかられそうである。

2. 調理操作における新しい調理方式について

調理における全体フローについては，基本的に下ごしらえ（プレパレーション）→クッキング（ホット，コールド）→盛りつけ・配膳（ディッシュアップ）と従来の方法に変化はないが，最近取沙汰されている方式に新調理システムの導入があげられる。ホテル，病院，セントラルキッチンなど大量調理施設に必然的に導入されている方式であるが，中規模施設においてもいくばくか導入がはかられているようである。その概要については，すでに多く紹介されている

ため，詳述は避けるが，基本的な流れ，概要についてのみ触れる。詳細については参考資料[3]を参照されたい。

2.1. 真空調理法（Sous Vide）

1970年代後半より1980年代中頃を通じて，フランス列車食堂にて実施された経緯については周知のとおりである。その主旨は真空パックに代表される保存の方法としてではなく，調理方法の一環として紹介されたということである。具体的フローとしては，以下のとおりである（機器概要については，図8.3参照）。

| 下処理 |⇒| 真空包装 |⇒| 低温加熱 |⇒| 急速冷却 |⇒| 冷蔵保存 |⇒| 二次加熱 |⇒| 提　供 |

つまり，真空状態における好気性細菌の繁殖を抑えながら，調理の熱伝導向上，タンパク質の凝固を防止するための低温調理がその特徴といえる。

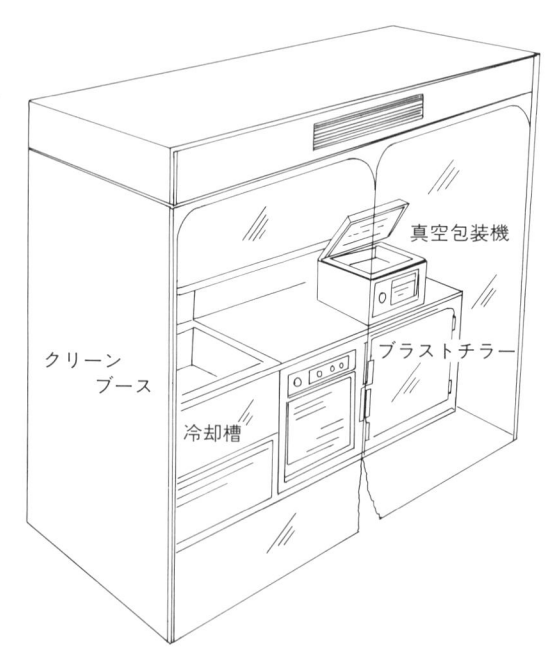

図8.3　真空包装機器概要

2.2. クックチルシステム（Cook Chill System）

　このシステムは，冷風（−15〜−20℃）にて冷却を行うブラストチラー方式とタンブリング（回転攪拌）チラー方式の2種類がある。いずれの方式も食品を加熱調理した後，品質劣化要因である微生物の増殖を抑制ならびに酵素作用，化学変化を遅滞させる方式である。冷凍（フリーズ）ではなく，3〜5℃まで急速冷却をはかり，その後0〜2℃の低温コントロール状態で貯蔵する。

（1）ブラストチラー方式

　通常の調理方法で完成した調理品に冷却空気を（−15℃以下の凍結温度の空気）を吹きつけ冷却する。冷風による冷却のため，食材の厚さに制限がある。氷温保管により，約5日までの保存期間が可能である。調理フローについては以下のとおりである。

　下処理 ⇒ 加熱 ⇒ 急速冷却 ⇒ 氷温保管 ⇒ 二次加熱 ⇒ 提供

（2）タンブルチラー方式

　液状調理品と固体調理品により，若干工程が異なるが，基本的には調理品をそのまま充填（ケーシング）し，冷水のドラムのなかに投入し，回転させながら急速冷却する方式であり，包装等の方式（ポンプフィル）も併用するため，

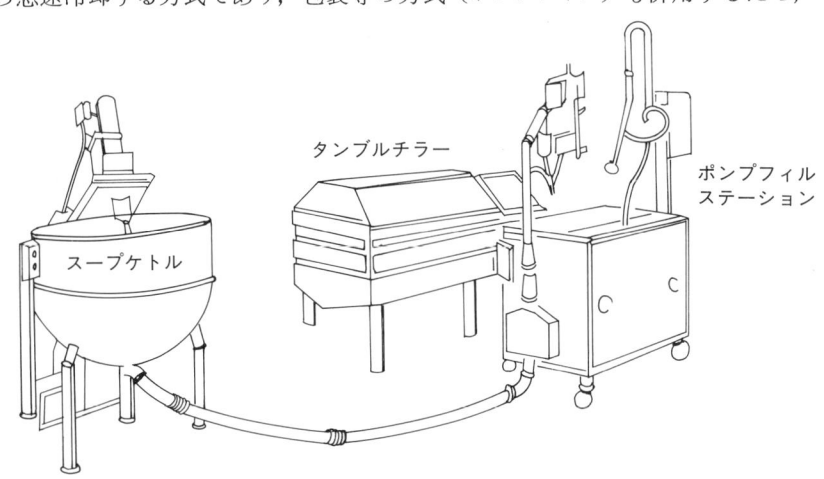

図8.4　タンブルチラー方式機器概要

食材に直接手を触れることなく作業が行われ，信頼性が高い。当該方式の場合，貯蔵期間も最長45日間ぐらい可能といわれている（タンブルチラー方式機器概要は図8.4参照）。調理フローについては，以下のとおりである。

| 下処理 |⇒| 加熱 |⇒| パック詰め |⇒| 急速冷却 |⇒| 氷温貯蔵 |⇒| 二次加熱 |⇒| 提供 |

真空調理法，クックチルシステムいずれの方法も業務平準化，調理の歩留まりといった点が強調されてきたが，最近のとらえ方としては，その調理法が旧来にない具体的温度管理をベースとしているため，調理における衛生管理，温度管理，品質管理の向上が期待されてきている。調理操作における工程管理の一環であるという認識である。

3. 衛生管理

食事は，口腔を通じて直接的摂取という性格上，細心の衛生管理を心がける必要がある。特に最近は，厚生省による『大量調理施設衛生管理マニュアル』（1997年3月）通達以来，HACCP（Hazard Analysis 食品の危害分析と CCP, Critical Control Point 重要管理点監視 を組み合わせた方式）に基づく衛生管理の周知徹底が，あらゆる食品加工業に要求されており，その概要ならびにそれらを支える新しいシステムなどについても紹介する。

3.1. HACCP準拠プログラム

HACCP 準拠プログラムの構成については，生物的危害（細菌やウイルスによる危害），化学的危害（残留農薬など），物理的危害（異物混入など）の3種類の危害を防除するために，調理におけるすべてのプロセス（入荷→保管→調理→提供）にチェックを入れる方式であり，具体的には7原則が唱われている。その概要については図8.5に示す。HACCP 導入前提としてのフローダイアグラムについては第1に食中毒リスクが高いメニューより順に取り上げ，次に各メニューのレシピで危害分析，重要管理点を記入する方式が一般的である。『大量調理衛生管理マニュアル』のように，調理カテゴリー別にマニュアルをつくる方式もあり，その場合，非加熱食品（野菜，果実など）マニュアル，加

① 危害分析
■生物的危害（細菌やウイルスによる危害）
■化学的危害（化学物質，残留農薬等の危害）
■物理的危害（異物混入等の危害）

② CCP（重要管理点）の設定
■ 入荷 → 保管 → 調理 → 提供 の各段階で，制御が必要な過程にCCP（重要管理点）を設定

③ 管理基準の設定
■重要管理点に管理基準設定
■管理基準：温度，時間，湿度，水分活性，pH，酸度，塩分濃度，有効塩素濃度等

④ モニタリング方法の設定
■管理基準内に制御されていることを確認する為の観察，測定又は検査方法の設定

⑤ 改善措置の設定
■管理基準からの逸脱が明らかになった場合，改善措置設定

⑥ 検証方法の設定
■危害発生防止のために，HACCPプランが正しく，効果的に機能することを定期的に検証

⑦ 記録保管システムの確立
■HACCPプランに従った衛生管理全体を記録
（担当者，検査方法，検査データ等）

■重要管理点（CCP）とは，その管理からはずれた時，許容できない健康被害，品質低下を招く恐れのある場所，管理方法（加熱調理，冷却，消毒，殺菌，食品の組織調節，交差汚染，二次汚染の防止，従業員の個人衛生，そ族，昆虫の駆除，換気，空調等）

例：一定の温度で一定の時間加熱処理
　　＝1つのCCP
　　食品の冷蔵保管，pH調節も1つのCCP

■HACCPに基づく大量調理施設衛生管理マニュアル例
[入荷]
①納入業者，仕入段階での微生物管理（SQE：Supplier Quality Assurance）
②品質，鮮度，品温チェック，搬入時間，室温，冷蔵，冷凍温度の記録
③野菜，果物：加熱しない場合，流水で洗浄 200 mg／ℓ 次亜塩素酸ナトリウム5分間浸漬，流水洗浄後使用
[保管]
①食品中心温度5℃（10℃）以下又は65℃以上で保存（食肉10℃以下，魚介類5℃以下，冷凍－15℃以下）
②冷凍，冷蔵，温室を毎日チェックし記録
[二次，交差汚染防止]
①手・指洗浄殺菌：作業開始前，トイレ後，休憩後，汚染物に触れた後
②包丁，俎板，器具，容器，機器類の洗浄，殺菌80℃5分間以上の熱湯消毒，200 mg／ℓ 次亜塩素酸ナトリウムの5分間浸漬，流水洗浄又は70％アルコール噴霧
[調理]
①加熱中心温度75℃1分間以上，加熱時間記録，（揚げ物）油温確認，食品中心温度3点以上測定
②加熱調理後食品冷却は30分以内に芯温20℃迄（又は60分以内に10℃迄）下げる
[提供]
①調理後30分以内に提供。それ以上の場合は10℃以下で冷却又は65℃以上で保温

図 8.5　HACCPの7原則

熱食品（揚げ物，焼き物，蒸し物，炒め物など）温度管理マニュアル，調理時点検表，食品保管記録，加熱加工記録などの構成である。

3.2. 総合衛生管理

厚生省においては，HACCPを取り入れた「総合衛生管理製造過程」（食品衛生法第7条の3）をあらゆる食品業に導入する意向があるものの，その構成については HACCP 準拠プログラムのみでは完全な衛生管理の実現はむずかしい。HACCPプログラムと同時に，GMP（Good Manufacturing Practice）＜施設整備プログラム＞とSSOP（Sanitation Standard Operation Procedure）＜衛生管理運営手順＞の整備，併用が必須条件である。その構成ならびに留意項目を図8.6[4]，図8.7に示す。したがって，その効果的な運用をはかるためにはHACCPの点検項目を極力少なくする工夫を行い，「継続的な改善」の仕組みをつくることが重要といえる。

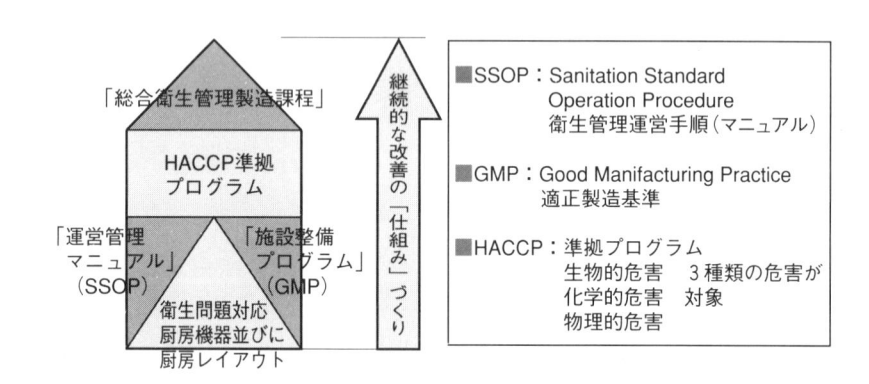

図8.6 総合衛生管理ハウスピラミッド

3.3. キープドライ

日本の厨房においては，永年その作業の特性より，厨房床のウェット的な使い方に慣れ親しんだ経緯があるが，食品衛生ならびに労働安全衛生の見地より，近年そのあり方を見直す気運が高まっている。欧米などの事例では，その施設管理者の責務として，厨房のキープドライが要求されており，衛生管理向

■HACCP運用にあたっては，下記2項目の整備とそれを支える厨房機器が必要

① 施設整備＝適正製造基準（GMP）の確立　② 運営管理マニュアル（SSOP）の整備

〈施設整備プログラムの代表例〉
・施設の周囲
・施設の構造，整備と相互汚染防止対策
　（汚染作業区域と清潔作業区域の明確な
　　区分）
・衛生施設の整備
　（便所，食堂，更衣室，手洗い設備，
　　機械器具の洗浄，消毒設備等）
・水質管理基準
　（使用水の供給，氷の供給，蒸気の
　　供給等）
・厨房ドライシステムの採用
　（キープドライの導入）
・温度，湿度の空調管理
・厨房出入口の明確化
・交差汚染排除の厨房レイアウト採用
・浮遊菌，落下菌の減少
　（クリーンゾーン化）
・床，靴底除菌の徹底
・適正換気バランス確保
・適正照度確保

〈一般衛生運営手順マニュアル
　　　（SSOP）の代表例〉
・器具洗浄の徹底
・提供食品の時間管理
・原材料等適正保管量の確保
・厨房内二次殺菌の実施
　（野菜，果実等非加熱食品）
・調理従事者の衛生管理
・食品芯温管理
・調理済食品の二次汚染防止
・調理終了後の厨房設備の洗浄，殺菌の
　徹底
・仕入業者の清潔管理
・搬入コンテナの殺菌
・料理のリードタイムの設定
・ドライシステム採用
・常温放置の禁止
・汚染度の大きい食材の禁止
・マニュアルによる指導徹底
・職員の健康管理

GMP，SSOPを支える厨房機器並びに厨房レイアウト

・器具洗浄，消毒の徹底……器具洗浄機，器具保管庫，消毒槽
・食品の芯温管理
　　①調理ムラのない加熱器具……コンベンションスチーマー
　　②迅速な加熱装置と冷却機器……蒸煮冷却器，小型低温
　　　　　　　　　　　　　　　　　真空冷却機，クックチル
　　　　　　　　　　　　　　　　　（タンブルチラー）システム
・食品別専用器具の設置……魚介類，肉用，野菜用，専用冷蔵庫
・調理後の食品の取扱い……真空断熱食缶
　　（10℃以下，65℃以上，2時間以内，保冷，保温可能な機械）
・清潔維持機器の整備……冷凍庫，冷蔵庫，包丁俎板殺菌庫，
　　　　　　　　　　　　器具保管庫，殺菌ダスター，殺菌モップ，
　　　　　　　　　　　　アルコールスプレー，廃棄物専用容器等
・ドライシステム（キープドライシステム）採用……壁掛式ガス回転釜，
　　　　　　　　　　　　　　　　　　　　　　　　蒸気釜，ブレージング
　　　　　　　　　　　　　　　　　　　　　　　　パン，スープケトル
・交差汚染のない厨房レイアウトの採用

図8.7　GMP，SSOP留意項目

図 8.8.1　壁掛式機器事例

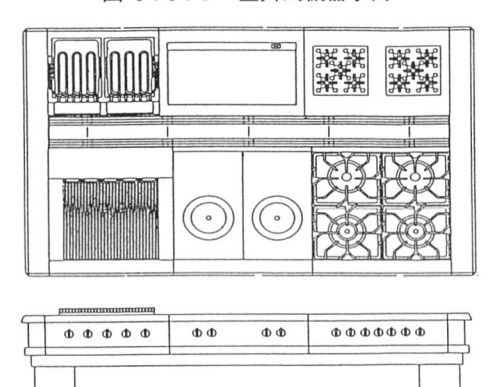

図 8.8.2　ブリッジ式機器事例

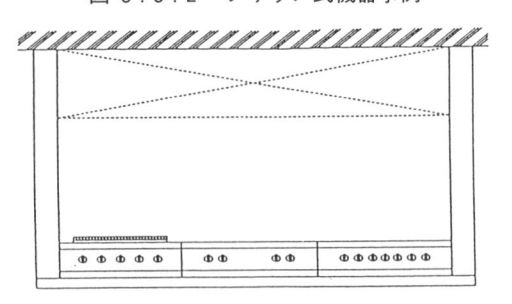

図 8.8.3　天井吊下げ式機器事例

上には欠かせないものとなっている。そのキープドライの方式を確実に実現するためには，運営面における留意事項（水をこぼさない，こぼしたらすぐ拭くなど）をサポートするようなハード的配慮を行う必要がある。具体的には，建築設計での構造，位置，区画，設備設計における排水方式，空調方式，あるいは厨房機器の構造等が密接に関係するため，その整合性をいかにはかるかが重要となる。なお，厨房機器のうち，その清掃性の容易さをはかるためのいくつかの方式（壁掛式，ブリッジ式，天井吊下げ式）を図8.8に示す[5]。

4. 厨房システム最新事例

4.1. 温度管理システム

　HACCPを支える重要要件として，その温度管理の重要性を述べたが，その温度管理の範囲としては，食材保管より加熱中の温度計測，提供時の温度管理，あるいは器具，食器類の消毒保管温度まで非常に広い。さらに，それぞれのエリアにおいて使用される機器もすべて異なるため，そのパラメーターとしての記録を残すことは，それぞれの施設の繁忙要因ともかかわり，非常にむずかしい。しかし，HACCP準拠プログラムの作成による衛生管理の向上はまた，その施設における工程管理，品質管理の向上にほかならない点も多々あるため，冷機器は無論のこと，加熱，消毒機器まで含めたトータル温度管理システムの構築が望まれる（図8.9）。また，これらのシステム構築を行うことは，従来の調理システムをいくぶんなりとも定数化，定量化することに寄与し得るものでもある。さらに，これらの総合温度管理システムを構築する際に欠かせない点として，各機器個別に導入されている温度管理機能の"標準化"があげられ，この点が今後の大きな課題でもある。

4.2. 物流システム

　原材料の調達，加工製品および最終完成品など，形あるものの総合的な最適管理を実現する経営機能としてロジスティクス（Logistics）の概念が紹介されて久しい。食品加工業においても，この機能の初期的段階としての物流システム（装置）の導入が，大量調理システムにおいて目ざましい。その施設の性格

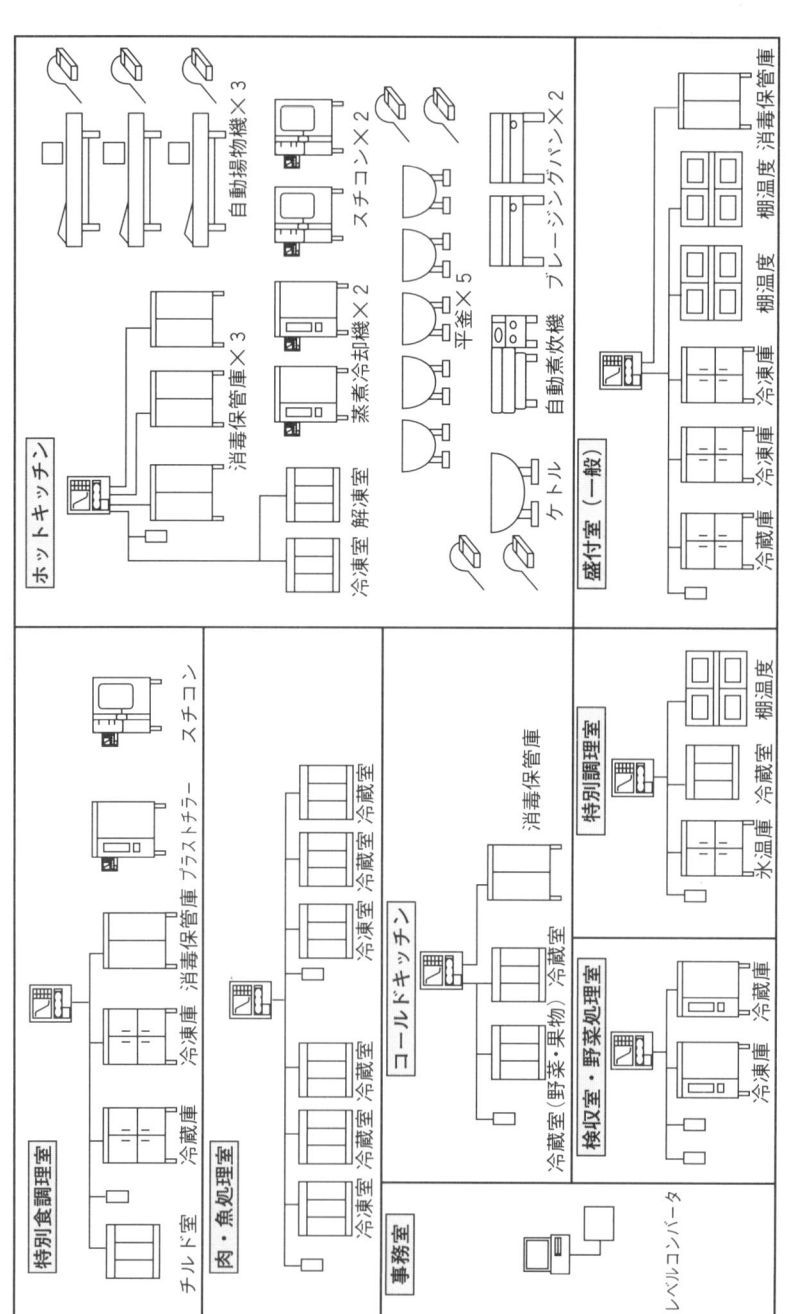

図8・9 温度管理システム

上，扱う食材，食器，製品搬送の労力が非常に大きく，そのシステムの良否いかんが，採算性を左右するといっても過言ではない。採算性の問題以外に，建築的制約条件で，その食材貯蔵から加工，盛りつけ，配膳作業が同一平面上に配置できない場合や，搬送距離の問題より，その導入の是非をはかるケースもある。参考例として，（食器）水平搬送，立体収納装置（図8.10），垂直搬送装置（図8.11）などを示すが，その施設に要求される条件は千差万別のため，実施されている物流システムの形態は多岐に渡っている。これらの物流システ

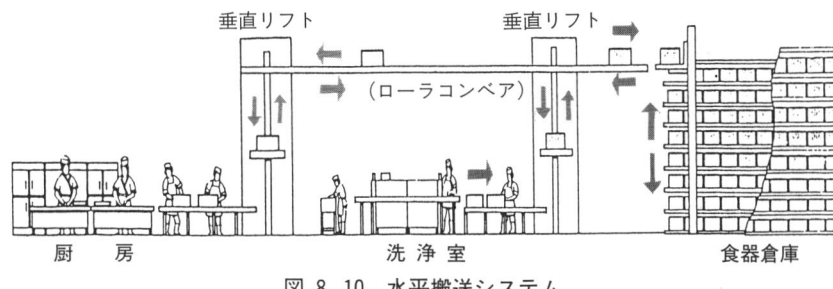

図 8.10 水平搬送システム

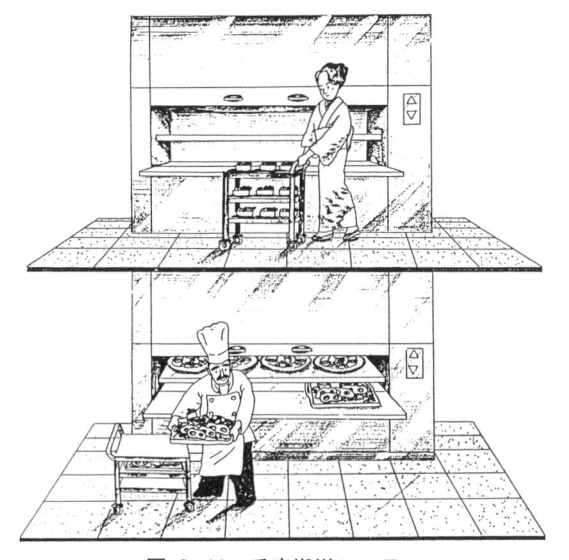

図 8.11 垂直搬送システム

ムの原則は，おおむねその移送する単体の"モジュール化"が欠かせない。食品加工業においては，モジュール化できる部分とできない部分があり，これらのシステムを導入する場合，これらの運営上のソフト統合あるいは，物流にかかわる情報の交換が必須であることはいうまでもない。将来的には，前述温度管理，品質管理，衛生管理など各システム間でのカップリングが必要となり，その余力を顧客サービスに特化する視点は欠かせない。また，ソーシャルキッチンの社会的効率性より，広義においては，時間的，空間的かつ社会的最適管理の実現，いわゆる"グリーンロジスティクス"の実現が待たれる。

4.3. 厨房設備海外事情

日本における厨房設備の将来像を描くにあたり，欧米の諸事情にそのいくつかが秘められているように見受けられる。特に気がつく点は，労働安全面に対する配慮がなされている点と，その内容が定量化されている点である。よく知られている内容としては，DIN 規格（ドイツ工業規格）あるいは DDI（ドイツエンジニア協会）による厨房機器外装表面温度，エリア別最低照度，温熱環境などの具体的数値あるいは職場条例などによる面積別天井高規定ほかである。特に注目される内容としては，食品加熱時の揮発性物質の化学反応に言及している点がある。グリル，ロースト，フライなど，食品に油を多く含む料理方法に関し，有害アルデヒドの生成等が指摘されており，日本においてもこの分野の研究が待たれる。詳細については，参考資料[6]を参照されたい。

ヨーロッパにおける厨房エリアの認識については，あくまで「特殊なエリア」としての認識ではなく，「一般職場」としてその位置（窓面確保），構造，排水，および空調条件を配慮する姿勢のようである。米国においても NRA（National Restaurant Association）はじめ，OSHA（Occupational Safety and Health Administration）（職業衛生安全局）において，就業中の災害防止，危機対応をはかっている。特に米国の場合，自発的に事故防止対策を取ることがモデル企業としての評価に通じる点があり，ヨーロッパにおける厨房インフラと異なった面があるものの，人間工学，室内換気基準等の設置が考慮されているようである。

5．調理工学の将来像について

　調理は，その行為が生命活動を維持するという大きな宿命を負っている。その技術は生物としての代謝を促す生理活性の分野から，調理操作さらには社会的，経済的な空間へと拡大していく。調理工学を基礎とした技術の流れについては，他の科学技術同様止めようがない方向でもあるが，1970年代における地球環境問題あるいは，自然と調和した技術文明社会の実現が提起されて以降，その技術の見直しは世界的課題となっており，調理工学といえども例外ではない。特に，調理工学においては，技術と感性面における要素が複雑に関係しているため，その内容を科学的情報に翻訳する場合の"問題と仮説"の方法論に幅広い知識が欠かせない。短い文章では表現がむずかしいため，その調理工学を取り巻く構図を示すと図8.12のように，さながら"マンダラ"的内容となるが，基本的には物質としての肉体，時間を超越した精神ないしは心の問題

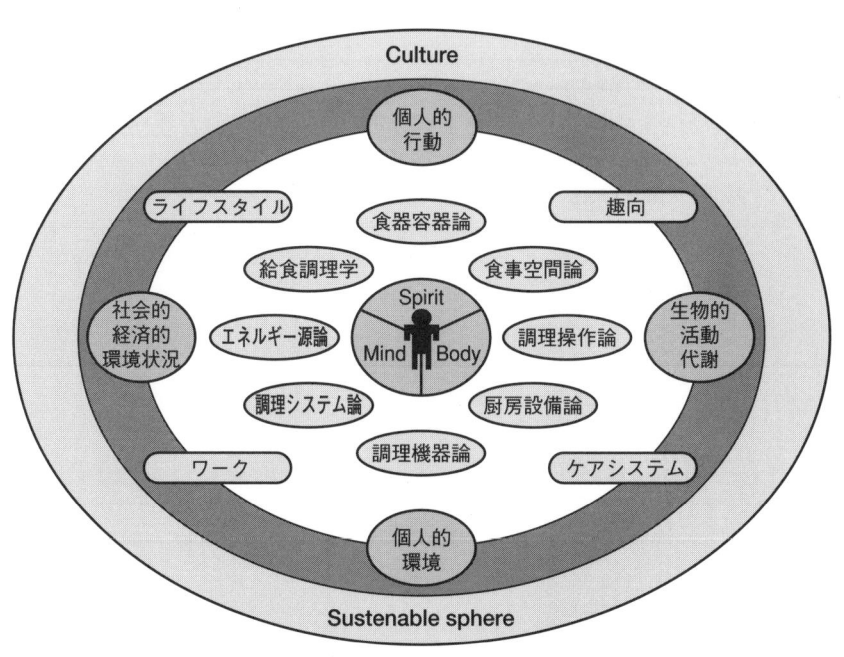

図8.12　THE MANDALA OF "調理工学"

を，その中心に据えざるを得ない。この点は，多くの食の専門家が指摘している内容とも思われる。調理工学を取り巻く各種最新事例を紹介したものの，その技術のめざす方向は"人間も生物の一種である"という生命科学的視点を基礎に，人間，自然，人工のものとしての世界観を抜きにして語れないのが調理工学の分野といえる。人間の感性を"科学的に解釈する"困難な環境のなかで，その健全な理解と関心を呼び起こし，その技術のすばらしさと利点あるいは潜在的な危険を，社会との関係で養う全方位の考え方がその将来像に託されている。

（久保　修）

〔文献〕
1）宗谷幸男・三堀友雄：缶詰技術，缶詰技術研究会誌，**10**，3，1969
2）内山　均：パーシャルフリージング，調理科学，**18**，3，1985
3）久保　修：外食産業の新しい調理システム，日本調理科学会誌，**30**，3別刷，1997
4）木庭秀明：外食産業衛生管理，月刊食堂 6月号，1998
5）日本厨房工業会編：新調理システム等ガイドライン資料より
6）ジェフリーB．シュナック（日本厨房工業会編）：欧米の厨房事情，厨房 10月号（No.364），1999

9 健康科学と調理科学の接点

はじめに

　健康科学と調理科学の接点は何か。すなわち，調理科学は，健康を総合的に研究する学問である「健康科学」の研究テーマにどのようにアプローチすれば新たな研究を推進できるであろうか。

　現代社会における一人ひとりの健康を阻害する危険性を持ついくつかの病気に対して，これまで，「成人病」と命名され，研究されてきた。最近，この名称は「生活習慣病」と変更された。一定の年齢層に限った病気であるとの認識を排除し，子どもも対象とする幅広い視野に立ち，考察されるようになった。調理科学の分野でもこの流れに沿って新しい研究が推進されている。

　厚生省は1985(昭和60)年に「健康づくりのための食生活指針」を発表し，栄養に関する項目に加えて，「こころのふれあう楽しい食生活を」の一項をあげている[1]。これまでの栄養重視の食生活改善に対し，QOL(生活の質)の視点が盛り込まれたことの影響は大きい。しかも，この食生活指針はわかりやすいため，健康と食生活のかかわりについて多くの人々の関心を呼ぶようになった。

　その後，健康づくりのための食生活指針を発展させた，対象特性別食生活指針が策定され，「成人病予防のための食生活指針」が提唱された[1]。成人病という名称は，40歳以上の成人や高齢者に多く発症することから名づけられたが，長い年月を経ての各個人の生活習慣がこれらの疾患と深くかかわっていることが明らかとなり，生活習慣病という概念が取り入れられ，1997(平成9)年からそう呼称するようになった。すなわち，食習慣，運動習慣，休養，飲酒喫煙などの生活習慣の影響がその発症や進行にかかわっているといえる[2]。また2000年には，10項目からなる「食生活指針」が示され，食生活指針の実践として，①心とからだにおいしい食事を味わって食べましょう，②毎日の食事で健康寿命をのばしましょう，③家族団らんや人との交流を大切に，また食づく

りに参加しましょう などを強調している。

この章では，健康に対する調理科学の果たす役割を，生活習慣病の予防と関連づけて考えていくことにする。

1．生活習慣病の予防と調理科学

生活習慣病の予防は第一次から第三次予防に区分される[2]。第一次予防は狭義の予防といえるが，生活習慣病にならないための食生活をめざすことである。次に第二次予防とは，疾病の早期発見，早期治療であり，ここには病院などで提供される治療食も含まれる。第三次予防とは，疾病等により障害が引き起こされた場合のリハビリテーションと再発防止であり，高齢者の食事ケアもこの分野に含まれる。

今後の調理科学研究は，生活習慣病の予防とのかかわりから考えると，栄養学，医学などを含めた総合的な研究になろう。次の節から順に，生活習慣病の第一次予防，第二次予防，第三次予防の各段階における調理科学のかかわりについて考えていきたい。

2．第一次予防と調理科学

1997（平成9）年秋に厚生省が行った「糖尿病実態調査」によると，日本の糖尿病患者は690万人と推計され，これに境界型（予備軍）を含めると1,370万人に達するといわれ[3]，成人の7人に1人の罹患率である。糖尿病は代表的な生活習慣病である。予防という意味からみれば，予備軍が糖尿病患者とほぼ同数ということは驚くべきことである。予備軍をつくらない食生活にはどのようなことが必要であろうか。症状の出ている人の約半数が肥満症であることが明らかになっている。また糖尿病は，腎臓や眼の障害，動脈硬化症，脳卒中，心筋梗塞などの重大な合併症に発展するので，ことに第一次予防が重要である。

生活習慣病の第一次予防という視点からは，食生活の現状把握と，その改善である。このような研究の視点は栄養学の領域でひろく行われているが，単なる栄養調査ではなく，その食習慣を把握することであり，そのなかから嗜好の変容をみることになる。

2.1. 食生活の分析

　生活習慣病の予防という意味から，食生活の実態をとらえるためには，食習慣の観点からとらえてみることも必要であろう。主食のみに焦点をあてて，主食パターンからその人の食生活をとらえる試みがある[4]。この研究手法は摂取量に注目するのではなく，食行動に焦点をあて，食生活の現状分析を行うことに特徴がある。摂取量を記入してもらう調査法と異なり，栄養状態を的確に把握することはできないが，類推することが可能である。

(1) 食 習 慣

　食習慣とは，食環境，食行動，食意識などを含めたものをいう。

　現代は内食，外食，中食などのように，調理形態や食事の場所も多様化してきている。さらに，生活時間が多様化し[5]，24時間眠らないといわれている都会生活では，食事時間にも多様化傾向がみられる。

　1980年代に発表された食嗜好の調査研究[6]によると，男女で多少異なるが，40歳前後で食嗜好の変化がみられるとの結果が示されている。このような嗜好の変容は何が原因であろうか。その要因分析に対する調理科学からの取り組みが必要であろう。

(2) 若年者の食生活と健康

　生活習慣の多様化に伴い，若年者の食生活も大きく変化してきているといわれている。国民栄養調査や，生活時間調査で，彼らの食生活の変化をみることができる。

　生活時間の記録と食生活の食事記録を併用した研究[7]から，生活時間の多様性に伴い，朝食，昼食，夕食の定義が変化してきていることが認められている。休日の朝寝坊は，朝食と昼食を合わせた食事形態であるブランチを誕生させ，フリーターに代表される若年者の生活時間の乱れは，3食の喫食時間帯のずれを引き起こしている。

　また，生活習慣が多様化する現代の若年者にとっては，健康維持のための食事に対する意識にも変化がみられる。健康食品と称する栄養補助食品（サプリメント）の摂取実態の調査を含め，若年者の食習慣が健康にどのように影響を及ぼすかに関する検討は，食教育の資料として有効な手段といえる。

2.2. 乳幼児の食生活と健康

生活習慣病の予防は乳幼児のころから必要である。

厚生省は「離乳の基本」を1995（平成7）年12月に改正した[8]。改正の主な点は，早期離乳によるアレルギー症状を持つ子どもや嚙めない子どもの増加などであり，この点を考慮したものである。アレルギー疾患を持った子どもは年々増加の傾向にあり，アレルギーを発症させないための離乳食および幼児食の工夫や，アレルギーを防止するための食品開発などが考えられる。また，加工食品については，厚生省が2001年施行に向けてアレルギー物質の原材料表示義務化の方針を打ち出しており，食に関するアレルギー問題の重要性はますます増加するといえる。

また，嚙めない子ども，顎関節症の増加など，口腔機能と食事に関する幼児の問題も多い。ことに，幼稚園や保育園では食べることに集中できない子どもが増加している。従来から行われている研究は，食物を対象とし，特に栄養を対象としたものである。しかしこれからは，食物と人のかかわりを積極的に解明していく必要がある。はじめに提案したように，心理面の関連も含めた総合的な研究が重要になってくるであろう。同様に，糖尿病や心疾患につながる肥満児や糖尿病予備軍の低年齢化など，食生活に関するさまざまな問題が山積みであり，子どもの食習慣の改善には親への食教育も大切である。

2.3. 骨粗鬆症の予防と食事

食事中のカルシウム不足は骨密度の低下をきたし，骨粗鬆症になる危険性が大きい。骨密度が低下した高齢者（骨粗鬆症患者）は，ことに大腿骨を骨折しやすくなるため，骨密度の低下は寝たきりの遠因といわれている。

運動その他の生活習慣の影響も大きいが，食事中のカルシウム量の不足は骨密度低下の最大の要因であろう。食事からの積極的なカルシウム摂取を増加させるための工夫を考えることは調理科学の役割といえよう。

川名ら[9]は高齢者の嗜好に乳製品が適さないとし，食事からのカルシウム摂取量を増加させる試みの一環として，魚骨粉を用いた調理食品の試作を行い，その有効性について検討している。

2.4. 機能性食品とその開発

生活習慣病のなかでもことに, 虚血性心疾患による死亡率が増加傾向にある。虚血性心疾患は動脈硬化などの生活習慣病が原因となる心臓病の一つである。フランスでは動脈硬化が原因となる心臓病による死亡率が低い。なぜか？との疑問（フレンチ・パラドックス）に対して, いろいろな見解があげられているなかで, 赤ワイン消費量と死亡率の相関関係が検討され, 消費量の多い国ほど死亡率が低いとの報告がなされた[10]。この研究報告がきっかけとなって, 赤ワインブームが起こった。赤ワインに含まれるポリフェノールが活性酸素の生成を抑えることや, ワイン中のアルコールの効果などが指摘されている。また同様に, 日本においても緑茶に含まれるポリフェノールの活性酸素抑制効果が注目され, お茶料理研究会も発足し, 緑茶を使った調理食品の開発が行われている[11]。

食品中に存在する生理活性物質は私たちの体内の免疫系, 内分泌系, 神経系, 循環器系, 消化器系などの生理系統を調節して, 健康の維持に効果を及ぼしていることが明らかになりつつある。このような食品の生体調節機能を三次機能と称しており, そのほかに, 食品の一次機能として身体に対する栄養素の働きを, 二次機能として嗜好性（おいしさ）をあげている。

（1）特定保健用食品

ポリフェノールのほかにも, 食品の三次機能として注目されている生体調節機能を有効に発現させて, それによって疾病を予防しようという試みが成されている。このような視点で開発されたものが「機能性食品」であった。

現在,「機能性食品」は特定用途食品のなかの「特定保健用食品」として位置づけられており, 許可されている食品には, 酵素処理や化学処理により開発されたアレルギー低減化米, 低アレルゲン小麦粉などがある[10]。

（2）過剰摂取の危険性

三次機能を有するさまざまな生理活性物質の効果を期待して, 食品の開発が行われているが, 一方で過剰摂取の弊害も指摘されている。

栄養所要量の第六次改定では, 栄養素の過剰摂取の危険性がはじめて盛り込まれた[12]。栄養補助食品（サプリメント）はその摂取方法により過剰摂取の危

険性を含んでいる。厚生省は中間報告[13]ではあるが，栄養補助食品は「日常生活で不足しがちな，または健康増進のために意義のある栄養成分を補給するもの」と位置づけている。健康を維持するためにはバランスのとれた食事をとることが基本であり，成分栄養に偏った栄養補助食品の過剰摂取への警鐘といえよう。

調理科学分野では，日常生活で不足しがちな食物繊維やカルシウムなどを通常の食品に添加することによって，摂取量を増やすことができるような試みが行われている。たとえば，食物繊維を摂取することを目的として，おからを添加したクッキーやマフィン[14]，また，カルシウムを強化する目的で用いられた魚骨粉末[9]，ポリフェノールの効果を期待して茶殻粉末[15]を添加した調理食品の開発などである。不足栄養成分を添加した食物は，栄養補助食品とは異なり，過剰摂取を防ぐことができ，安全性の観点からもおおいに展開されるべき研究領域であろう。

2.5. 食物のテクスチャーと健康増進

咀嚼機能の獲得をめざして，日本咀嚼学会はさまざまな取り組みを行っている。咀嚼や飲み込みやすさについて，おいしさの視点からとらえた研究が従来から広く行われてきている。

高橋[16]や柳沢[17]によって，ヒトを介した食物の物性測定が行われた。高橋は義歯にストレインゲージを埋め込み，食物を咀嚼した場合のテクスチャーの評価を行い，柳沢は食物の嚙みごたえについて，咀嚼筋活動量を測定し，物性との対応を見いだしている。さらには，液体を嚥下したときの嚥下圧の測定[16]も行っている。一方，宍倉ら[18]は超音波を用いて，食物の口腔中における状態を嚥下するまでの舌の動きから解析し，その応用として，食べることが困難な子どもの機能回復を試みている。また，新井ら[19]はVF（嚥下造影検査法）を用いて，口腔中の食物のテクスチャーを評価する部位に着目し，その解明を行っている。

今後は，食物の側からみたテクスチャーではなく，食べる側からみたテクスチャーに焦点をあてた研究がますます多くなるであろう。

3．第二次予防と調理科学

　第二次予防は疾病の早期発見と，早期治療である。
　生活習慣病などの疾病と診断された後，その治療に食事療法が導入される場合が多い。中村[20]は治療食について，次のような分類を行っている。一つはその形状や物理的性質による形態的分類，もう一つは治療食に含有されるエネルギーや栄養素からの成分的分類である。

3.1. 治療食の形態的分類

　治療食は形態的に，常食，軟食，流動食，ミキサー食などに分類される。ここで，常食はエネルギーや栄養的な考慮を必要とはするが，テクスチャー面では日常的に喫食している食事に準じるものである。しかし，軟食や流動食，ミキサー食などは，おいしさや安全性の面のみならず，形態やテクスチャー面からの検討を要するものである。

（1）軟　　　食

　常食よりやわらかく消化がよい食事であり，主食の内容により三分粥，五分粥，七分粥，全粥食に分類されている。副食は主食の粥の種類に応じた内容が選択されている。しかし，その基準は病院により曖昧である。
　治療食の「おいしさ」は粥で決まるといっても過言ではない。粥のつくり方は，病院側，というよりは大量調理の現場と家庭規模の少量調理[21]では調理法に相違がある。家庭規模の粥調製は，生米に水を5〜10倍入れ1時間ほど加熱をする方法である。しかし，病院では五分粥程度の粥を大量に調製した後，粥飯と重湯部分に分離し，各段階の分粥の調製を行うのが一般的である。このような方法は，おいしさの点では劣るが，効率面では有効な方法である。おいしく，しかも効率的な治療食の粥の調製方法は今後の検討課題である。

（2）流動食，ミキサー食

　流動食は術後や急性疾患の患者に適応され，軟食への橋渡し的な食事であり，重湯や野菜スープ，ジュースなどが用いられている。
　ミキサー食は，軟食をそのままミキシングしたもので，ブレンダー食ともい

われている。術後のような状況で提供される場合には，おいしさよりも安全性を考慮した食事と考えているので，おいしさ（見た目を含む）はさほど気にならない。しかし，食品一つひとつを個々にミキサーにかけて，別々に盛りつけるなどの見た目や味を重視した工夫も一部の病院では行われている。手間の問題から，軟食をまとめてミキサーにかける場合も多くみられる（いわゆるブレンダー食）。流動食やミキサー食は患者の症状に応じて提供されるので，さまざまな制約があるが，おいしさやテクスチャーを含めた食事形態を検討することは重要なことである。

3.2. 治療食の成分的分類

一方，治療食は，治療効果を高めるために成分をコントロールする必要があるので，エネルギーコントロール食，タンパク質コントロール食，脂質コントロール食に分類されている。これらの分類は，栄養成分が制限されていることから，急性疾患の場合は治療効果を高めることが主な目的であるが，慢性疾患の場合には，食事が飽きずに，長期間おいしく食べるられることを目標におく必要がある。しかも，慢性疾患患者の食生活調査によると，中食や外食が増加傾向にある。中食や外食でも安心して食事ができるおいしい治療食の開発が望まれる。

（1）慢性腎疾患の治療食の工夫

慢性腎不全患者は厳しい食事制限をされている場合が多い。その食事療法では，高エネルギー・低タンパク質食とすることが基本といわれている。このような栄養成分を満たす目的で，前述した特別用途食品の利用を考えることが多い。腎疾患の食事には，「特別用途食品」に含まれる低ナトリウム食品や低タンパク高エネルギー食品などが多く用いられている。

ことに，慢性腎不全患者には，3食のみで1日に必要なエネルギーを補うことは容易でないため，間食で補うことが多い。治療食の工夫例を次にあげる。

1）粉あめの利用[22]
「特別用途食品」に分類される粉あめを用いて，ゼリーを調製した研究がある。粉あめは DE15-35程度にデンプンを加水分解したもので，水分1～5％の粉末である。粉あめの甘味度がショ糖の1/5のた

表 9.1　粉あめおよびショ糖添加量の異なるゼリーの破断特性値と嗜好性

ゲル化剤	ゼリー No.	添加量 (w/v%) 粉あめ	添加量 (w/v%) ショ糖	客観測定値(破断特性) 破断応力 ($\times 10^4 N/m^2$)	客観測定値(破断特性) 破断エネルギー ($\times 10^3 J/m^3$)	主観測定値(嗜好性) かたさ (順位合計)	主観測定値(嗜好性) 総合評価 (順位合計)
寒　天	control	0	0	0.75	0.63	—	—
	1	0	12	0.91	0.83	51	51
	2	20	8	1.20	1.09	37**	49**
	3	40	4	1.40	1.64	56	55
	4	60	0	2.10	2.80	96**	85**
カラギーナン	control	0	0	0.80	1.03	—	—
	1	0	12	1.33	1.88	42**	42**
	2	20	8	1.55	2.02	39**	46*
	3	40	4	2.22	3.42	72	66
	4	60	0	2.95	5.20	87**	86**

** $p<0.01$, * $p<0.05$

（赤羽ひろ・和田淑子・山口和子：粉あめ―ショ糖混合ゼリーの性状と嗜好性―寒天濃度および酸添加の影響―，家政誌，37, 673～679, 1986）

め，エネルギーを補給できる甘味料として，腎疾患の患者に多く用いられている。一般にテーブルゼリーには砂糖が添加されるので，砂糖の代替物として粉あめを用いることが多い。この研究は，粉あめの添加割合を変化させたゼリーを調製し，嗜好面から好ましいテクスチャーを有するゼリーについて，検討している。しかし，粉あめのみを添加したゼリーは硬く，好ましいゼリーとはいえない。そこで，できるだけ高エネルギーを得られ，しかもおいしいゼリーを調製するための工夫が研究テーマとなる。ゲル化剤として寒天とカラギーナンを用いて検討したところ，表9.1のように，好ましい硬さ（表9.1では破断応力）はゲル化剤の種類によって異なっていた。食品加工ではさまざまなハイドロコロイドが用いられているので，このような研究をとおして，おいしい治療食の開発が行われることを期待したい。

2）低タンパク小麦粉・デンプン小麦粉の利用[23),24)]　低タンパク小麦粉はタンパク質を減少させたもの，デンプン小麦粉はタンパク質をほとんど除去した小麦粉で，いずれも「特別用途食品」である。この製品を用いて高エネルギー低タンパクな焼き菓子やパンの試作を行った事例がある。大谷ら[23)]は，低タンパク小麦粉を用いたスポンジケーキの調製を試み，松下ら[24)]はデンプン小麦粉

を用いて，パンやマッフィンなどのベーカリー製品の試作を行っている。さらに松下らは，でき上がった製品について，嗜好性を官能評価で検討し，実際の患者を対象とした官能評価もあわせて行っている。

（2）糖尿病患者の食事の工夫

糖尿病の患者の多くは肥満などが原因で発症することが多い。糖尿病患者は1日の摂取エネルギー量を制限されるために，常に満足感のある食事を欲している。ことに，高年齢になって発症した糖尿病患者には，多種多様な食事を経験してきたことから，グルメ志向の人が多いので，栄養士のかかわった食事では満足感が味わえないという人もいる。

エネルギー摂取が制限された状態でしかも栄養的にもバランスのとれたおいしい食事，すなわち食欲を満たすことのできる献立作成は，QOL の観点からみても，必要なことであろう。糖尿病の治療の一環として患者会が組織されているが，患者教育は継続的に行わないとその効果が失われるといわれている[25]。見た目のおいしさやテクスチャー，風味などの嗜好面を満足させることのできる献立を開発し，糖尿病教室で紹介することや，中食や外食率の増加に伴い，手軽に利用できるおいしい低エネルギー食品の開発，また献立の作成もこれからの調理科学研究のテーマの一つといえる。

3.3. 治療食の問題点

現状では，病院で提供される治療食は少しずつ改善されているが，病院の食事はおいしさの点から，一般には及第点を与えられてはいない。治療食の場合，疾病を誘因とする味覚障害[26]や食欲不振など，食物側からみたおいしさよりも，食べる側のおいしさの知覚に問題があることが多い。

高齢社会を迎え，急性疾患から慢性疾患に疾病構造が変化し，健康に与える食事の影響がより重視されてきている。慢性疾患に対しては，疾病治療の第二次予防と再発防止の第三次の視点から食事を考える必要がある。グルメ志向などに象徴される食に対する意識が変化し，患者は長期的に食べていて飽きない食事を要求してくる。医療にも自由化の波が押し寄せる可能性があるので，病院ごとに治療食に特徴を持たせることはこれからの病院のあり方であろう。

3.4. 高齢患者の食事
(1) PEM(タンパク質・エネルギー低栄養状態)を考慮した栄養補助のための食事

　杉山ら[27]のグループは高齢者施設や病院を対象とした調査を行い，高齢患者の摂取タンパク質とエネルギー不足の問題を指摘している。高齢者の場合，食欲がなく，一回の食事量も少なくなることから，栄養摂取の不足から生じる身体的なさまざまな問題に対して，その食事の内容改善が必要である。

　たとえば，堤ら[28]は高齢者のタンパク質・エネルギー低栄養状態（PEM）改善に及ぼす栄養食品の効果について検討している。栄養食品として，主に濃厚流動食を利用して栄養補給効果を検討したところ，栄養補助食品の長期利用に対して，提供する方法や調理・加工の必要性が認められたとしている。そこで，堤ら[29]はタンパク質を補給するための工夫として，栄養食品（高タンパク質粉末）を実際の調理に適用できるような調理集を紹介している。多彩な献立別の料理への展開のために，タンパク質粉末の調理への混合方法と，調理上の工夫について述べており，単なる調理科学の基礎研究ではなく，現場で応用できる工夫が加味されている。

　前述したが，今後需要が増すであろう栄養補助食品は，高齢者などの栄養を改善するためには有効であることが認められているので，栄養補助の目的で使用することには意味がある。また，栄養補助食品は短期的な栄養補給を目的とする場合には，「おいしさと利便性」はさほど問題にされないが，長期的な栄養補給に利用する場合には，「おいしさと利便性」を視点においた開発が望まれる。

(2) 咀嚼・嚥下機能低下に対応した食事

1) 咀嚼機能低下に対応した食事の工夫　　高齢者の多くは咀嚼機能が低下している場合が多い。すなわち，歯の欠損や義歯装着などによる咀嚼機能低下である。高齢患者の治療食には軟食のような，形態やテクスチャー面の工夫が必要である。軟食（主に副食）として，多くの病院ではきざみ食が提供されている。鈴木ら[30]はきざみ食に関する基礎研究として，咀嚼後の食品の大きさの測定を行っている。また，木戸[31],[32]はピーナッツを用いて咀嚼時の粒の大きさや口中の分布について検討を行い，咀嚼進行に伴い，細かい粒子が頬側にも残留

することを認めている。また，若年者に比べ高齢者では歯の喪失もあるので，口中に食物が残留する可能性を指摘している。きざみ食はミキサー食と同様，きざむ前の形状がわからなくなる場合が多いので，見た目のおいしさの点からはさらなる工夫が必要な形態といえる。

2）嚥下機能低下に対応した食事の工夫　脳卒中などの脳血管障害や交通事故などで摂食・嚥下機能に障害を持つ患者は，水などのようなさらっとした液体はむせることが多い[33]。これが嚥下障害である。嚥下機能に障害を持つと，粘度の低い液体は気管に間違って入る（誤嚥）場合がある。もちろん食物の小片が気管に入ることもありうる。気管に食物のような栄養物が入ると，高齢者ではことに肺炎（誤嚥性肺炎）の原因になることが多い。そこで，このような患者には初期の段階で，鼻腔や口腔からチューブを挿入する経腸栄養法が主に用いられている。しかし，チューブに頼らなくても，努力すれば経口摂取が可能になる症例もある。ことに，水のようにさらっとしたものに，市販の増粘剤を添加して，粘度を高め，飲み込みやすい形態とテクスチャーに変化させ，経口摂取を可能にする工夫を行うことが主流である[34]。この段階の食事を「嚥下訓練食」と命名して，治療食として提供している病院がある。この病院は，嚥下障害の患者を積極的に受け入れている病院であり，嚥下機能が低下した患者の食事のモデルとなる治療食（嚥下訓練食）を開発している[35]。しかし，特定の病院で有効な調理方法を，より多くの病院や施設に展開するためには，調理科学の視点で嚥下訓練食をとらえ，その調製方法を確立する必要がある。

3.5. 院外調理における問題点

　1996（平成8）年に医療法施行規則が改正され，病院給食における調理業務の外部委託が認められるようになった。この改正は，単に調理の外部委託が認められたことよりも，病院給食のあり方に対する基本的な考え方を転換したといえよう。鈴木[36]は，この改正の時代背景として，疾病と食事のかかわりが重視され，病院給食に対してもおいしさを要求するようになったことをあげている。さらに，給食産業の技術革新や，医療の提供が施設完結型から地域連携型へ変化したこと，ことに，介護保険制度の施行に関連して，在宅医療に注目が

集まり，食事の宅配サービスなども展開される可能性が出てきたことなどをあげている。

病院の調理業務の外部委託に伴い，従来よりもより治療食分野への調理科学のかかわりが多くなるといえよう。では，期待される調理方法とはどのようなものであろうか。PL法の施行，O-157問題などにより HACCP（Hazard Analysis Critical Control Point）による衛生管理が注目されている。HACCP とは，アメリカの NASA で開発された食品の衛生管理手法であり，プロセス全体を管理するシステムである。そこで，衛生管理を容易にする大量調理システムとして，クックチルシステムや真空調理法が浮上してきている[37],[38]。クックチルシステムの研究はまだ，その端緒に着いたばかりといえよう。殿塚ら[39]はクックチルシステムの基礎的検討を行っているが，おいしい治療食を誕生させるための工夫はこれからの調理科学の課題である。また，金谷ら[35]は真空調理システムを病院給食に導入し，食堂のサテライト方式とあわせて「おいしい治療食」の提供を積極的に推進している。

4．第三次予防と調理科学

第三次予防はリハビリテーションと再発防止である。2000（平成12）年4月から介護保険制度がスタートし，介護の視点から食を考える必要性が出てきている。

1995（平成7）年に摂食・嚥下リハビリテーション研究会が発足し，1997（平成9）年には学会へと発展した。リハビリテーションに占める食の問題はさまざまである。この学会に参加している職種は，医師，歯科医師，栄養士，看護婦（士），言語療法士，歯科衛生士などさまざまであり，摂食にかかわるリハビリテーション領域の広さを表している。しかも，単なる食事ではなく，「食べる」という行為を考えることで，摂食・嚥下のリハビリテーションが成り立つし，そこにはチーム医療の存在が必要である。

調理科学の立場から，リハビリテーションを考えた場合には，食物が安全に摂食できる形態を考えることにつきる。では，摂食・嚥下困難者のための食事とはどのようなものであろうか。

4.1. 摂食・嚥下機能回復のための食事

リハビリテーションの考え方を導入して，食介護をみてみると，これからの調理科学がめざす一つの方向性がみえてくる。ただし，機能が低下した人の回復をはかることがリハビリテーションである。その意味からすれば，医療現場とのつながりが必須であろう。

(1) 高齢者施設の食事の実態

実際に介護の現場である高齢者施設における食事の形態はどのようなものであろうか。柳沢ら[40]による食物形態の実態調査結果によると，健常者の食事と比較して，テクスチャーを再調整した食事が60％近くを占めていた。主食では粥，副食ではきざみ食である。しかし，施設で提供しているようなきざみ食は摂食・嚥下機能が低下した人の食事として適しているのであろうか。食物は咀嚼することで細粒に分割され，唾液と混ぜ合わされ飲み込みやすい食塊となる。このような咀嚼中の食物動態を検討した研究によると，高齢者では，咀嚼された食物粒をまとめる能力が低下することが指摘されている[33]。また，気管に食物などが入ってもむせるという反応がない，すなわち「むせのない誤嚥」が高齢者の3割近くに認められている[35]ので，誤嚥の危険が伴う形態の食事は避ける必要がある。しかし，高齢者施設などでは人手不足から，一人ひとりに対応した食事形態の提供はむずかしい。

小田原にある高齢者総合福祉施設潤生園では咀嚼・嚥下機能が低下した人を対象にした介護食を考案している。その食事を形態別に分類し，テクスチャーを測定した事例[41]には，きざみ食はまったく用いられていない。ただし，この施設で採用している方法がどこでも適用できるとはいえないので，再現性のある簡便な調理方法の検討が必要である。

(2) 摂食・嚥下困難者用食品の開発

在宅介護も増加する傾向にあり，在宅で手軽に利用できる，いわゆる介護食の中食化も考慮したい。在宅高齢者の需要が高い中食として，レトルト食品の粥がある。そこで，高橋ら[42]は，介護を目的として，嚥下困難者に対応した粥の開発を行い，その評価を嚥下困難者と介助する人を対象とした聞き取り調査を行っている。より好ましいレトルト製品の開発への第一歩といえよう。

また，水などがむせるような人に対して飲み物に添加して用いる市販の増粘剤は，粘稠性を発現させる素材（グアガムと加工デンプン）から二つのタイプに分類することができる。いずれのタイプの増粘剤も冷たいジュースでも温かいお茶でも多少状態は異なるが速やかに溶けて粘度（硬さ）が出てくる。図9.1に市販増粘剤の添加濃度と硬さの目安を示した[34]。増粘剤を添加する方法はベッドサイドで手軽に使用できるので，患者にとっては便利なものであるが，用いられている素材（グアガムと加工デンプン）によって飲み込み特性が異なっている。「嚥下開始食」によく用いられているヨーグルト程度の硬さの場合，デンプン系のほうが飲み込みやすいと評価されている[43]。しかし，きざみ食やミキサー食に添加し，形を保つような硬さにした場合には二つのタイプで飲み込みやすさの評価に逆転が認められている。

また，寒天やゼラチンなどのゲル化剤にも改良が加えられ，歯もろさを改良した寒天や融解温度を上昇させたゼラチンなど，多様な用途に対応した製品が開発されつつある。

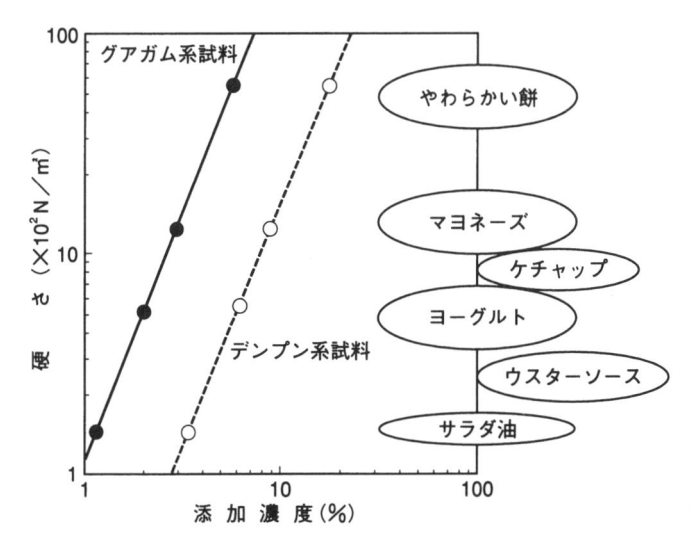

図 9.1 添加する市販増粘剤の濃度と硬さの関係
（高橋智子・丸山彰子・大越ひろ：嚥下補助食品としての増粘剤の利便性について，栄養誌, 55, 253〜262, 1997）

4.2. 高齢者の食生活支援

　高齢者の摂食能力に応じた介護食とか嚥下障害食（嚥下食）の検討が行われているが，いずれも臨床の場で開発された調理方法である。そこで，これらの食事について，形態とテクスチャーの両面から裏づけを行い，在宅でも活用できる好ましい食事形態とテクスチャーの提案も行われている[40]。

（1）高齢者世帯における食生活の実態調査

　和田ら[44]は高齢者の生活支援調査の一環として，高齢者世帯の食生活と調理器具の調査を行っている。若年者と異なり，高齢者ではADL（生活活動指数）も低下してくるので，このような調査を行うことで，バリアフリーをめざす調理器具の開発および台所の改善も行われるであろう。

（2）歯科領域の取り組み

　歯科領域における高齢者生活支援の取り組みには，咀嚼機能に大きく影響する歯のケアがある。新庄[45]によると，「高齢者では残存歯数が20本以上ある人は1人でも外出できる程度に健康を維持している割合が高い」と述べている。歯科医師や歯科衛生士による在宅や施設居住高齢者の口腔ケアの取り組みも盛んに行われるようになってきている。手嶋[46]は，歯科医師や歯科衛生士と共同研究を行い，口腔ケアを行う前と後では味覚感度が上昇することを確認している。「食べること」と歯は密接にかかわっているので，歯科医師や歯科衛生士との連携による研究はこれからいっそう増加するであろう。

（3）介護保険制度

　2000（平成12）年4月から介護保険制度がスタートし，要介護認定などにより，在宅における種々のサービスの充実がはかられてくる[47]。摂食嚥下機能が低下した高齢者に対しても介護認定が行われているので，在宅で手軽に活用できる食事の工夫がこれから求められてくる。さらに，在宅高齢者の食事援助のための配食サービスの充実もこれからの課題である。

5．安全性と調理科学

　食事サービスに伴う安全性は最も重要なポイントである。
　近年のO-157やサルモネラ菌騒動によって，食事の安全性が再認識され，大

量調理の現場では食事づくりに変化が生じている。ことにO-157食中毒が発生した大阪府下の学校給食では中心温度75℃1分以上の加熱処理を行うことで，再発防止を心がけている[48]。しかし，その調理法に適したおいしい献立づくりまでにはいたっていない。

　乳幼児や高齢者，疾病を持った人々など，弱者への食事を提供している施設では，ことのほか HACCP の考え方が浸透してきている。安全性と栄養が確保でき，しかもおいしい食事づくりの工夫を考えていく必要があり，大量に調理する現場で採用できる新調理システムのさらなる発展とその研究開発が急務である。

6．食養と調理科学

　薬膳料理がブームである。『中国薬膳大全』によれば，「中国の薬膳は中医学理論の指導の下に，薬物と食物を配合し，調理加工し，病気の予防と治療に効果があり，健康の保持と増進に有効なおいしいもの」と定義されている[49]。一方，難波は[50]日本では食養の考え方が再認識されたことから，薬膳に対する関心が高まったとみている。食物を上薬とする考えは，古代からの東洋思想であり，薬と食物が一つであるという考え方によるとしている[50]。

　文化人類学，特に医療人類学の研究によれば，多くの民族では「熱い」／「冷たい」の対立概念を用いて，食物と健康あるいは病気との関係をとらえている[51]。現代医学・東洋医学にとどまらず諸民族の民間医療も参考として「健康科学」と「調理科学」との接点を考えていくべきであろう。

おわりに

　「健康科学と調理科学の接点」というテーマで論を進めてきたが，取り上げるべき研究はたいへん多く，紙面の制約があるため断片的記述にならざるを得なかった。

　厚生省が推進する今後10年間の国民健康づくりの指標となる「健康日本21」計画においても，食生活を含む生活習慣の改善が目標となっている。最近この計画は喫煙率の目標修正論議で話題となったが，さらに国民健康づくりを深く

検討していく過程で，調理科学がどのようにかかわっていけるかが大きな課題であろう。

（大越ひろ）

〔文献〕
1）厚生省保健医療局健康増進栄養課監修：健康づくりのための食生活指針，pp. 1～19, pp.54～65, 第一出版, 1991
2）川久保清：生活習慣病とは，臨床栄養, 93, 586～589, 1998
3）鎌田武信・堀 正二：糖尿病, '99Imidas, 703, 1999
4）内野澄子（石毛直道・豊川裕之編）：食行動の変化と構造―近代的食行動への模索―, 講座 食の文化；第6巻 食の思想と行動, pp.366～385, 味の素食の文化センター, 1999
5）山口貴久男（石毛直道・豊川裕之編）：ライフスタイルと外食・中食, 講座 食の文化；第6巻 食の思想と行動, pp.204～222, 味の素食の文化センター, 1999
6）山口和子・高橋史人：食品の嗜好に関する研究（第2報）―属性と食品の好みの関係―, 調理科学, 15, 104～113, 1982
7）渡辺敦子・飯田文子・川野亜紀・大越ひろ・三輪里子：大学生の食事時間と食生活の実態, 日食生活誌, 10, 45～52, 2000
8）厚生省児童家庭局母子保健課：改訂 離乳の基本, 臨床栄養, 88, 193～195, 1996
9）川名光子・高木稚佳子・中浜信子・粂野恵子・江沢郁子：食物カルシウム源としての魚骨粉の調理への利用, 調理科学, 24, 84～88, 1991
10）藤巻正生：機能性食品と健康, pp.168～169, pp.190～199, 裳華房, 1999
11）大森正司：茶を科学する, 家政誌, 46, 703～709, 1995
12）小林修平：第六次改定日本人の栄養所要量―食事摂取基準―, 栄養誌, 57, 333～335, 1999
13）厚生省生活衛生局食品保健課：いわゆる栄養補助食品の取扱いに関する検討会中間報告書（案）概要, 臨床栄養, 96, 163～171, 2000
14）松尾眞砂子：麹菌培養おからのクッキーやカップケーキ副材としての活用, 家政誌, 50, 1029～1034, 1999
15）加藤みゆき・田村朝子・斉藤ひろみ・大森正司・尾上とし子・中里賢一・竹尾忠：茶浸出液残査（茶殻粉末）の料理への応用について, 日調科誌, 30, 44～48, 1997

16) 高橋淳子（山野義正・松本幸雄編）：咀嚼動作の解析―口内での咀嚼圧，口蓋圧の測定，食品の物性第17集，pp.109～127，食品資材研究会，1992
17) 柳沢澄江（山野義正・松本幸雄編）：食物の物性と咀嚼活動量―筋電図的手法を用いて―，食品の物性第17集，pp.109～128，食品資材研究会，1992
18) 宍倉潤子・渡辺　聡・大塚義顕・向井美恵・金子芳洋：昭和歯学会雑誌，17，120～135，1997
19) 新井映子・加藤一誠・田中みか子・木内延年・山田好秋：摂食食物のテクスチャー認知における口蓋の役割，摂食・嚥下リハ学会誌，3，21～28，1999
20) 中村丁次（豊川裕之・川端晶子編）：治療食論，臨床調理学，pp.20～38，建帛社，1997
21) 江間章子ほか：粥の調理に関する研究（第1報），家政誌，47，29～39，1996
22) 赤羽ひろ・和田淑子・山口和子：粉あめ―ショ糖混合ゼリーの性状と嗜好性―寒天濃度および酸添加の影響―，家政誌，37，673～679，1986
23) 大谷喜美子・松本直子：低タンパク小麦粉を用いたクッキーの特性，家政誌，40，41～47，1989
24) 松下由美・森田早苗・岡本香織・内藤裕子・門倉芳枝：慢性腎不全患者用の高エネルギー・低タンパク質菓子の試作と嗜好について，栄養誌，57，283～293，1999
25) 植田久仁子・炭谷幸江・山田宏治：2段階方式による糖尿病教室の内容と効果，栄養誌，57，71～80，1999
26) 川島由紀子ほか：肝疾患患者における味覚異常，アルコール代謝と肝，9，110～116，1990
27) 杉山みち子：高齢者のPEM改善のための栄養管理サービス，臨床栄養，94，406～411，1999
28) 堤ちはる・杉山みち子・三橋扶佐子・森島たまき・小山秀夫・松田朗：高齢者のタンパク質・エネルギー低栄養状態改善に及ぼす栄養食品の効果，健康栄養食品研究，1，335～356，1998
29) 堤ちはるほか（細谷憲政・松田　朗監修）：これからの高齢者の栄養管理サービス，第一出版，pp.335～336，1998
30) 鈴木ひろみ・松本仲子：「きざみ食」に関する基礎的研究，栄養誌，56，291～298，1998
31) 木戸寿明：咀嚼時の食物動態に関する研究，補綴誌，40，524～534，1996
32) 木戸寿明・金田　恒・河野正司：食物動態の観点から見た高齢者の咀嚼能力の検討，老年歯学，12，132～133，1997
33) 才藤栄一・木村彰男・矢守　茂・森ひろみ・出江紳一・千野直一：嚥下障害のリハビリテーションにおけるvideofluorographyの応用，リハ医学，23，

121~124, 1986
34) 高橋智子・丸山彰子・大越ひろ：嚥下補助食品としての増粘剤の利便性について—テクスチャー特性及び官能評価からの検討, 栄養誌, **55**, 253~262, 1997
35) 金谷節子：嚥下障害食の条件『嚥下障害食のつくりかた』, 日本医療企画, pp.17~26, 1999
36) 鈴木晴彦：病院経営からみた院外調理, 臨床栄養, **88**, 490~494, 1996
37) 広瀬喜久子：クックチルシステム, 日調科誌, **31**, 54~60, 1998
38) 太田和枝：院外調理とオペレーションシステム, 臨床栄養, **88**, 495~498, 1996
39) 殿塚婦美子・三好恵子・谷 武子ほか：クックチルシステムにおける急速冷却の生産管理について, 日食生活誌, **10**, 51~57, 1999
40) 柳沢幸江・永井晴美：咀嚼性・嗜好性を考慮した高齢者用再調整食のための基礎的研究—特別養護老人ホームでのテクスチャー再調整食の実態とその物性特性—, 食に関する助成研究調査報告書（すかいらーく研究所）, **9**, 1~9, 1996
41) 大越ひろ（手嶋登志子編）：介護食の形態とテクスチャー, 介護食ハンドブック, pp.39~44, 医歯薬出版, 1999
42) 高橋 肇・宮岡洋三・新井映子・山田好秋：嚥下困難者用「粥」の評価, 日摂食嚥下リハ, **3**, 36~46, 1999
43) 高橋智子・大越ひろ：粘稠な液状食品と力学的特性の関係, 家政誌, **50**, 333~339, 1999
44) 和田淑子・阿部廣子・杉山久仁子：高齢者の食事作りに関する研究—横浜市金沢区における高齢者夫婦世帯の実態—, 日調科誌, **31**, 37~45, 1998
45) 新庄文明：高齢者の咀嚼能力と健康, Ajico News, **188**, 9~16, 1998
46) 手嶋登志子：食介護の視点からみた栄養管理(1)—食介護の必要性—, 臨床栄養, **96**, 1~4, 2000
47) 手嶋登志子編：介護保険と介護食, 介護食ハンドブック, pp.26~27, 医歯薬出版, 1999
48) 伊藤良子・原 登久子：大阪府下での腸管出血性大腸菌O157食中毒に伴う学校給食の献立内容変化とその評価, 栄養誌, **57**, 91~96, 1999
49) 田中静一（石毛直道・井上忠司編）：薬膳と医食同源の由来, 講座 食の文化；第5巻 食の情報化, pp.131~134, 味の素食の文化センター, 1999
50) 難波恒雄：薬膳原理と食・薬材の効用(1), 日調科誌, **32**, 374~379, 1999
51) 吉田集而（石毛直道・井上忠司編）：民間療法のなかの食べもの, 講座 食の文化；第5巻 食の情報化, pp.138~153, 味の素食の文化センター, 1999

10 調理科学から環境問題へ

はじめに

　人類が21世紀に求められる共通の課題は，環境白書でも指摘されているように，科学技術の急速な発展を背景に利便性を追求し，大量消費と大量廃棄を享受したライフスタイルから生まれた過剰な環境負荷に対して，地球環境を配慮した「共存・持続可能型社会」を実現することである[1]。すなわち，自然環境のみならず資源の生産と消費のバランスを維持し得るライフスタイルを確立することである。生活者の視点からいえば，①二酸化炭素の排出増加に伴う地球温暖化を防止するために省エネルギー型の生活を工夫すること，②資源のリサイクルとリユースを日常化すること，③生活環境を保全するために生活排水や生活ごみの排出を最小限に食い止めること，などが具体的な達成課題である。

　原生林や大草原が理想的な自然環境であるとするなら，人間は地球で生活することは許されない。人間が存在することで，必然的に自然環境に影響を与えるからである。しかし，地球の生態系は私たちが予想する以上に自然環境を保全する機能を持っている。本来，人間が自然と共存した生活空間は，荒廃した自然よりも美しい。これまで人間が築き上げてきた高度な科学技術や文明が，共存・持続可能型の生活環境の創設に生かされなければならない時代である。

　本章では，調理科学の領域で21世紀の環境問題に対処しなければならない課題について，省エネルギー，食材の有効利用，環境ホルモン，食習慣，生活環境の保全などの問題に焦点をあてて考えてみたい。

1．家庭におけるエネルギー事情

1.1．エネルギー消費

　わが国のエネルギーの自給率は20%前後である。石油，天然ガス，核エネルギーなど多くの資源を外国に依存している。この数字は，諸外国に比べてきわ

めて低い値で，後で述べる食糧事情と同様に大きな問題を抱えている[2]。ちなみに，アメリカ，イギリス，ドイツ，フランス，ロシア，中国のエネルギー自給率は，それぞれ81，118，43，54，151，106％である。わが国が排出する温室効果ガスのうち，二酸化炭素が地球温暖化に直接寄与している割合は約95％である[3]。このことは，化石燃料を燃焼してエネルギーを供給することが，地球温暖化に対する主な要因であることを示している。

家庭におけるエネルギーの消費状況と消費エネルギーの内訳を，特に食生活に視点を置いて述べてみる。最近の統計から必要事項を抜粋してまとめる（表10.1）[1),2),4)]。わが国が消費する全エネルギーに対する家庭で消費する割合は，約14％である。ちなみに，食品産業で加工食品の製造などで消費する割合は1.5％のみである。家庭での消費エネルギー源の内訳をみてみると，電力（約40％）の割合が最も高く，灯油（約25％）と都市ガス（約18％），液化石油ガス（約14％）がそれに続く（平成9年度）。太陽熱などの新エネルギーの利用割合はきわめて低い。また，家庭内の用途別消費の内訳では，厨房用（調理用）が占める割合は9％で，わが国の全消費エネルギーに対する台所での消費割合は，1％余りにすぎないことになる。また，わが国の総排出量に対する家庭に

表10.1　家庭におけるエネルギーの消費状況と内訳

消費量*	単位（100億kcal）	比率（％）
国内全消費エネルギー	366,057	100
家庭用	51,131	14.0
食品産業用	5,424	1.5

家庭用エネルギー源の内訳*	単位（100億kcal）	比率（％）
家庭用合計	51,131	100
電力	20,945	41.0
灯油	12,771	25.0
都市ガス	9,058	17.7
液化石油ガス[a)]	7,295	14.3
新エネルギー[b)]	1,021	2.0
その他	41	0.1

* 総務庁統計局：日本の統計2000年度版，平成9年度の統計，大蔵省印刷局，2000より抜粋・改変。
[a)]ボンベ充填ガス，[b)]太陽熱・ゴミ発電など。

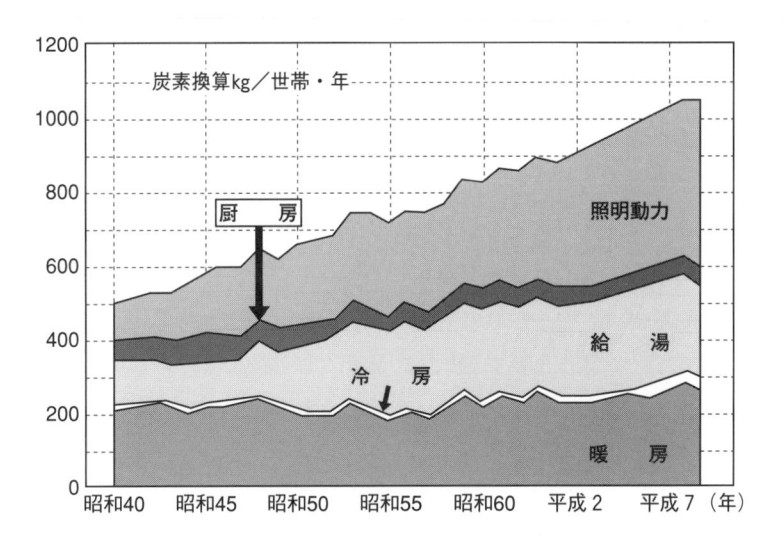

図10.1 家庭用用途別世帯当たりの二酸化炭素排出量
(環境庁企画調査局計画調査室編：平成11年度版 環境白書(総説),大蔵省印刷局,1999)

おける排出量（発電による排出量も含む）の割合は12.5%で，暖房，給湯，調理などによる直接燃焼分は5.7%である（平成6年度）。環境庁が平均的なモデル（東京都の集合住宅，夫婦（40代）と長女（高校生）の3人世帯）を設定して，この家庭の二酸化炭素の総排出量に占める厨房の割合は4.8%であると算出している[5]。家庭における用途別世帯当たりの二酸化炭素排出の経年変化を図10.1に示しておく。

このように，直接調理で消費するエネルギーの割合は低いが，家庭で実行できる省エネルギーに対する行動や意識を養うことは，社会生活全体に省エネルギーに対する価値観を構築することにも波及するので，省エネルギー調理法（エコクッキング）を工夫することの意義はきわめて大きい。

1.2. エコクッキング

日常生活で，家庭から排出される環境汚染物および消費されるエネルギーの主体は台所にある。エコクッキングとは，台所から環境保全に寄与するために可能な限り環境汚染を阻止して，省エネルギー化をはかることを意図した「家

庭における取り組み」である。食材の購入，保存，料理操作，食事行動，排水，残飯・不要食材の廃棄処理など個々の調理行動に，環境保全に向けた工夫を凝らすことが求められ，しかもその範囲は広い。本項では，これらのなかで加熱調理と料理献立に対する日常的な工夫について述べてみたい。なお，消費行動や調理操作などエコクッキングに対するアイディアやアドバイスなどについては，別の成書に詳しく述べられている[6]。

（1）加熱調理

　料理献立に沿った調理機器を選択し，適正な加熱操作を行い省エネルギーに努めることが加熱調理の基本である。しかし，料理献立がきわめて多彩であるため個々の調理別に加熱法を整理することは困難である。多種多様な電気ガス機器が市販されている[7]。ここでは，一般的な傾向を把握するために，各種の加熱調理機器の熱効率（表10.2）および水を加熱した場合の熱吸収率（表10.3）の報告をまとめておく[8]。表10.2から明らかなように，市販の加熱調理機器の普及が熱効率を上げ，結果として調理の簡便化にも寄与していることがうかがえる。調理機器の提供は製造企業に委ねることになるが，将来，エコ機器の開発に向けて，実際の調理にたずさわる生活者のアドバイスが強く求められる。また，生活者が長年にわたって蓄積してきた経験（かん）を集約し，それらの合理性を再評価するための省エネルギーに焦点を合わせた加熱調理に対する理論的な研究も必要である。環境庁は，太陽エネルギーを利用したソーラークッキングを提唱している[5]。家庭で可能なソーラーパネルクッカーの実例を示しているが，現時点では利便性の点で問題がありそうである。未来の夢の調理方法として記憶に留めたい。

表10.2　加熱調理機器の熱効率の比較

機器名	熱効率(%)	機器名	熱効率(%)
薪かまど	15～20	ＬＧＰガスこんろ	40～50
木炭こんろ	27～34	ＬＰＧカセットこんろ	45～47
石油こんろ	約40	ニクロム線ヒーター	40～56
都市ガスこんろ		シーズヒーター	48～74
（普通バーナー）	30～52	ハロゲンヒーター	70～74
（大バーナー）	43～51	電磁調理器	80～84

（肥後温子・平野美那世：日本調理科学会誌，31，341～345，1998より改変）

表10.3 水を加熱した場合の熱吸収効率の相対値

負荷		弱 ← 火 力 → 強		
熱源：ガスこんろ（20℃から50℃への上昇時間を測定）				
水量(ml)	アルミ鍋径(cm)	弱火400 (kcal/h)	中火2,400 (kcal/h)	強火4,000 (kcal/h)
1,000	18	69	49	35
1,500	22	81	56	47
2,000	26	91	70	55
3,000	30	100	97	61
熱源：電子レンジ（20℃から50℃への上昇時間を測定）				
水量(ml)	ビーカー容量(ml)	出力100 (W)	200 (W)	500 (W)	700 (W)
50	50	47	44	31	29
100	100	68	62	49	44
200	200	84	81	75	68
500	500	95	93	91	87
1,000	1,000	100	98	95	92

（肥後温子・平野美那世：日本調理科学会誌，31, 341~345, 1998より改変）

加熱機器の種類のみならず加熱操作の工夫も，省エネルギーにつながる。表10.3は，鍋の大きさや火力の配慮などこまめな操作が，エネルギー効率を上げることに有効であることを示す報告である。

(2) 料理献立

昔のように，食材をこまめに下ごしらえから調理することは少なくなった。しかし，実際には，台所での調理操作のなかで食材をむだなく利用する工夫や技術が生かされる。後でも述べるが，台所から出る調理廃棄物と残飯が生ごみの主体で，焼却処理で発生するダイオキシン汚染にも大きく関与している。禅僧の精進料理は，食材をほとんど廃棄することなしに，調理に生かされている。また，野菜類のなかで，嗜好性の面から可食部にならないで屑として廃棄される部分に，健康維持に有効な機能性成分が多量に含まれていることも知られている。調理法を工夫してむだのない食材の活用をはかりたい。

最近，環境にやさしい台所での工夫をテーマに，エコクッキング運動が展開されている。ある料理学校が提案したエコ献立のアイディアの一部を以下に紹介する[9]。魚の骨や頭の利用，残りご飯の活用，野菜屑の利用，みかんの皮の

利用などについて記述されている。家庭での調理作業の簡便化のために，前処理をした食材や調理済み食品などを利用することは，時代の流れとして受け入れなければならないが，エコ献立に関するアイディアを食品の製造過程にも生かし，企業側にもエコクッキングを配慮した食材を供給する努力を求めたい。加熱調理操作に関しても同様であるが，これまでの長年にわたるわが国特有のエコ献立のレシピを整理し，それを家庭のみならず食品企業にも提供することも必要である。

2．台所と生活廃棄物

2.1．生活環境と水質汚濁

環境白書によると，近年，有機物による水環境への汚濁が問題で，特に，生活排水対策の緊要性が高まっていると述べている[10]。水環境をよくしたいとする理由は大きく分けて二つある。第1は，美しい自然環境を確保することであり，第2は，上水道として良質の水源を確保することである。特に，後者の問題に限っていえば，今日のわが国の上水道の水源はその85％を河川の表流水に求めている[11]。河川などへの環境に対する水質汚濁の原因となるのは，産業排水，農業排水と生活排水である。これらのうち，家庭から出る生活排水が水質汚濁に最大の負荷を与えている（全体の負荷量の50〜70％，図10.2）[1]。この割合は，農村部より都市部で高くなり，大都会では，負荷量の90％前後を生活排水で占めている。

次に，生活排水の水質汚濁負荷の内訳をみてみる。生活排水中の水質汚濁源は，調理廃棄物，屎尿，洗剤などの有機物が主体である。生活排水は生活雑排水と屎尿に大別される。ここで，平均的な家庭の生活排水の1日・1人当たりの汚濁負荷量をみてみると，「屎尿」が全体の約30％，それ以外の「生活雑排水」が約70％を占めている（図10.3）[1]。「台所の排水」は生活排水全体の約40％で，生活雑排水の60％近くを占める。これらの汚濁源は主に調理廃棄物や残飯である。また，風呂や洗濯などに由来する汚濁負荷の割合は生活雑排水のうちの40％余りを占めている。これらの汚濁源は主に洗剤である。私たちの日常生活において，清潔でかつ衛生的な環境を維持するためには，洗剤や屎尿など

が環境への汚濁負担源となるのは避けられないとすると，台所からの排水が環境汚染に大きな影響を与えていることになる。したがって，生活排水をいかにきれいにするのか，すなわち，台所の調理廃棄物の処理方法を工夫することが，私たち生活者が環境汚染を自らの意志で抑えられる現実的な方法である。

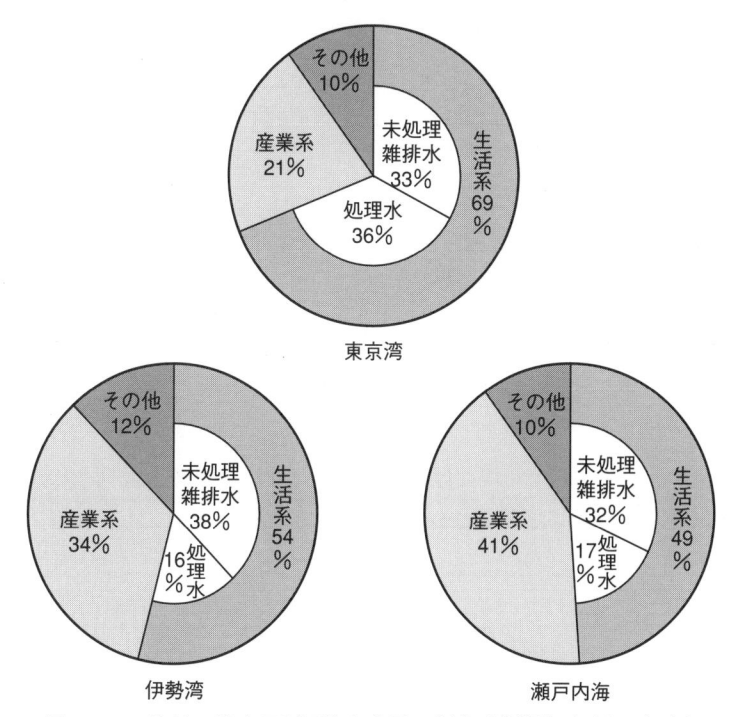

東京湾
- その他 10%
- 産業系 21%
- 未処理雑排水 33%
- 処理水 36%
- 生活系 69%

伊勢湾
- その他 12%
- 産業系 34%
- 未処理雑排水 38%
- 処理水 16%
- 生活系 54%

瀬戸内海
- その他 10%
- 産業系 41%
- 未処理雑排水 32%
- 処理水 17%
- 生活系 49%

図10.2　海域の発生源別汚染負荷量の割合［COD］（平成6年度）
（環境庁企画調査局計画調査室編：平成11年度版　環境白書（総説），大蔵省印刷局，1999）

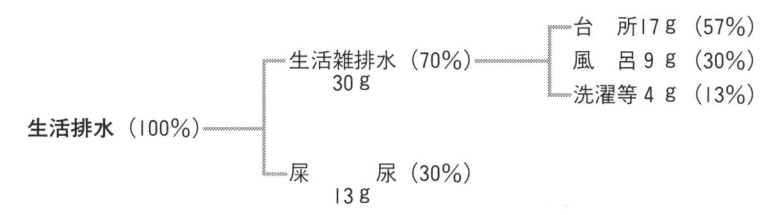

生活排水（100%）
- 生活雑排水（70%）30g
  - 台所 17g（57%）
  - 風呂 9g（30%）
  - 洗濯等 4g（13%）
- 屎尿（30%）13g

図10.3　生活排水の汚染負荷量（1人1日当たりのBOD値）
（環境庁企画調査局計画調査室編：平成11年度版環境白書（総説），大蔵省印刷局，1999）

2.2. 台所廃棄物の汚濁負荷

　台所排水のなかの汚濁源の主体は，調理廃棄物と残飯類である。主な食品のBOD値を表10.4にまとめる[12]。表の数値は，家庭で日常的に廃棄される実際の量を反映しているとすると，明らかに「食用廃油」が最も大きな水質汚濁源である。上記以外に，約130種類に及ぶ調理食品廃棄物の汚染負荷量（BODに換算した汚濁負荷量）の報告がある[13]。この報告によると，廃棄物の種類の相違によってBOD値が変動しているが，それぞれのBOD値を廃棄物の乾物重量当たりに換算してみると，すべての値が1,000 ppm前後になる。したがって，調理廃棄物の構成成分のうち水分を除いた実質的な有機物（タンパク質，炭水化物，脂質など）の総量が水質汚濁源の主体であるといえる。実際には食用廃油の汚濁負荷が最も大きいので，食用油脂を有効に利用しようとする立場から揚げ油の使用限界と廃油の処理に関する活発な検討がなされている[14]~[16]。それによると，天ぷら油は私たちが予想している以上に長期間使用に耐えることが判明している。また，手づくりの廃食油石けん（いわゆるプリン石けん）は，洗浄効果が悪いので環境汚濁の原因になりかねないことがあり[17]，皮膚などを痛める恐れがあることにも注意を払う必要がある。

表10.4　主な食品類のBOD値

食　　品	汚れ具合 BOD（ppm）	台所で1回に捨てる量	魚が住める水質にするために必要な水の量*	
使用済天ぷら油	1,000,000	500ml	お風呂	330.0杯分**
お　で　ん	74,000	500ml	お風呂	25.0杯分
牛　　　乳	76,000	200ml	お風呂	10.0杯分
み　そ　汁	35,000	200ml	お風呂	4.7杯分
米のとぎ汁	3,000	2,000ml	お風呂	4.0杯分
ラーメンの汁	25,000	200ml	お風呂	3.3杯分
日　本　酒	200,000	20ml	お風呂	2.7杯分

　＊　ＢＯＤ値が5 ppm程度
　＊＊　お風呂1杯を300 l とする
（環境庁編：環境にやさしい暮らしの工夫，大蔵省印刷局，1989）

2.3. 生活ごみのコンポスト化

　わが国で排出される一般廃棄物のうち，家庭ごみが占める割合は約40％前後

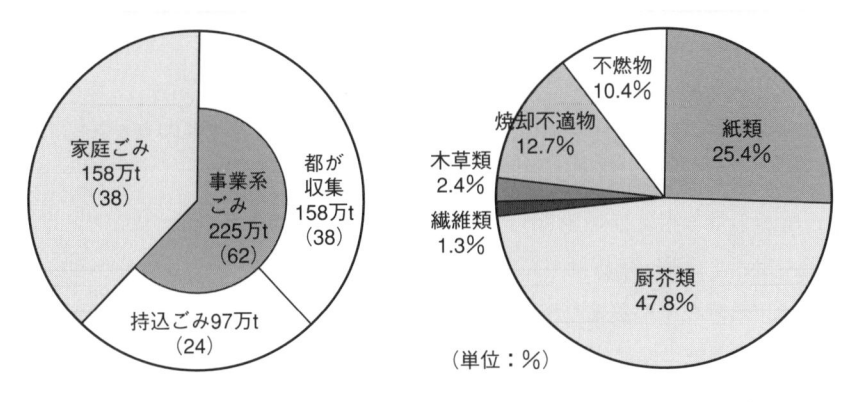

図10.4　一般廃棄物の処理実態と家庭ごみの組成（東京都，平成8年度）
（環境庁企画調査局計画調査室編：平成10年度版 環境白書（総説），大蔵省印刷局，1998）

である。家庭ごみの組成をみてみると，50％近くが厨芥類（生ごみ）である（図10.4）[3]。今日，家庭ごみの分別収集が実施され，缶やビン類などはリサイクルに仕向けられているが，生ごみを含め大部分は可燃性ごみとして焼却処理されている。わが国においては，収集されたごみのうち，約75％が焼却され，約15％が埋め立てられている。現在のところ，コンポスト（堆肥）化をはかり，有機肥料としてリサイクルされている量は微々たるものである[18]。わが国は諸外国に比べ，焼却処理の占める割合が高い。大量の生ごみの焼却は，二酸化炭素やダイオキシンの発生原因となるのみならず，熱エネルギーのむだな放出や市町村のむだな財政の出費にもなるので，台所から生ごみの排出量を最小限に食い止める努力が必要不可欠である。特に，生ごみは水分含量が高いので（大部分は80％以上），可燃性ごみとしてごみ処理に供する場合，水分含量を落とす工夫が必要である。台所の流しに，乾燥機能を持つ小型の三角コーナー（エコセイバー）が発明されることを期待したい。

　生ごみを家庭内で処理できれば，有効な資源のリサイクルとごみ処理問題が同時に解決できるので，エコクッキングが飛躍的に進展するはずである。コンポストは，生ごみを土壌と混合して土壌微生物の好気的発酵の作用で堆肥化することで，家庭で簡便にできる生ごみの処理方法である[19)~21)]。生ごみを焼却処置せずにコンポスト化すると，二酸化炭素の排出量を54％削減できる[1]。近

年,効率のよい家庭用の装置が多種類市販されている。今日,自治体からの助成制度があるところもあり,コンポストの普及がみられる。しかし,わが国の住宅事情から,臭気の発生やできた堆肥の取り扱い方などで問題点がないわけではない。

　台所からでる生ごみのみならず,動植物の残渣(魚かす・油かすなど)や家畜・人間の排泄物(堆厩肥・人糞肥など)などを,有機肥料としてリサイクルすれば,環境保全型農業の実現が可能になる[21]~[23]。しかし,現在,わが国においては化学肥料が簡便・安価で肥効性が高いため,化学肥料による農業が主体で,堆厩肥や人糞肥などの有機肥料はあまり利用されていない。近年,一般消費者の有機農産物に対する期待が高い。現在のところ,わが国の有機農産物の生産高は,全生産高の10%以下にしかすぎない。横道にそれるが,窒素(タンパク質を代表する成分)の流れを指標にした食料供給と消費の過程を通して,わが国の国土における窒素の収支をみてみる(図10.5)[5]。1992(平成4)年現在で,約170万トンの窒素が過剰に放出されている。現在もこのような窒素過剰の状況にある。この過剰分をリサイクルして農産物などに還元し,流入(輸

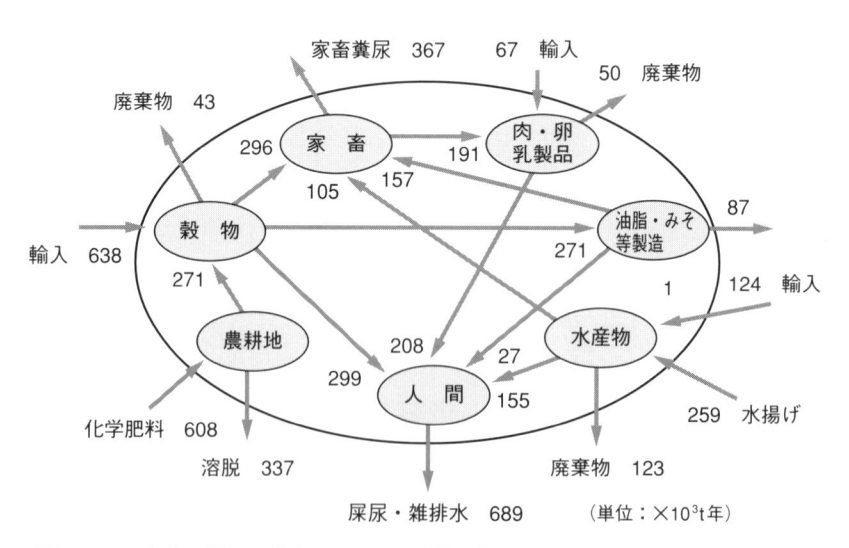

図10.5　窒素の流れを指標としたわが国の食料供給と消費の収支(平成4年)
(環境庁企画調査局計画調査室編:平成8年度版 環境白書(総説),大蔵省印刷局,1996)

入）を抑えて，流出（輸出）を促進しない限り，過剰の廃棄物が国土に蓄積されることになる。環境保全型農業が待望される背景には，このような環境問題がある。

3．環境ホルモンとダイオキシン

3.1．環境ホルモンと台所

環境ホルモンとは，大量消費と大量廃棄のライフスタイルのなかで産出された，人工的な有害物質である。正式には，（外因性）内分泌攪乱化学物質という[24),25)]。体内で営まれている正常なホルモン作用に影響を与える外因性の化学物質で，化学的に安定なため生態系で分解されにくく食物連鎖で生体濃縮され，最高位の消費者である人間が食物を介して摂取することになる。しかも，超微量で有害な効果を発揮する。今日，わが国で約70種の化学物質に環境ホルモンの疑いが持たれている[26)]。その主なものは農薬（60%）で，他はプラスチックや洗剤に関連するもの，化学物質の製造過程や燃焼・焼却過程で生成するものがある（表10.5）。そのなかで，ダイオキシンは，毒性がきわめて強く，ごみなどの焼却によって非意図的に生成するので，生活環境を保全する意味できわめて高い関心が集まっている。特に，コルボーンらが，著書「Our Stolen Future（『奪われし未来』），1996」で環境ホルモン問題を啓発したことが，世界に大きな影響を与えている[27)]。

今日，環境ホルモンの生物への影響が知られるようになって，農薬，プラスチックや洗剤などに由来する環境ホルモン物質の製造と使用は禁止されているので，これらの生活環境への汚染は増加しないと考えられる。しかし，これま

表10.5　主な環境ホルモン

物　質　名	用　途　など
ダイオキシン類	焼却炉（非意図的生成物）
PCB類	熱媒体，ノンカーボン紙
BHC，DDTなど	殺虫剤
ペルメトリン，2,4-Dなど	除草剤
トリブチルスズ	船底塗装，漁網の防腐剤
ノニルフェノールなど	界面活性剤の原料（分解生成物）
フタル酸エステル類	プラスチックの可塑剤

でに汚染されたものは，生態系で拡散（希釈）と生体濃縮をくり返し，徐々に分解されるものの長期間地球上に残存するといわれている。

一方，ダイオキシンは，かつて除草剤の製造過程で生成した副産物であったが，近年，産業廃棄物や生活廃棄物の焼却過程で，有機物の分解物と塩素から*de novo* 合成され環境に放出される。つまり，生活ごみを焼却する限りダイオキシンは必ず生成する。ダイオキシンの生成の少ない焼却方法も考案されているが，将来にわたって，ダイオキシンが環境ホルモン問題の中心に位置づけされる。環境に放出されたこれらの物質が，実際の生活のなかで人間の健康にどの程度悪影響を与えるのかは不明ではあるが，無秩序な物質生産とその大量廃棄は，取り返しがつかない不毛の生活環境をつくり出すおそれがあるとの警鐘と受け止め，環境ホルモンの放出を阻止するライフスタイルの実現が必要不可欠である。なお，環境ホルモンの種類や人間への生理的影響などについての詳細な情報は，別の成書を参照してほしい[24),25)]。以下に，ダイオキシンを食生活の視点から述べてみる。

3.2. ダイオキシンと食物

狭義のダイオキシンとは，ジベンゾ-パラ-ジオキシン骨格に塩素が結合した化合物の総称（TCDD）で，75種の異性体があり，そのすべてが毒性を示すわけではない。そのなかで，2,3,7,8-TCDD と呼ばれる化合物が最も毒性が強い。ダイオキシンと似た毒性を示す塩素化合物に，ポリクロロベンゾフラン（PCDF）類や PCB に混在する毒性の強いコプラナー PCB 類がある。ダイオキシンの毒性の強さは，成分により毒性の強弱があるため，2,3,7,8-TCDD の強さに換算した値で示される[28)]。その単位は TEF（Toxic Equivalecy Factor）である。急性毒性が現れない低い濃度の TCDD を長期間摂取すると，晩発性皮膚ポルフィリン症，催奇形性，発がん性，助発がん性などの慢性毒性を示す。また，アトピー症，子宮内膜症，精子減少などの症状にも関与しているとの疑いが持たれている。厚生省や環境庁では，PCDD＋PCDF をダイオキシン類，ダイオキシン類にコプラナー PCB を加えたものをダイオキシン（広義に）と称している。これらの毒性には類似性がある。

環境に排出されるダイオキシンの80%以上は，焼却炉から放出されたものである。他は，化学製品（農薬など）の合成過程やパルプの塩素漂白過程などでの生成が考えられる。焼却炉でダイオキシンの生成に関与する物質は，産業および生活廃棄物中の有機物（紙，木材，台所廃棄物，プラスチックなど）と塩素である。特に，塩素の供給源であるポリ塩化ビニルやポリ塩化ビニリデンなどの有機塩素化合物は，ダイオキシンの生成に大きく関与する。

表10.6 主なダイオキシン類および類似化合物の
　　　　毒性等価係数（TEF）

化学構造	化合物名	TEF値[a]
PCDD （ポリ塩化ジベンゾ-パラ-ジオキシン）	2,3,7,8-TCDD 1,2,3,7,8-PeCDD 1,2,3,4,7,8-HxCDD 1,2,3,7,8,9-HxCDD 1,2,3,4,6,7,8-HpCDD OCDD など	1 1 0.1 0.1 0.01 0.0001
PCDF （ポリ塩化ジベンゾフラン）	2,3,7,8-TCDF 1,2,3,7,8-PeCDF 2,3,4,7,8-PeCDF 1,2,3,4,7,8-HxCDF 2,3,4,6,7,8-HxCDF 1,2,3,6,4,7,8-HpCDF 1,2,3,4,7,8,9-HpCDF OCDF など	0.1 0.05 0.5 0.1 0.1 0.01 0.01 0.0001
コプラナーPCB	3,4,4',5-TCD 3,3'4,4'-TCD 3,3'4,4'5-PeCB 2,3,3',4,4'-PeCB 2,3,4,4',5-PeCB 3,3',4,4',5,5'-HxCB 2,3,3',4,4',5-HxCB 2,3',4,4',5,5'-HxCB など	0.0001 0.0001 0.1 0.0001 0.0005 0.01 0.0005 0.00001

[a] TEF（Toxic Equivalecy Factor）: 2,3,7,8-TCDD の毒性の強さに換算した値。
（環境庁・厚生省：ダイオキシンの耐容一日摂取量（TDI）について, p.29, 1999）

次に，食品中の含量と摂取量について述べてみる。ダイオキシン（PCDD＋PCDF＋コプラナー PCB）の耐容1日摂取量（TDI：Tolerable Daily Intake）は，当面 4 pg／kg／日とすると定められている（1999（平成11）年6月21日，環境庁・中央環境審議会，厚生省・生活環境審議会および食品衛生調査会の合同報告書）[28]。TDI とは，人が一生涯にわたり摂取しても健康に対する有害な影響が現れないと判断される体重1kg・1日当たり摂取量である。厚生省発表のダイオキシン摂取量最新データ（1997（平成9）年度食品中のダイオキシン汚染実態調査）によると，日本人は平均2.6 pg／kg／日のダイオキシンを摂取している。

人間が摂取するダイオキシンの90％前後は，食物を通して取り込んでいる。他は大気から呼吸を通して，あるいは，土壌を介してである。食物では，魚介

表10.7　1日当たりのダイオキシンの摂取量

(pg／kg 体重／日)

「食　品」（食品群）		
1群	（米）	0.024
2群	（雑穀・芋）	0.084
3群	（砂糖・菓子）	0.014
4群	（油脂）	0.011
5群	（豆・豆加工品）	0.008
6群	（果実）	0.004
7群	（有色野菜）	0.099
8群	（野菜・海藻）	0.025
9群	（嗜好品）	0.026
10群	（魚介）	1.506
11群	（肉・卵）	0.417
12群	（乳・乳製品）	0.188
13群	（加工食品）	0.008
14群	（飲料水）	0.0004
	小　計	2.41
「環　境」		
大　気		0.17
土　壌		0.0024～0.021
	小　計	0.19
	合　計	2.60

（環境庁・厚生省：ダイオキシンの耐容一日摂取量（TDI）について，p.26, 1999）

類から約65％，乳製品から約10％，肉類から約10％，野菜類から約５％である（表10.7）[28]。魚類では沿海魚や養殖魚が遠洋のものよりダイオキシンの含量が高い。また，野菜類は，ダイオキシンの体内吸収を抑える。野菜中のクロロフィル（葉緑素）やセルロース（食物繊維）はダイオキシンを吸着する能力が強いからである[29]。

3.3. 母乳と健康

　母親から赤ちゃんへのダイオキシンの移行は，妊娠中，へその緒を通して胎児に移行する割合は少ない。胎児のダイオキシン体内濃度は，母親より低い。大部分のダイオキシンは，出生後，母乳を通して乳児に移行する[24),30]。しかも，母乳中のダイオキシンは，乳児にきわめて吸収されやすい。女性が１人の子どもを出産し，半年間母乳を飲ませると体内にたまっているダイオキシンの約40％が，また１年間飲ませると約60％が，赤ちゃんに移行するとの試算がある。その意味で，母乳中のダイオキシン濃度が赤ちゃんの健康に影響を与えることになる。母乳で育てた赤ちゃんのダイオキシンの蓄積量は，人工乳で育てた場合より，明らかに高いとの報告もある[29]。

　母乳のダイオキシン濃度の経時的変化の統計をみてみると，大気などの環境におけるダイオキシン濃度の減少とともに，母乳における濃度も減少している。最近の母乳濃度から赤ちゃんのダイオキシン（PCDD＋PCDF＋コプラナーPCB）摂取量（平均値）は，およそ100 pg／kg／日で耐容１日摂取量（TDI）４ pg／kg／日を大きく上まわる[31]。しかし，厚生省，環境庁，WHO は，母乳を介して乳児が取り込むダイオキシンの影響については，継続して研究を行う必要があるが，母乳哺育が乳幼児に与える有益な影響（栄養性，免疫性，スキンシップなど）から判断して，今後とも母乳栄養は推進されるべきものであるとしている。

　ダイオキシン汚染で，胎児および乳児の免疫系や甲状腺機能が影響を受け，アトピー性皮膚炎の発症や身体および脳の発育障害の原因になる可能性があるとの報告もある[24),25]。因果関係が明らかにされているわけではないが，今後長期間の詳細な研究が求められる。

4. 食料の自給と米食文化

　最近のわが国の食料自給率は40％前後で，さらに減少傾向にある（図10.6）[32]。豊かな食生活を謳歌している裏には，このような不安定な状況にある。わが国と同様に生活水準の高い欧米の先進国は工業国であるが，わが国と異なり農業国でもあり食料自給率も高い。本来，食文化は気候や風土など地域的特徴によって大きな影響を受ける。高温多湿で，広大な耕地がなく，国土のほとんどが山岳地帯であるわが国にあっては，稲作に最適な農業環境である。このような風土のなかで，米を主食とし，魚介類，豆類，いも類，野菜類などを副食とした「日本型食生活」が育まれてきた。しかし，経済成長をとげたわが国は

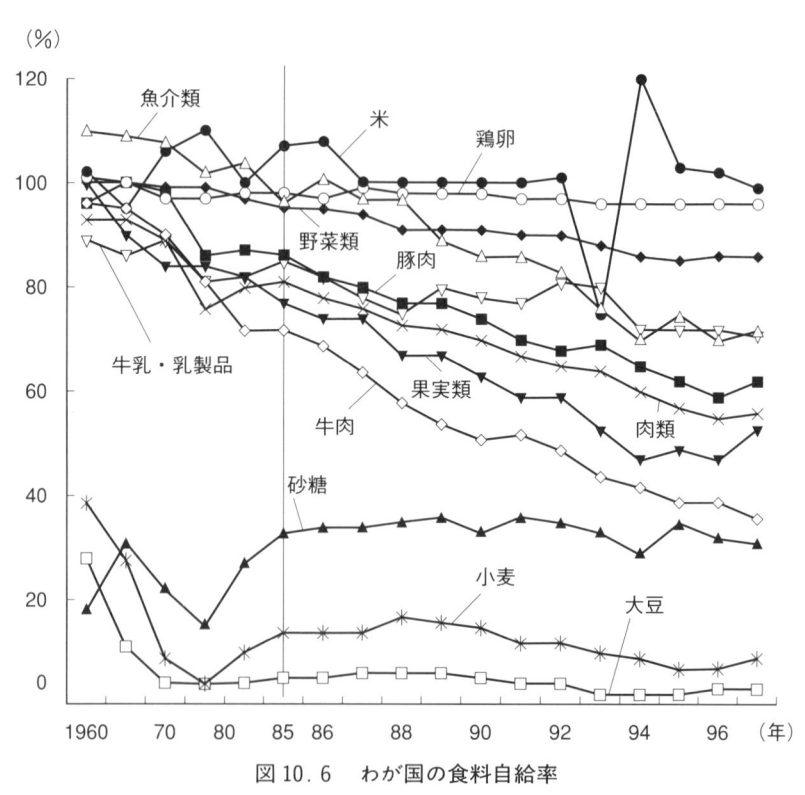

図 10.6　わが国の食料自給率
（農林水産大臣官房調査課編：平成10年度食料需給表，農林統計協会，2000より作成）

飽食の時代を迎え，世界一の長寿国になったものの，食生活の欧米化とともに従来の日本型食生活が崩れ，がん，老化，心疾患，高血圧，糖尿病などの生活習慣病の発症が問題となっている[33)~35)]。

　主食と副食との嗜好性からみた結合性（相性）に関する解析によると，米食はあらゆる副食（和風，洋風，中華風）と相性がよく，また，米の消費の増加とともに魚類，海藻，野菜類や大豆製品の消費が増加し，逆に，牛乳や乳製品の消費が減少する[36)]。このことは，米を主食とした伝統的な日本風食生活は，畜肉類をベースにした洋風の食事パターンとは異なり，海産物，野菜類や豆類を取り入れた「惣菜（郷土料理）」であることが浮かび上がる。現在自給率が100％を超える米の生産確保を，将来にわたって継続する必要がある。水田を維持することは，自然環境を保全して豊かな生活空間や景観を残すことになるのみならず，洪水による災害から国土を保全するという意味においてもはかりしれない価値がある。

　最近のわが国の国民栄養調査（厚生省）によると，食生活における全エネルギー摂取に占める脂質エネルギー比率は増加傾向にあり，適正比率の25％を超えていることが問題であると警告している[37)]。脂質の過剰摂取は欧米型の食生活にみられ，がん，老化，生活習慣病のリスク要因である。したがって，米類の摂取増加は糖質エネルギー比率を適正に維持し，脂質エネルギー比率の増加を防ぐことに有効であるといえる。上述したように，米食の増加は日本型食生活を継承し，健康維持にきわめて有効な食生活を実現することになる。特に，副食となる魚類，豆類，いも類，野菜類など食材には，食品の三次機能（生体調節機能）を有する有効成分が含まれている。これらの食材は，医食同源を担う主体で，種々の生活習慣病の予防に対するホープとして期待されている[33)~35)]。伝統的な惣菜などの郷土料理は，食文化の宝といえるもので，失われつつある季節感や地域的特徴を残すためにも継承したいものである。しかしながら，欧風化の食生活に慣れ親しんだ若い世代には，食嗜好の面から伝統的な日本型食事献立を受け入れがたい傾向にある。若い世代にも受け入れられる，健康的な日本型食生活を実現できる新しい料理の工夫が，将来に向けての大きなテーマである。

5．調理のすすめ

　わが国の食の質は，飽食を謳歌し世界一の長寿国であるという意味では高い。しかし，地球・生活環境に配慮した共存・持続型生活が実現できなければ，真に質の高い食生活とはいえない。近年にみられる，食材に満ちあふれ贅沢な食生活を送れる時代が，将来にわたって保証されるはずはない。限られた資源のなかで，食料の生産も有限であることを考慮すると，わが国の食に対する欲求のみで無限に食材を確保することは許されない時代である。21世紀には，地球上で食資源の平等な分配を可能にすることが課題になると予想される。したがって，今日よりも種類や量が乏しくなる食材のなかで，創造的な食設計が求められると考えられる。

　食品加工や低温流通などの科学技術を否定して，自然食運動の推進を提案するつもりはない。非合理的で不便な生活を強い，しかも膨大な人口を養いきれない非人道的な世界になるからである。しかし，これまでの科学技術や文明がもたらした種々の弊害を認めたうえで，外観にとらわれない食材の選択，計画的な食材の購入，むだのない調理操作，過剰包装や焼却型容器の自粛などを念頭に入れて，人間は自然循環の一員を担う環境のなかではじめて質の高い生活が成り立つとの認識が必要である。

　省エネルギーや資源の再利用の問題解決に対して家庭で実行できることは，社会全体からみて量的には必ずしも大きくないかもしれない。しかし，家庭を小さな社会ととらえるなら，家庭内でできるむだをなくする努力，リサイクルやリユースに対する創意工夫や実行は，最も容易に，かつ，きめ細かく実践することができるのではないだろうか。家庭で培った環境保全に対する考え方や習慣は，社会全体に大きな影響を与えることになろう。環境保全をめざした新しいライフスタイルの達成には，生活者個人の時間的・労働的・金銭的な分担が必要で，これを価値ある生き方と受け止め，家庭内での個々人の実行が問題解決に対する確実で大きな第一歩である[38),39)]。

　今日の食材の過剰消費は生活習慣病を生み，利便性を追求し外食・中食などに頼った passive な食生活は，食の持つ本来の健康的で社会的な機能を損なっ

ている。調理にたずさわり生活を自ら維持する active なライフスタイルを再評価したい。調理は，食べる人の嗜好性と健康を配慮して食卓を演出し，人のコミュニケーションを創造する。調理作業を通して，環境保全の問題，食材の特徴や安全性のみならず献立の味つけや栄養価をも理解することができる。調理とは，家庭という小さな社会における日常的な社会活動で，自己の存在感と生きがいを喚起する行動である。特に，高齢化社会においては，自らの生活を自らの手で維持することが，痴呆を予防するためのライフスタイルである。調理をするということは，単なる労働でなく自立的で創造的な生き方を楽しむ人間本来の生活行動で，21世紀に求められる質の高い生活を実現する生活力を体得するために鍵を握る学習的効果があるといえよう。老若男女を問わず，厨房に入って調理のおもしろさに触れることをすすめたい。

(的場輝佳)

〔文献〕
1) 環境庁企画調査局計画調査室編：平成11年度版 環境白書（総説），大蔵省印刷局，1999
2) 総務庁統計局編：日本の統計 2000年度版，大蔵省印刷局，2000
3) 環境庁企画調査局計画調査室編：平成10年度版 環境白書（総説），大蔵省印刷局，1998
4) 環境庁企画調査局計画調査室編：平成9年度版 環境白書（総説），大蔵省印刷局，1997
5) 環境庁企画調査局計画調査室編：平成8年度版 環境白書（総説），大蔵省印刷局，1996
6) 糀元貞枝（木村修一・川端晶子編著）：エコ・クッキング，環境調理学，pp. 185～208, 建帛社，1997
7) 肥後温子・平野美那世編著：調理機器総攬—電気ガス機器とつきあう，価格帯別便利機能からメニュー提案まで—，食品資材研究協会，1997
8) 肥後温子・平野美那世：進むキッチンのハイパワー化，日本調理科学会誌，31, 341～345, 1998
9) エコロジークッキング委員会編：—料理学校からの提案—環境にやさしい台所でのエコロジークッキング・アイディア集，東日本料理学校協会事務局，

1994
10) 環境庁企画調査局計画調査室編：平成6年度版 環境白書（総説），大蔵省印刷局，1994
11) 国土庁長官官房水資源部編：平成4年度水資源白書—日本の水資源—，大蔵省印刷局，1992
12) 環境庁編：環境にやさしい暮らしの工夫，大蔵省印刷局，1989
13) 森 基子・長谷川玲子・船坂鐐三ほか：調理食品廃棄物のBOD原単位，日本家政学会誌，41，833～840，1990
14) 薄木理一郎：日本における廃食用油の発生・回収・再生の現状と問題点，油化学，42，885～892，1994
15) 梶本五郎：廃食用油脂の有効利用，油化学，43，305～313，1994
16) 日本調理科学会近畿支部揚げる・炒める分科会：フライ油の使用限界に関する研究（II）揚げ種による違い，日本調理科学会誌，29，104～108，1996
17) 研究代表者 藤井富美子：生活環境保全を目的とした新しい浄化システムの開発に関する研究，平成4年度科学研究費補助金（総合研究A）研究報告書，1993
18) 厚生省編：日本の廃棄物1996，全国都市清掃会議，1996
19) 吉野馨子・田村久子・阿倍澄子：台所が結ぶ生命の循環—生ごみ堆肥化をはじめよう，筑波書房，1999
20) 直江弘文：生ゴミは宝だ，文化創作出版，1999
21) 有機質資源化推進会議編：有機廃棄物の資源化大事典，農山漁村文化協会，1997
22) 國松孝男（國松孝男・菅原政孝編）：土壌の科学，都市の水環境の創造，技報堂，pp. 146～166，1988
23) 岩城英夫（河村 武・岩城英夫編）：生態系の構造と機能，環境科学Ⅰ．自然環境系，朝倉書店，pp. 231～256，1988
24) 日本化学会編：ダイオキシンと環境ホルモン—話題の化学物質を正しく理解する，東京化学同人，1998
25) 「化学」編集部編：環境ホルモン＆ダイオキシン，化学同人，1999
26) 環境総合研究所編：もっと知りたい環境ホルモンとダイオキシン—問題解決へのシステムづくり—，ぎょうせい，1999
27) T. コルボーン・D. ダマノスキ・J. P. マイヤース（長尾 力訳）：奪われし未来，翔泳社，1997
28) 環境庁・厚生省：ダイオキシンの耐容一日摂取量（TDI）について，1999
29) 宮田秀明監・著（家庭栄養研究会編）：食品・母乳のダイオキシン汚染，食べもの通信社，1998

30) 長山淳哉：母胎汚染と胎児・乳児, ニュートン選書, ニュートンプレス, 1998
31) 厚生省：10年度母乳中のダイオキシン類の調査〔ホームページ〕
32) 農林水産大臣官房調査課編：平成10年度食料需給表, 農林統計協会, 2000
33) 藤巻正生：機能性食品と健康—食品は進化する, 裳華房, 1999
34) 飯野久栄・堀井正治編：医食同源の最新科学—食べものがからだを守る, 農山漁村文化協会, 1999
35) 大澤俊彦・大東 肇・吉川敏一監修：がん予防食品—フードファクターの予防医学への応用, シーエムシー, 1999
36) 宮崎基嘉（藤巻正生・井上五郎・田中武彦責任編集）：主要食品の動向, 米・大豆と魚—日本の主要食品を科学する—, 光生館, 1984
37) 厚生省保健医療局健康増進栄養課監修：平成9年度国民栄養の現状, 第一出版, 1997
38) 日本家政学会編：ライフスタイルと環境, 朝倉書店, 1997
39) 日本家政学会編：日本人の生活—50年の軌跡と21世紀への展望—, 建帛社, 1998

終説

調理学研究の将来

はじめに

　「食の文化ワークショップ・2001年の調理学」は1985年9月に発足し，1987年10月までの足かけ3年の間に6回の研究会が開かれ，その記録『2001年の調理学』[1]が出版されたのは1988年11月のことであった。そのワークショップは，自らの殻に閉じこもりがちな調理学者にとって，さわやかな目覚めの警鐘でもあった。スピーカーになられた境界領域の先生方から，深く，広く，愛に満ちた数々の提言をいただき，感動するとともに明日への調理学に対して，勇気と希望を与えられた。

　ここでの調理学への提言を振り返り，21世紀の調理学の展開と，食学の基盤となる食哲学の構築を試みる。

1．調理学境界領域の分野からの提言

　『2001年の調理学』[1]のワークショップにおける調埋学境界領域の分野からの提言の概略を述べる。

1.1．調理学とは何か　　　　　　　　　　　　　　　　　　（中尾佐助）

　(1) 調理学とは人間の「食事学」の一分野として位置づけることができる。「For the people, to the people, by the people」という言葉があるが，家畜飼料の調理学ではなく，人間に固有な人間の調理学であるということである。

　(2) 学問の分類体系の3方法には，「実用体系」，「認識体系」，「価値体系」がある。この3本の綱をより合わせて1本に組織化しようとするところに，生活学としての調理学が成立するであろう。

　(3) 調理学は，「国学」から脱して「通文化」へと進むことが大切である。

1.2．栄養学から調理学に望むこと　　　　　　　　　　　　（豊川裕之）

　(1) 調理学は，もし独立した専門領域として確立するならば，独自の方法論を備えるべきである。しかし，調理学だけに見いだされる方法論は完成しているとはまだ思えない。

(2) 調理学は次の項目を基盤とする理論体系であると考えることができる。
① 素材としての食物の属性
② 手段としての道具・設備と技術
③ 内的価値体系としての審美
④ 外的価値体系としての食習慣
⑤ 民族の歴史的価値体系としての文化
⑥ 特に食文化

現行の調理学は，①と②に偏重し，生活のなかの調理学から離れて，実験室のなかでの調理科学になっていて，審美，文化などの価値または美を評価したり，創造に関与する側面は著しく遅れをとっている。

(3) 行動的に現象を観て，かつ理解することが20世紀後半における科学史上の進歩であると考えているが，調理学も統合的方法の確立および構造的思考を採用すべきである。

1.3. 食品学と加工・調理・外食　　　　　　　　（田村真八郎）

(1) 近代以前の「食物誌」は博物的な「食品学」へと変身したが，「料理誌」は「料理学」へ変身することはできなかった。なぜなら，価値観を入れない料理の記述はあまり意味がないからである。

(2) 近代自然科学の発達は食品学にも影響を与え，各食品について成分物質を枚挙する形の博物学的食品学が成立した。また，それらの構成成分の化学的認識を踏まえて，伝統的な食品の製造法や，料理の製造法の自然科学的理解が進み，技術学としての食品製造学や調理科学が成立した。

(3) 現代の食品学と調理学においては，食品研究も料理研究も，化学（成分研究）と物理（物性研究）との2本の重要な足をもって歩み始め，さらに味覚，嗜好の面の研究も進み，生産～消費システムへの関与が求められてきた。

(4) 21世紀は家庭内調理と家庭外調理（社会労働としての調理）とが並行していくであろう。調理学は，調理の内部化と外部化の双方の需要によくこたえられる学問となる必要がある。

1.4. 文化人類学から見た調理学　　　　　　　　　　　（石毛直道）

(1) 食事文化は調理体系と食行動体系の二つの体系の相互関係から構成されている。食行動体系とは，食に関する価値観と振る舞い方のシステムである。これに対して調理体系とは食料や食品などを加工する，モノと技術の織りなすシステムである。この二つの体系を統合して食事文化は成立する。

(2) 調理体系は文化によって異なる。調理体系は調理の素材である食料や食品，調理に使用する道具とそれらのモノを駆使して調理をする人間側の技術とを，主要な構成要素として成立するシステムであると考えられる。調理技術はモノを対象とするが，技術そのものはモノの形をとらず，本質的には，調理をする側の人間の大脳のなかに蓄積された情報であり，それが行動として表現されるものである。

(3) 調理学を英語で「Cooking science」ということがあるが，これは自然化学的手法で調理を解明しようとする立場を表明している。しかし，広義の調理学では，献立をつくることに始まり，盛りつけや配膳にいたるまでのモノとしての食品に対する加工の全工程と，そのような操作の背後にある文化的事象を対象とすべきである。文化の事象について考察するにあたっては，通時的な視点と通文化的な視点がある。

(4) 学問の研究には二つの方向がある。一つは，限定された分野を対象に限りなき分析を追究していく方向であり，もう一つは，さまざまな事象を統合して新しい視点を切り開く方向である。従来の調理学は，この統合への指向性が希薄であった。

1.5. 一栄養学者のやぶにらみ調理学論　　　　　　　　　（木村修一）

(1) 調理は食物摂取行動の進化のうえで出現した一つの摂取手段であり，食物摂取の領域を広げた。

(2) 現代における多くの調理学の研究は，分析的な実験科学にのみ目を向けており，長い間かかって築き上げてきたであろう人間の営みとしての「調理」がなぜそこにあるのか，そしてそれはどこに行こうとしているのか，またそれは彼らの生活にとってどのような意味を持っているのか，といったことへの関

心が低いように思える。

(3) 期待している調理学の方向は広義の調理学ともいうべきものである。食生活の構造とその動きをダイナミックにとらえるなかで，はじめて調理学が生きてくるのである。

(4) いま，学問研究の分野は相互に広がり，その境界領域では何が専門だったのかなどといっていられない状況にある。調理学の研究者にも，そうした幅広いパイオニア的研究を望みたい。

2．21世紀の調理学を指向する

2．1．調理学の使命と役割

食にかかわる専門分野のなかで，なぜに(why)，何を(what)，いかに(how)食べるかという三つの観点より考えるならば，このいかに食べるかを担当するのが調理学である。

人間が食べるという行動には，生理的意義と精神的意義があるが，調理学はモノと心の接点ともなる"食べ物"を対象として，人々の心身の健康と幸せを願いながら，調理に関する事柄を自然科学的，人文科学的，社会的アプローチから法則性を見いだし，それらを統合し，調理の技術の向上や食生活の実践に役立つ理論を提供することをターゲットとしている。

日本では東西文化を見事に融合させて新しい生活文化をつくり出しているが，食の世界も同様であり，調理学は東西食文化を融合させた，新しい食文化の一翼を担っている。次代のニーズにこたえて，新しい調理学の皮袋に新しい調理学の内容が盛り込まれなければならない。

2．2．食学の基幹としての調理学

科学は一般に，概念の統一的な体系としてとらえ，認識されているのみならず，自然や社会の諸科学のうちに存在する法則性を明らかにすることにより，技術や実践に役立つ理論を提供することを使命としているが，調理学もまた，人的，物的両面から，自然，社会，人文の諸科学を基盤としながら，広義の調理に関する諸法則を明らかにし，人間の幸せな実生活に役立つことを使命とし

ている。

　食の問題は総合科学であり，ミクロの世界における生体内の栄養現象から，おいしい食べ方を研究するまでの自然科学の"縦糸"と，人文・社会科学の"横糸"の織りなす『人間学』の中心でもあるが，その基幹的存在である調理学は人間はどのような食べ方をしたらよいかの問題を受け持ち，最も人間に密着し，生命を保つ役割とともに，人間がいかに生きるべきかの課題についても，直接的な使命を持っている。

2.3. 新しい調理学体系の"生命の樹"

　広義の新しい調理学体系を樹木にたとえてモデル化[2]し，「新しい調理学体系の生命の樹」として図1[3]に示した。樹木は枯渇することのない生命力の源泉である。調理学もまた食を通して人々に生命力と活力と喜びを与える人間学の中心であるので，基幹としてイメージした。さらに調理学のバックボーンに

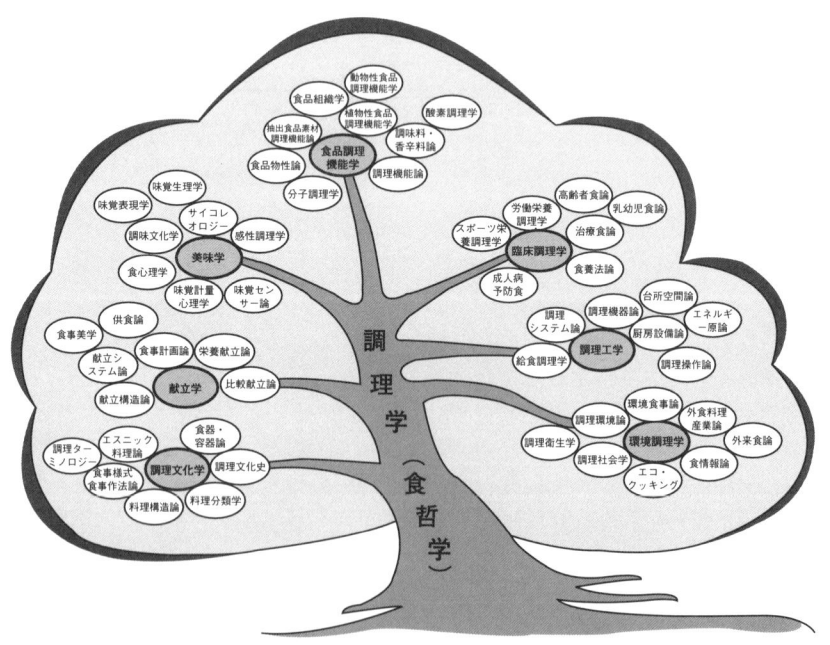

図1　『21世紀の調理学』の"生命の樹"[3]
（大塚　滋・川端晶子編著：調理文化学，建帛社，1996）

は，食の思想としての哲学を位置づけた。新しい調理学の学問としての構築と展開を7分野として枝に，また，各分野の各項目をふさふさと繁った葉のように位置づけた。広義の新しい調理学の7分野とは次のようである。

（1）調理文化学（Culinary Culture）[3]

人間が食べるということ自体が文化現象である。調理は地球上に人類が出現したときから始まったいわれている。食料採集，食料生産，食料貿易と食料需給の動向は変わってきたが，いつの時代，いずれの場所においても，調理という操作を加えて望ましい形で口に運ぶ工夫が重ねられてきた。そこには，付加価値を求める人間の生活の知恵が加えられ，文化の香りが漂って多くの歳月を生きてきた。調理文化学とは，この発展と変容を歴史学的（通時的な視点），あるいは比較論的（通文化的視点）で研究する分野である。

（2）献立学（Menu Constitution）[4]

献立とは，食事の内容を構成する料理の種類とその組み合わせ，またはその順序を定めることで，献立書，献立表とはそれを記したものである。献立構造は食文化によって異なるが「人間がどのような食べ方をしたらよいか」を考えるとき，その基盤となるのが献立である。献立はさまざまな目的を持っているが，献立の要素には，文化的要素，健康的要素，嗜好的要素，環境的要素，調理機能的要素がある。料理様式別献立の生成発展の過程は通時的な視点から，また各地域別献立構造は通文化的視点から考察することができ，食生活調査のなかでの献立の解析は，人間の等身大の食行動をとらえる重要な要素である。また，明日への健康づくりの基盤でもある。

（3）美味学（Gastronomy）[5]

美味学とは，おいしさを創造し，演出する技術の裏づけとなる理論体系である。美味学は栄養学や食品学，そして調理の技術だけでは解決できない伝統と心のあやなす「味」を中心とした，最も人間らしい食の営みに関する研究分野である。

美味学の提唱者ブリア＝サヴァランは，『味覚の生理学』[6],[7]のなかで「新しいご馳走の発見は人類の幸福にとって天体の発見以上のものである」と述べている。人類が火の発見によって食品を加熱して食べることのできる唯一の動物

となり，美味の喜びを体験してから今日まで熱心に美味を求め続けているが，今後も美味追求の欲求は限りなく続くであろう。

（4）食品調理機能学（Culinary Functions of Foods）[8]

食品機能とか機能性食品という用語が使い始められてから，10年余りの歳月が流れ，研究分野でも食品開発の分野においても新しい動向がみられる。食品調理機能学とは新しい用語であるが，調理科学の一分野である食品調理学のさらなる発展を期して機能という言葉が加えられたのである。新しい調理学体系のなかで採用されたキーワードである。食品機能調理学とは，食品の備えている特性が，調理過程における生物学的，化学的，物理学的および組織学的にどのように変化するのか，調理の目的を達成するためにどのようにしたらよいのかを対象とする研究分野である。

（5）臨床調理学（Cookery in Health Care）[9]

臨床の概念が拡大しているが，臨床調理学も拡大すると，狭義の治療食に加えて乳幼児食，生活習慣病予防食，高齢者食，労働栄養食，スポーツ栄養食，食養法などが対象となる。近年，生活習慣予防への取り組みは第一次予防（食生活改善，運動・休養の習慣づけによる健康増進など），第二次予防（早期発見，早期治療，二次感染予防など）および第三次予防（再発防止，リハビリテーションなど）に区分されているが，臨床調理学の対象にはこれらすべてを視野に入れる必要がある。近年，QOL（Quality of Life）が尊重されるようになったが，食べる楽しみ，味わう喜びによって人間性がより高められることが評価されるようになり，食事療法の意義が見直されるようになった。

（6）調理工学（Culinary Technology）[10]

調理過程で行うさまざまな操作は，化学工学でいう"単位操作"および"単位反応"と呼ばれているものによく似ている。工学的方法論の導入が調理学の内容を豊かにすることは間違いない。調理工学は，調理操作に関する合理的予測と制御の方法論を確立することを主目的としている。調理に工学的方法を導入すれば，大規模調理の研究・教育にあっても，たとえば，うま味が出現する過程に注目すれば，伝熱・物質移動・反応の各速度過程に関する知識が有効となる。近年，システムという言葉が使われているが，システムとは「個と全体

の有機的な仕組み」のことである。新しい調理システムが取り入れられ，作業改善，省力化，作業環境の向上などに役立っている。

（7）環境調理学（Environmental Cookery）[11]

食を取り巻く環境問題は多くの課題を抱えているが，食生活の変化のなかの調理行動，調理環境，エコクッキング，調理産業，食情報などが考えられる。

社会学的観点から調理の問題をみると，レジャー化と簡便化の二大潮流がある。食の形態として内食，中食，外食があり，調理学自体がどのように機能しているのか。また，調理を取り巻く環境問題には世界の食料事情と日本の食料需給，経済社会の変化などの外部環境，調理に直接的な影響をもたらす食材の流通，価格，品質，水，空気，エネルギー源などがある。食情報には，栄養情報，食材情報，調理情報，味覚情報（旬，鮮度，うまいもの情報など），価格情報，新製品情報などがあるが，正しく理解し，その対応能力も陶冶する必要がある。

3．食哲学の構築

3．1．食べるとはどういうことか

「人間が食べるとはどういうことか」という哲学的論考は人間が生きるという根本問題とも関連し，重要な哲学的課題でもある。新生児の産声は母親の乳房によって鎮まり，死の枕もとで唇を潤してくれる水の一滴まで，これらは食の営みの始まりと終わりである。食学は人間を揺りかごから墓場にいたるまで，養ってくれる学問である。人間が食べるという営みには，生理的意義と精神的意義があり，人間学の原点である（図2）。食哲学の構築にあたって考えられやすいいくつかのテーマをあげよう。

3．2．食感覚論

哲学的感覚論では，フランス哲学者コンディヤック（1714〜1780）の『感覚論』[12]が有名である。人間のあらゆる精神の働き，およびその産物たる観念や思考が受動的感覚に基礎を置くものであり，注意・比較・記憶・反省・推理といった高次の精神的な働きも結局は変容された感覚なのだという主張である。

```
                    生
                    理
                    的     食物摂取によって自らの健康を再生産
                    意     し，健康で活力に満ちた豊かな人生を送
                    義     るとともに，健全な子孫を残して民族が
                           繁栄することをこい願っている。

      精 神 的 意 義      ┌─┐
─────────────────────────│食│─────────────
                          └─┘
 人間は古くから，食べることに対して
さまざまな精神的エネルギーを投入して
今日にいたっている。
 食べること，すなわち，食事は，食べ
る人の心を育て，時には心をいやし，憩
いの場ともなる。家庭団らんをはじめ，
友人やさまざまなグループでの親睦を深
めたり，社交，政治，外交などのコミュ
ニケーションの媒体ともなる。
```

食は，生理的意義を持つ縦糸と精神的意義を持つ横糸との織りなす「人間学」の原点である。

図2　人間の食の営み

　彼の多くの思考実験のなかで最も有名なのが，感覚論全体を貫くアイディアとなった彫像の感覚付与実験である。すなわち，彫像にまず嗅覚を与え，嗅覚のみによって彫像がいかなる表象世界を獲得するかを創造し推論する。次に嗅覚を取り去り聴覚を，さらに視覚を与えてみる。このように五感を順次加えたり，組み合わせたりするなかで彫像の内面世界がいかに変容していくかを描いている。

　あらゆる認識や思考能力の起源が快・不快を含めた感覚に存在するという。まず，五感のなかで最も貧しい感覚とみなされる嗅覚の詳細について述べ，次に，触覚の特権的な役割を強調している。触覚は嗅覚，視覚，味覚，聴覚のように身体の特定部位に固定された感官（感覚器）によって生じる他の感覚とは異なって，身体の皮膚全体に拡散していることで，その特権的な役割が生まれるという。特に，食にかかわる感覚では，昔より「料理は五感で食べる」といわれているように，食べるためには五感のすべてが関与する。今日，かなり発展しているおいしさの科学に脳の科学も加わり，哲学的考察を加味した食感覚

論の展開が期待される。学際領域の新しい研究分野として「日本感性工学会」が立ち上がった（1999年）。食に関する感性工学部会も活動を開始している。

3.3. 食記号論

人間と文化を記号として解明しようとする現代文化記号論の理論モデルは構造言語学である。言語を記号学的体系と認め，各言語の精密かつ全面的な構造的記述の理論と実際を追求しようとするものである。

最も広い意味での記号とは「ある事物・事象を代理するもの」のことをいう。この代理の生理学的メカニズムはロシアの生理学者I. P.パブロフによって明らかにされた。食物摂取による唾液分泌は無条件反射であるが，犬に食物を与える際にブザーの音を聞かせておくと，犬はブザーの音を聞いただけで唾液を分泌するようになる。これを条件反射といい，ブザーの音は食物・食事の信号ということができる。パブロフは視覚，聴覚，触覚などの刺激とその条件反射を第一次信号系，自然言語とその発話にともなう諸反応を第二次信号系と名づけた。第一次信号系が外界の感性的把握を実現するのに対し，第二次信号系である自然言語は抽象化し，一般化によりその概念的把握を実現し，人間固有の意識を可能にする。

たとえば，五基本味の身体生理上のシグナルを表1に示したが，それらを表す味覚表現用語[13],[14]は概念的把握を実現し，人間固有の意識を可能にする。食の分野には，さまざまな記号体があり，食記号論の展開は楽しい研究分野の一つである。

表1　五基本味の人体生理上のシグナル

甘味 ⟶	エネルギー源としての糖のシグナル
酸味 ⟶	代謝を促進する有機酸のシグナル 腐敗による酸のシグナル
塩味 ⟶	体液のバランスに必要なミネラルのシグナル
苦み ⟶	体内にとり入れてはいけない物質のシグナル
うま味 ⟶	栄養素としての蛋白質のシグナル

（小俣　靖：美味しさと味覚の科学, p. 225, 日本工業新聞社, 1986）

3.4. 食習慣論

　習慣とは,「慣れ」とか「癖」などの言葉から想像されがちな,人間生活の周辺的な事実にとどまるものではなく,むしろ人間存在の本質的な層にまで達し,人間のあり方をさえ規定している。習慣は基本的に「人間に自然本性的に備わっている可能性がある程度まで現実化され,完成された状態」であるということができる。たとえば,人間は生まれながらに論理的に思考する可能性ないし能力を有しているが,現実に理論的思考をなし得るためには,学習や練習を通じて生来の能力が一定の方向へと態勢づけられ,完成される必要がある。そのように,生来の能力が完成された状態のことを習慣と名づけている。近代哲学における習慣論として注目されているのは,メーヌ・ド・ビラン[15),16)]からベルクソン[17)]にいたるフランス・スピリチュアリスム[19)]のなかで展開されたものである。

　現実的な食の営みにおける日々の習慣は食文化の方向性を培い,嗜好性を決定づけ,また健康と関係の深い生活習慣病を生み出しているが,食の営みに哲学的考察を展開したい。

3.5. 食物連鎖の哲学的論考

　生物の食物連鎖は,無機の世界をも含めてくり広げられている自然の営みの一環である。食物連鎖とは,生物界においてA種がB種に食べられ,B種はC種に,C種はD種に食べられるという,食うか食われるかの関係にあるとき,A,B,C,Dは食物連鎖をなすという。

　イギリスの動物生態学者C.S.エルトンは自然環境のなかでの動物を科学的に研究した最初の一人であり,1927年,この言葉を提唱した。彼は動物群集を解析するにあたって食物関係を重視したが,この考え方は現在でも,生物群集の重要な基本構造であるとされている。

　食物連鎖をたどっていくと,最終的には緑色植物に行きつく。すなわち,太陽エネルギーと無機物から自らからだを合成して生活する緑色植物が食物連鎖の出発点である。植物を食う植食動物,植食動物を食う肉食動物,肉食動物を食う大型肉食動物が区別される。これらの各段階を栄養段階という。

人間は雑食動物であり，自然の営みのなかで最も大きな恩恵を受けている。このことから，自然の恵みのなかでの人間の存在を厳粛な事実として受けとめ，「食」に対して謙虚な気持ちを持ち続けながら，哲学的論攷を展開したい。

(川端晶子)

〔文献〕
1) 松元文子・石毛直道編著：2001年の調理学，光生館，1988
2) 川端晶子：VESTA, 19, 11〜22, 1994
3) 大塚　滋・川端晶子編著：調理文化学，建帛社，1996
4) 熊倉功夫・川端晶子編著：献立学，建帛社，1997
5) 増成隆士・川端晶子編著：美味学，建帛社，1997
6) Brillat-Savarin: *Physiolige du goût, Julliard*, Paris, 1965
7) ブリア＝サヴァラン（関根秀雄・戸部松実訳）：美味礼讃，岩波書店，1967
8) 田村真八郎・川端晶子編著：食品調理機能学，建帛社，1997
9) 豊川裕之・川端晶子編著：臨床調理学，建帛社，1997
10) 矢野俊正・川端晶子編著：調理工学，建帛社，1996
11) 木村修一・山口貴久男・川端晶子：環境調理学，建帛社，1996
12) C. A. コンディヤック（加藤周一・三宅徳嘉訳）：感覚論，創元社，1948
13) 太田泰弘：食感覚の表現　日本，味の素食の文化センター，1995
14) 太田泰弘：食感覚の表現　西欧，味の素食の文化センター，1988
15) Maine de Brain: *Influence de I'habitude sur la faculté de penser*, Librairie, Philosophique, J. Vrin, Paris, 1987
16) 北　明子：メーヌ・ド・ビランの世界　経験する〈私〉の哲学，勁草書房，1997
17) 小林道夫・小林靖夫・坂部　恵・松永澄夫：フランス哲学・思想事典，弘文堂，1999
18) 増永洋三：フランス・スピリチュアリスムの哲学，創文社，1984

索 引

<あ>

RCP法	164
アイスバリア	177
アイデンティティ	22
味	84
新しい調理学体系	242
アトピー性皮膚炎	229
アミノ酸分析	83
アメニティ	32
アレルギー疾患	198
アロマ	86

<い・う>

イオンクロマトグラフィ	82
閾値	105,110
医食同源	36
遺伝学	3
イムノアッセイ	83
院外調理	206
因子分析	104
飲食障害	51
ウェットエージング法	178
うま味	84
ウルトラミクロトーム	125

<え>

AFM	142
FT-RM法	164
HACCP	184,211
HMR	77
LN$_2$	176
NMRイメージ法	134
NRA	192
SD法	116
SSOP	186
STM	142
X線回折法	128
衛生管理	184
衛生管理運営手順	186
栄養学雑誌	24
営養研究所報告	23
栄養思想	35
栄養情報	245
栄養補助食品	197
エージング	178
液状調理品	183
エコクッキング	217,245
エネルギー源論	174
エネルギーコントロール食	202
エネルギー消費	215
エポキシ樹脂包埋法	125
嚥下訓練食	206
筵席	68
円二色性	82

<お>

OSHA	192
おいしさ	108
応力緩和現象	155
汚染負荷量	221
汚濁負荷	222
温度管理システム	189
オンライン	81

<か>

加圧凍結法	132
介護保険制度	207
外食	6
懐石	67
会席料理	68
外的価値体系	239
外的要因	5
香り	86
価格情報	245
化学発光	82
核家族	6
核磁気共鳴分光法	82
核食品類	62
飾り方	65
ガスクロマトグラフィ	82
ガスト尺度	107
ガストロノミー	35,45
加成性	151
画像解析	113
活性化エネルギー	159
カラー走査電子顕微鏡	139
ガラスナイフ	125
感覚計量心理学	51
間隔尺度	106
感覚生理学	103
感覚の数量化	102
感覚判断値	105
感覚論	39
環境調理学	245
環境的要素	243
環境ホルモン	225
環境要因	176
還元主義	3
観察試料標本	120
感性	49,117
感性の科学	18
観測時間	154
官能評価	110
甘味	84
緩和時間	154

<き>

QOL	244
キープドライ	186

機器分析	81	計量心理学	53,104,110	サイバーセンス	47
きざみ食	205	ケモメトリックス	111	サブシステム	18
擬声語	54	ゲル電気泳動法	82	酸　味	84
貴族料理	37	ケルビンプローブ		残留農薬	97
擬態語	54	フォース顕微鏡	142		
機能性因子	90	健康的要素	243	<し>	
機能性食品	80,93,199,244	原子間力顕微鏡	142	CCP	184
機能性食品科学	95	原子吸光分析	82	GMP	186
基本調味料	65			塩　味	84
基本味	84	<こ>		紫外可視分光法	82
客　体	107	恒温恒湿庫	179	時間依存性	156
キャピラリー電気泳動法	82	光学顕微鏡	120,123	時間―温度換算性	157
吸光光度法	82	口腔生理学	53	色　彩	69
給食管理	174	合成曲線	157	磁気的性質	149
急速凍結	176	構成要素	67	磁気力顕微鏡	142
急速冷却	176	構成要素論	59	時系列型	72
供応食	60,67	酵　素	88	刺激閾	104
共焦点顕微鏡	145	構造形成	122	刺激量	105
共焦点レーザー		構造言語学	247	嗜好的要素	243
走査顕微鏡	123,144	構造主義	63	四酸化オスミウム	125
共存・持続可能型社会	215	高速液体クロマト		脂質コントロール食	202
虚血性心疾患	199	グラフィ	82	脂質分析	83
魚類鮮度判定恒数	178	高速分析	81	施設整備プログラム	186
近赤外分光法	82	酵素的分析	83	実験計画法	151
		高齢者施設の食事	208	実証科学	109
<く>		高齢者食	244	尺度構成	104,116
空間展開型	72	米食文化	229	シャドウイング法	125
クックチルシステム	183	固体調理品	183	習慣論	34,248
クライオＳＥＭ法	133	骨粗鬆症	198	自由体積分率	159
クライオ走査電子顕微鏡		固定法	125	集団給食	60
	131	古典料理	37	周波数依存性	162
グリーンロジスティクス		個別型	72	周辺食品類	62
	192	献立学	243	重要管理点監視	184
クリスプネス	148	コンベクションオーブン		熟　成	178
グルタールアルデヒド	125		180	主　体	107
		コンベクションスチーマー		省エネルギー調理法	217
<け>			175,180	常　食	201
Ｋ値	178	コンポスト化	222	精進料理	34
蛍光光度法	82			焦点レーザー走査顕微鏡	
啓蒙主義	38	<さ>			141
計量書誌学	109	サイコレオロジー	53,148	情報科学	113

食意識	197	食用廃油	222	摂食・嚥下困難者用食品	
食感覚論	245	食養法	244		208
食環境	197	食欲訴求色	70	旋光性	82
食感要素	148	食糧自給率	229	禅僧の食卓	41
食記号論	247	序数尺度	106	鮮度保持冷蔵庫	178
職業安全衛生局	192	食　感	129	<そ>	
食教育	197	触感的評価	122		
食空間	55,69	食器容器	174	総合衛生管理	186
食行動	197	ショックフリーザー	176	走査電子顕微鏡	120,129
食材情報	245	真空調理法	182	走査トンネル顕微鏡	142
食事学	238	真空包装	182	走査プローブ顕微鏡	
食事空間論	174	信号検出理論	110		123,141
食事ケア	196	新製品情報	245	相乗効果	86
食事行動体系	240	人文地理学	3	草創期のテキスト	26
食事作法	71	<す>		創造的な食設計	232
食事文化学	14			ソーラークッキング	218
食習慣	197	水質汚濁	220	組織構造	120
食習慣論	248	垂直搬送システム	191	咀　嚼	112,205
食事様式の類型	72	水平搬送システム	191	ゾル～ゲル転移	160
食情報	245	数理心理学	104	損失弾性率	156,168
食心理学	51	スケーリング則	159		
食卓美学	55	スペクトロスコピー	82	<た>	
食哲学	245	スポーツ栄養食	244	ダイオキシン	225
食脳学	50	<せ>		台所廃棄物	222
食の芸術学	14			大脳生理学	113
食の思想	34	生活時間	197	大脳皮質機能	48
食の心理学	51	生活習慣病	80,195,231	対比効果	86
食品汚染	98	生活習慣病予防食	244	対　流	175
食品学	239	生活廃棄物	220	宅配サービス	207
食品機能	81,244	生活排水	220	多変量解析	104
食品群	61	正　餐	68	断熱層	175
食品組織学	120	性状要因	176	タンパク質・エネルギー	
食品調理機能科学	96	生食消化吸収試験	23	低栄養状態	205
食品調理機能学	244	精神測定法	104	タンパク質	
食品添加物	98	精神的意義	31,241	コントロール食	202
食品の危害分析	184	精神物理学	53,104	タンブリングチラー方式	
植物学	3	生体計測	112		183
植物性食品	61	生体調節機能	199	ダンヤモンドナイフ	125
食物アレルギー	96	生命の樹	242	<ち・つ>	
食物誌	239	生理光学	103		
食物連鎖	248	生理的意義	31,241	厨房革命	178

厨房設備	174	低真空 SEM	137	軟　食	201
超遠心分析	83	低真空走査電子顕微鏡		苦　味	84
超高感度分析	81		120, 136	肉食禁止令	34
長時間緩和	158	低タンパク小麦粉	203	日常食	60
超薄切片法	125	定量的特性記述分析	116	日本型食生活	231
調味料	65, 74	テーブルコーディネート	55	日本調理科学会	22
調理科学	9, 12, 21	テーブルゼリー	203	乳幼児食	244
調理学論	240	テクスチャー	112, 122, 200	人間学	31, 242
調理環境	245	テスト理論	104		
調理機器	174, 218	哲学者の食卓	37	<ね・の>	
調理技術	13	電気オーブン	176	ネガティブ染色法	127
調理機能科学	97	電気化学―原子間力		熱効率	218
調理機能的要素	243	顕微鏡	142	熱伝導	175
調理工学	244	電気コンロ	176	熱分析法	82
調理行動	245	電気的性質	149	熱レンズ法	82
調理産業	7, 245	電子顕微鏡	120, 124	農業基本法	19
調理時間	73	電子スピン共鳴分析法	82	農業排水	220
調理システム	174	電磁調理器	181		
調理情報	245	典座教訓	42	<は>	
調理操作	65, 73	伝　導	175	パーコレーション理論	159
調理素材	61	デンプン小麦粉	203	バイオアッセイ	83
調理体系	240			バイオフードアナリシス	83
調理廃棄物	221	<と>		バイオマーカー	96
調理文化学	243	ドイツエンジニア協会	192	排除体積効果	152
調理方式	181	ドイツ工業規格	192	配膳方法の類型	72
超臨界液体クロマト		透過電子顕微鏡	123	バインディングアッセイ	83
グラフィ	82	凍結観察法	131	薄層クロマトグラフィ	82
貯蔵弾性率	156, 168	凍結試料	131	博物学	2
治療食	201	凍結法	178	パラフィン包埋	125
チルド冷蔵庫	179	糖鎖分析	83	繁殖最適温度	177
通時的	240	糖尿病患者の食事	204		
通史類	21	毒性等価係数	227	<ひ>	
通文化的	240	特定保健用食品	80, 199	BOD 値	222
		特別栄養食	60	比較論的	243
<て>		ドライエージング法	178	光音響分光法	82
DDI	192	ドリップ	178	非線形性	163
DIN 規格	192			ビトラスアイス	125
DNA 生物学	3	<な・に>		ビブリオメトリックス	59
DNA 分析	83	内的価値体系	239	美味学	32, 45, 243
低角度回転蒸着法	126	内的要因	2	美味礼讃	37
抵抗加熱	176	中　食	6	ビュッフェ	40

氷温帯	176	文化人類学者	38	メタクリル樹脂包埋法	125
氷温貯蔵	178	文化的要素	243	盛りつけ	65
氷温冷却法	178	分子生物学	3	<や行>	
氷温冷蔵庫	179	文明システム	18	薬食一如	36
氷結晶生成	177	分離法	82	薬膳料理	211
氷結晶成長防止	125	<へ・ほ>		有機質量分析	82
標準刺激	107	変調効果	86	有機肥料	224
評定実験	111	弁別閾	104	誘電加熱	176
表面張力	125	放 射	175	誘導加熱	176
比率尺度	106	飽和蒸気圧	125	輸入食品	97
品質設計	122	ホスピタリティ	56	様式別献立	67
品質評価	122	母 乳	229	抑制効果	86
<ふ>		ポリフェノール類	93	<ら行>	
フィールドフローフラク		本膳料理	67	ラマン分光法	82
ショネーション	82	<ま>		力学的ゲル化点	159
フィールド・ワーク	13	マイクロ波分光法	82	リサージュ図形	168
風 味	86	マグニチュード推定法	107	リサイクル	224
フーリエ変換レオロジー		マクロ構造	124	立体収納装置	191
測定	164	摩擦力顕微鏡	142	離 乳	198
複合調味料	65	マスターカーブ	157	リハビリテーション	
副次的食品類	62	慢性腎疾患の治療食	202		196, 207
赴粥飯法	42	<み>		流動曲線	150
物性発現	122	味覚情報	113, 245	流動食	201
物流システム	189	味覚生理学	50	料理学	239
ブライン凍結	176	味覚センサー	54, 112, 169	料理構造	59
フラクタルの概念	159	味覚の数量化	115	料理献立	219
ブラストチラー方式		味覚の生理学	33, 45	料理誌	239
	176, 183	味覚表現学	54	料理の三角形	63
プラズマ発光分光法	82	味覚表現用語	247	料理の四面体	64
フリーズレプリカ法	131	ミキサー食	201	臨界点乾燥法	130
フリーラジカル	93	ミクロ構造	124	臨床調理学	244
フレーバー	86	民衆料理	37	レイズド・コサイン・	
プレバイオティックス	92	民族誌	4	パルス	164
フレンチ・パラドックス		<む・め・も>		レーザー走査顕微鏡	144
	199	無味礼讃	37, 44	レーザー励起蛍光光度法	82
不老長寿	35	名義尺度	106	歴史学的	243
フローインジェクション		メスバウワ分光法	82	レプリカ膜	127
分析	82			労働栄養食	244
プロファイル法	116			ロジスティクス	189
文化人類学	4, 240				

■編著者■

吉田集而　国立民族学博物館・地域研究企画交流センター教授　薬学博士

川端晶子　東京農業大学名誉教授　食学研究所主宰　農学博士

■著　者■（執筆順）

茂木美智子　東横学園女子短期大学教授　博士（農業経済学）

村山篤子　川村短期大学非常勤講師　博士（農芸化学）

大羽和子　名古屋女子大学教授　農学博士

木村利昭　雪印乳業株式会社技術研究所主査　農学博士

勝田啓子　奈良女子大学助教授　農学博士

久保　修　日本調理機株式会社設備設計部部長

大越ひろ　日本女子大学教授　農学博士

的場輝佳　奈良女子大学大学院教授　農学博士

新しい食学をめざして
-調理学からのアプローチ-

定価(本体3,900円＋税)

平成12年11月20日　初版発行

編著者	吉田集而
	川端晶子
発行者	筑紫恒男
発行所	株式会社 建帛社 KENPAKUSHA

112-0011 東京都文京区千石4丁目2番15号
TEL(03)3944-2611
FAX(03)3946-4377
ホームページ http://www.kenpakusha.co.jp/

ISBN 4-7679-6085-1　C 3077
©吉田集而・川端晶子ほか，2000．
R〈日本複写権センター委託出版物・特別扱い〉

文唱堂印刷／愛千製本所
Printed in Japan.

本書の無断複写は，著作権法上での例外を除き，禁じられています。本書は，日本複写権センターへの特別委託出版物です。本書を複写される場合は，そのつど日本複写権センター(03-3401-2382)を通して当社の許諾を得て下さい。